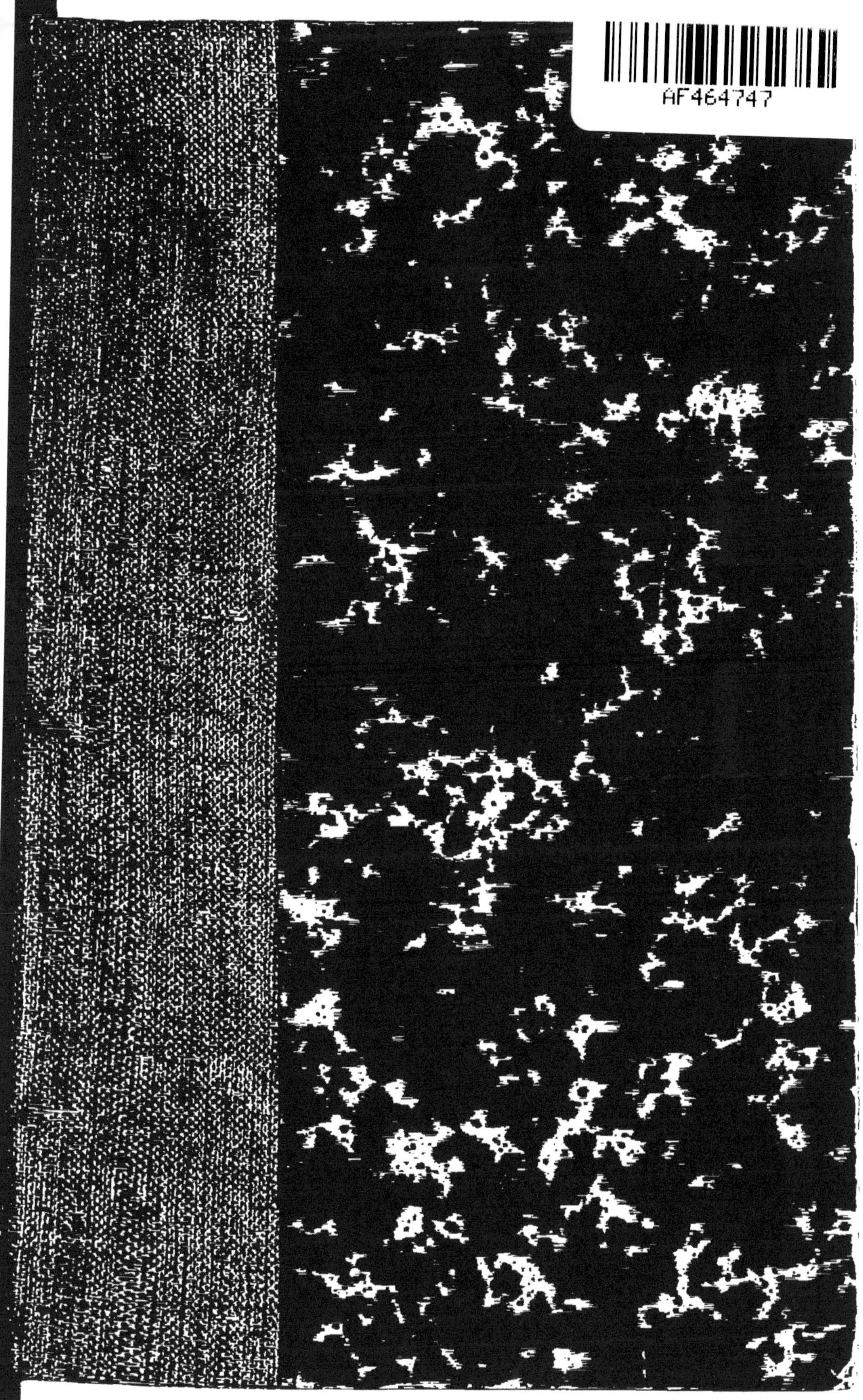

JOURNAL

POUR SERVIR A L'HISTOIRE DE

L'INVASION ALLEMANDE

DANS L'ORLÉANAIS

CANTON DE CHATEAUNEUF-SUR-LOIRE

1870-1871

PAR

G. B., ingénieur civil, à Paris

ORLÉANS

EN VENTE CHEZ TOUS LES LIBRAIRES

1872

JOURNAL

POUR SERVIR A L'HISTOIRE DE

L'INVASION ALLEMANDE

DANS L'ORLÉANAIS

F. Aureau. — Imprimerie de Lagny.

JOURNAL

POUR SERVIR A L'HISTOIRE DE

L'INVASION ALLEMANDE

DANS L'ORLÉANAIS

CANTON DE CHATEAUNEUF-SUR-LOIRE

1870-1871

PAR

G. B., ingénieur civil, à Paris

ORLEANS

EN VENTE CHEZ TOUS LES LIBRAIRES

1872

CHATEAUNEUF-SUR-LOIRE

ET LES ENVIRONS

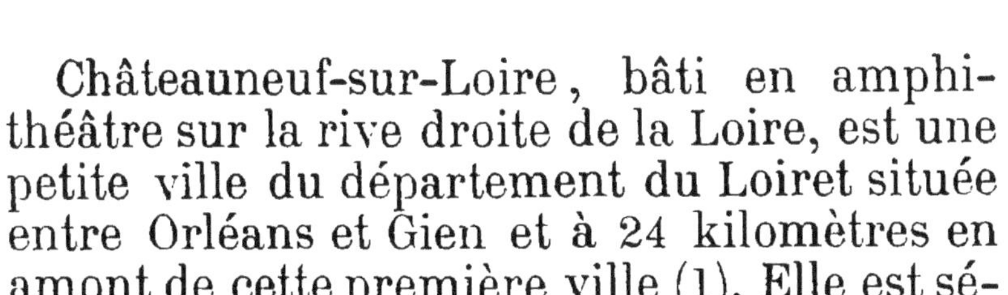

Châteauneuf-sur-Loire, bâti en amphithéâtre sur la rive droite de la Loire, est une petite ville du département du Loiret située entre Orléans et Gien et à 24 kilomètres en amont de cette première ville (1). Elle est séparée du Gâtinais par la forêt d'Orléans, l'une des plus considérables de la France et au delà de laquelle ont eu lieu de nombreux combats dont nous n'étions éloignés que de 20 à 30 kilomètres.

La ville est divisée en quatre quartiers principaux : ceux du Port et de la Ville proprement dite qui sont le centre d'un commerce étendu et varié, et ceux de la Bonne-Dame et de la rue des Champs qu'habitent de préférence les nombreux vignerons du pays.

(1) Voir : Châteauneuf, son origine et ses développements, par M. l'abbé Bardin. Perrot-André, éditeur à Châteauneuf.

La campagne ne comprend que quelques vignes et beaucoup de terrains cultivés en fourrages et en grains.

La commune de Châteauneuf a une population totale de 3,264 habitants répartis ainsi : la campagne compte environ 450 cultivateurs et 80 vignerons, et la ville 1,734 commerçants et cultivateurs et 1,080 vignerons.

Les moyens de transport et de circulation sont : la Loire, la route nationale n° 152 de Briare à Angers par laquelle on communique avec Gien et Orléans; la route n° 60 de Nancy à Orléans passant à Bellegarde, Ladon, Montargis; le chemin de grande communication n° 11 de Neuville à Tigy, par Châteauneuf, Fay, Trainou et Loury, traversant la Loire sur un pont suspendu d'une très-grande légèreté; celui de Châteauneuf à Vitry-aux-Loges et de là à Combreux, Nesploy, Boiscommun, Montbarrois et Beaune-la-Rolande; enfin le chemin de grande communication n° 60 de Sully-sur-Loire à Châteauneuf par Saint-Père, Saint-Benoît et Germigny.

Le territoire du canton a la forme d'un demi-cercle s'appuyant sur la Loire et dont le sommet s'avance au milieu de la forêt d'Orléans, vers Chicamour. Les communes qu'il comprend, au nombre de onze, sont disposées autour du chef-lieu à des distances variant de 4 à 20 kilomètres.

Saint-Denis-de-l'Hôtel, situé à 10 kilom. à l'ouest de Châteauneuf, sur la Loire, est joint à Jargeau par un pont suspendu et se trouve sur la route de Châteauneuf à Orléans, sa population est de 1,043 habitants, vignerons et cultivateurs; la belle propriété de Chenailles occupe une surface considérable de cette commune. Au nord-est se trouve Fay-aux-Loges comptant une population de 1,777 habitants, presque tous cultivateurs.

Vers le nord, et au milieu de la forêt, est Vitry-aux-Loges dont la population de 1,441 habitants s'occupe principalement de culture; puis à quelques kilomètres de là, comme des points au milieu des bois, sont : Seichebrières, village de 162 habitants; Combreux, sur la route de Beaune-la-Rolande, 367 habitants, et Sury-aux-Bois, commune très-étendue de 1,005 habitants presque tous cultivateurs.

Au nord-est, à 20 kilomètres de Châteauneuf, on rencontre encore Châtenoy, commune de 534 habitants, enfin sur les bords de la route de Briare à Angers, en se rapprochant du chef-lieu de canton, à l'est, on traverse successivement Bouzy, 794 habitants ; le village de Saint-Aignan-des-Gués, 162 habitants, la commune de Saint-Martin-d'Abat, composée de 1,022 habitants, dont quelques vignerons et bon nombre de cultivateurs; puis entre la route et la Loire, dans le val, Germigny-des-Prés, 618 habitants.

La population totale du canton s'élève à 12,176 habitants.

Le commerce de Châteauneuf attire les produits des environs et même ceux des communes les plus rapprochées de la Sologne et du Gâtinais; il porte principalement sur les vins, les grains, les veaux et autres produits de l'agriculture et procure une aisance générale à ses habitants.

Ajoutons que le total des quatre contributions directes pour cette seule commune est de 44,925 fr. se répartissant ainsi :

1° pour l'État.................... 26,550 fr.
2° pour le département...... 9,825
3° pour la commune.......... 8,550

et que tous ses revenus communaux réunis s'élèvent à la somme totale annuelle de 25,000 fr.

Tant d'éléments de prospérité devaient bientôt tourner au profit de l'étranger, aucune commune n'a été épargnée.

En l'absence d'une plume plus autorisée que la nôtre à laisser au pays le triste souvenir du passage des Allemands à Châteauneuf et dans les environs, nous nous décidons à publier ce journal pour que nos enfants n'oublient pas que leurs pères ont été malheureux et qu'ils doivent les venger lorsque l'heure de la revanche aura sonné; et aussi parce que nous espérons que nos lecteurs voudront bien, à défaut de quelque talent, nous tenir compte de notre bonne volonté. Voici donc jour par jour les faits que nous avons recueillis, après une enquête sérieuse et sur le rapport de témoins irrécusables, et qui se sont accomplis dans les communes du canton de Châteauneuf-sur-Loire pendant la durée de la terrible invasion qui nous a accablés.

Nous remercions toutes les personnes qui ont bien voulu nous donner des renseignements et en particulier, M. André Le Conte, qui a eu l'obligeance de relire ce récit avant l'impression.

CHAPITRE I

Avant l'Invasion

Dès le commencement des opérations militaires, nous avions en nous-mêmes une confiance aveugle et, comptant sur de trop faciles succès, nous étions tout entiers à l'organisation des soins à donner à nos futurs blessés. Sous l'impression de ces sentiments, que l'on excitait dans les hautes sphères gouvernementales, dès le 28 juillet 1870, l'administration municipale invite la population à réunir le linge dont chacun peut disposer et à le porter à l'hospice; Châteauneuf ne fut pas en retard, 15 lits furent aussitôt mis à la disposition du gouvernement par divers habitants qui s'engagèrent à recevoir et à soigner des blessés chez eux.

MM. Chipault et Viger, médecins, offrent leurs soins gratuitement dans les ambulances communales et particulières, et M. Le Conte, pharmacien, met sa pharmacie et sa personne à la disposition des ambulances.

Les premiers événements militaires se passent loin de nous, cependant, après la bataille de Reischoffen, on comprend que Paris est menacé.

Dans la première quinzaine du mois d'août 1870, les jeunes gens du canton de Châteauneuf, faisant partie de la garde nationale mobile, ont gagné les lieux de réunion de leur bataillon.

Le 16 août, le maire de Châteauneuf reçoit du maire de Jargeau copie d'une lettre de la préfecture ainsi conçue :

> Je reçois de M. le ministre de la guerre l'ordre de faire partir immédiatement pour Paris tous les corps de sapeurs-pompiers du département, moins les hommes au-dessus de 40 ans. . . . .

La municipalité demande des renseignements à la préfecture et ne reçoit pas de réponse. Le lendemain, les pompiers de Jargeau, partis pour Paris, revenaient après deux jours d'absence.

Le 18 août, la mairie réclame de nouveau des lits, des matelas et du linge pour les blessés. On songe en même temps à organiser la défense du pays ; à cet effet, le 27 août, le maire demande à la préfecture 500 fusils pour la garde nationale sédentaire.

Le 2 septembre, conformément à une circulaire préfectorale, a lieu la première réunion d'organisation de la sous-commission cantonnale de secours aux blessés et aux familles des soldats et gardes mobiles en campagne.

La souscription ouverte dans ce même but par l'administration municipale de Châteauneuf est close le 5 septembre et le produit de 2,148 fr. 05 versé à Orléans.

Aucune des communes du canton n'est restée en arrière, chacune d'elles, sous forme de quête ou de souscription, reçoit des sommes qu'elle adresse à la direction du *Journal du Loiret* chargée de centraliser les fonds.

Saint-Denis réunit 736 fr. 45 c. et plusieurs ballots de linge ; la commune offrit de convertir toute la mairie en une vaste ambulance, et, en outre, 20 lits furent mis, par des particuliers, à la disposition du gouvernement pour recevoir des blessés.

Fay-aux-Loges envoya le produit de sa souscription, 140 fr. et plusieurs ballots de linge ; l'administration municipale proposa d'établir deux ambulances dans les écoles communales de garçons et de filles, et divers habitants offrirent 30 lits et les soins dont auraient besoin les blessés.

A Vitry-aux-Loges, la quête faite dans le pays se monta à 600 fr. ; on recueillit en même temps du linge ; les sœurs de l'école communale offrirent leur salle d'asile pour y installer une ambulance, et l'instituteur une partie de la maison d'école comme ambulance supplémentaire.

Châtenoy a expédié à Orléans une grande quantité de linge fourni par les habitants, et 15 lits ont été mis à la disposition de l'administration.

Les communes de Saint-Martin et de Germigny envoyèrent chacune 200 fr. et de la charpie. Bouzy offrit 188 fr. et 8 lits chez des particuliers.

A Saint-Aignan-des-Gués, la souscription atteignit 90 fr. ; à Seichebrières, 75 fr. ; enfin à Combreux, M. le duc d'Estissac prépara une ambulance dans son château, et les habitants donnèrent du linge qui fut envoyé à Orléans.

10 septembre 1870. Depuis le désastre de Sedan,

le département du Loiret s'attendait à être envahi, non par les Allemands venant des départements du Nord, mais par quelques corps d'armée arrivant par la Bourgogne et que, certainement, les plaines fertiles de la Beauce devaient attirer. Nos ennemis, toujours si bien renseignés sur nos ressources, savaient que les fermes de cette riche contrée possédaient de nombreux troupeaux et des grains en abondance.

Nous n'avions aucune armée pour repousser l'invasion dans notre département : celle de la Loire, dont il était question depuis deux mois, n'existait pas encore, à peine les premiers bataillons d'infanterie étaient-ils réunis. On savait d'ailleurs que, jusqu'à ce jour, toutes les troupes et les gardes nationaux mobiles, arrivés à un certain degré d'organisation, avaient été dirigés sur la capitale.

On ne pouvait donc qu'élever des obstacles matériels et défendre les communes situées sur les bords de la Loire en pratiquant des coupures sur les routes et en abattant des arbres, afin de retarder la marche des éclaireurs ennemis. Dans la forêt d'Orléans, ces obstacles sont nombreux et placés dans les endroits les plus touffus ou les massifs les plus serrés choisis par les gardes généraux de la forêt. Chacun d'eux se compose d'une tranchée de 3 mètres de profondeur et de 3 mètres d'ouverture au niveau de la route ; le fond et les talus de ce fossé sont garnis de pieux pointus ; à 15 mètres environ en arrière, les terres provenant de la fouille forment un remblai en talus disposé pour recevoir de l'infanterie et de l'artillerie ; de chaque côté, des abatis d'arbres empêchent qu'on puisse aisément tourner la route. En divers points on élève à la suite deux et même trois défenses semblables à 50 mètres les unes des autres.

La direction du travail vient de la place d'Orléans, mais les travaux sont conduits et surveillés par les conducteurs des ponts et chaussées et les agents voyers pour les routes nationales, départementales et les chemins vicinaux, et par les gardes généraux et les brigadiers forestiers pour les routes forestières. Les terrassements sont exécutés par des ouvriers qui se présentent d'eux-mêmes sur la demande des maires, ou sont requis par les municipalités des communes environnantes.

Parmi les routes les plus importantes qui ont été coupées dans la forêt, nous pouvons citer, sur les communes du canton : le chemin du Gâtinais ; la route forestière de Sainte-Radegonde ; celle de Nibelle à Chevilly ; la route de Courcy à Sury-aux-Bois ; le chemin de Sury-aux-Bois à Bellegarde ; le chemin vicinal de grande communication de Beaune à Orléans ; la route de Fay à Boiscommun ; la route nationale n° 60 à Chicamour et à Bellardin ; la route départementale n° 12, près de la croix rouge et du poste forestier de Châtenoy ; la route de Lorris à la route de la Verrerie ; la route forestière de la Verrerie aux Bordes ; la route de la maison Sauvé au rond de Saint-Martin ; enfin le chemin rural de Mistetienne au petit Étang.

Dans chaque commune, l'administration municipale avait pris soin de faire disparaître des murs et des croisements de routes, les inscriptions et les poteaux indicateurs pouvant renseigner l'ennemi; à certains endroits même on rendit méconnaissables les chiffres des bornes kilométriques.

Dans les premiers jours de septembre, aussitôt la réunion des gardes mobiles effectuée, une compagnie de ceux du Loiret vient occuper Saint-Denis; la commune de Jargeau veut bien en recevoir une partie; 50 hommes seulement sont installés chez les habitants.

Le 11 septembre, ils partent pour la forêt; l'un des détachements va à Fay, éloigné des avant-postes de Vrigny et d'Ingrannes, l'autre se rend à Vitry, où il est en première ligne comme grand'-garde.

Les habitants, qui suivent leurs exercices, se demandent ce que l'on peut attendre de ces futurs défenseurs qui ont quitté leurs paisibles travaux depuis trois semaines seulement; une partie de ce temps a été employée en voyages, et, malgré toute leur bonne volonté, ils ne savent encore ni marcher au pas, ni charger leurs fusils, et c'est eux que l'on envoie en face de l'ennemi!! Si encore leurs chefs étaient d'anciens soldats braves et hardis, pouvant à un moment donné utiliser ces hommes, si peu exercés qu'ils soient!! Mais non, ce sont des jeunes gens désireux de bien faire, sans doute, mais ne connaissant rien de l'art militaire.

Aussi le général n'ignorant pas la faible instruction des soldats et des chefs, malgré leur bonne volonté, leur courage même, ordonnera de se retirer derrière la Loire à la moindre dépêche annonçant que les Prussiens semblent approcher.

Le même jour, le maire de Châteauneuf donne sa démission, les adjoints et les premiers inscrits sur le tableau du conseil municipal élu refusent de le remplacer, il est vrai de dire que la tâche semble devoir être difficile et périlleuse.

Le mercredi 14 septembre, 200 soldats de ligne arrivent à Saint-Denis prendre logement chez les habitants.

Le même jour, un capitaine du génie et l'ingénieur de la navigation de la Loire viennent à Châteauneuf examiner le pont et arrêter les dispositions à prendre pour le rompre aussitôt que cela sera nécessaire. Le premier décide que l'on fera immédiatement les préparatifs pour briser les câbles du tablier et produire ainsi la rupture d'une travée. De chaque côté, sous chacun des deux câbles suspenseurs, au milieu de la deuxième travée à partir de la rive gauche, on mettra un baril rempli de 50 kilogrammes de poudre à mine.

M. l'ingénieur de la navigation commande aussitôt aux ouvriers du pays les travaux préparatoires, notamment la pose de madriers et de panneaux solidement assujettis sous les câbles et formant une sorte de boîte destinée à recevoir les deux barils de poudre qui ne doivent être placés qu'au moment d'en faire usage.

Des observations sont faites à M. le capitaine du génie : on lui propose de démonter une travée ou de la faire tomber, mais il n'accepte ni l'un ni l'autre de ces deux moyens, il faut employer la poudre. Cependant, si M. le capitaine avait bien voulu prendre quelques minutes pour examiner ce pont, il aurait reconnu que le système adopté pour sa construction a quelque chose d'insolite et de très-curieux : sur des piles d'une délicatesse extrême, s'élevant jusqu'à la hauteur du tablier, repose un socle en fonte haut de 0^m,60, plat par sa base, et en élévation formant un triangle dont le sommet creusé en rainure étroite sert de point d'appui à un autre triangle renversé dont la partie supérieure est surmontée d'une haute colonne en fonte ; c'est à un axe fixé à la tête de cette colonne qu'est attaché l'appareil de suspension destiné à supporter le plancher et les haubans allant d'une rive à l'autre, reliant entre elles la partie supérieure des colonnes.

Celles-ci, s'appuyant sur la rainure du socle triangulaire fixé sur la pile, sont d'une mobilité perpétuelle ; elles ne restent debout que parce qu'elles sont tirées de deux côtés par des forces contraires qui se neutralisent, le moindre mouvement du pont se communique à la colonne voisine et, par elle, à toutes les autres qui en sont solidaires. Il suit de là que la rupture d'un câble d'écartement ou la chute d'une colonne entraînerait la chute du pont tout entier, vrai château de cartes qui peut être ruiné de fond en comble au premier choc. Cette construction est un tour de force qui a suscité bien des soucis à la compagnie Séguin, car l'installation en est si délicate que deux fois les quatre travées sont tombées dans la Loire. On peut juger par là des précautions que la prudence commandait de prendre pour interrompre le passage, sans toutefois risquer de détruire en entier un ouvrage d'une valeur considérable et d'une importance aussi grande pour la contrée.

Le représentant de la compaguie Séguin, M. Arnodin, absent au moment de la visite, va, le lendemain, trouver M. le général Peitavin, commandant le département du Loiret, pour protester contre le moyen employé; il est renvoyé au capitaine du génie auquel il fait observer que très-probablement la poudre ne réussira pas à casser les câbles et qu'elle peut avoir l'inconvénient de briser les haubans et de détruire le pont tout entier; il propose de faire tomber une travée en une heure (sans exécuter aucuns travaux préparatoires) en dilatant, à l'aide de fourneaux de charbon de bois, les câbles de suspension à leur entrée dans la culée.

L'officier du génie assure de nouveau que la poudre brisera la suspension et fera tomber la travée, que, quant aux haubans, il n'a pas à s'en occuper et qu'il ne changera rien aux ordres qu'il a donnés. Reconnaissant le mauvais vouloir de la compagnie pour faire exécuter les travaux, un conducteur des ponts-et-chaussées fut chargé de les faire terminer promptement.

Le samedi 17 septembre, la commune reçoit de la préfecture 96 fusils répartis aussitôt entre les hommes de la garde nationale sédentaire et, le lundi 19 septembre, arrive un baril de 2,500 cartouches dont une partie est distribuée aux porteurs de fusils.

La mairie expédie le même jour à la société des secours aux blessés, à Orléans, 3 sacs et 3 ballots de linge recueillis dans la commune.

Le mardi 20 septembre, une dépêche du maire de Pithiviers annonce à M. le préfet du Loiret qu'un corps de troupes ennemies a passé dans les environs, se dirigeant sur Orléans; cette nouvelle jette une panique dans cette ville, l'armée de la Loire n'est pas encore formée, nous sommes sans défense, on attend l'ennemi avec résignation.

Le général Peitavin, sans doute mal renseigné par ses éclaireurs, ne dément pas cette nouvelle, mais, au contraire, prévient le préfet que dans la nuit il quittera la ville avec ses troupes et se retirera sur Blois. Il est suivi dans sa retraite par tous les services administratifs, télégraphe, poste, chemin de fer, trésor public, etc.

Les mobiles qui sont à Vitry s'éloignent dans la soirée; à la nuit, c'est le tour des gendarmes.

En partant, le général donne l'ordre de faire sauter tous les ponts de l'arrondissement.

L'ingénieur d'Orléans délègue à Jargeau M. Damont, agent-voyer, et arrive lui-même à Châteauneuf à onze heures du soir avec un piquet de 25 hommes d'infanterie. Ce déploiement de force armée était motivé par le mauvais vouloir manifesté par le conseil municipal, la population tout entière et la compagnie propriétaire du pont. Il prévient aussitôt le maire que, porteur d'un ordre du général, il vient pour faire tomber une travée; vers minuit, l'administration municipale informe de ces faits les habitants par un publicat ainsi conçu :

M. l'ingénieur du service de la navigation de la Loire m'informe que les Prussiens sont en nombre à Pithiviers et que des ordres exprès sont donnés afin qu'aucun passage ne soit plus fait sur le pont de Châteauneuf à partir de ce matin cinq heures.

Le Maire,

Perrot.

Cette nouvelle jette dans le pays une panique épouvantable, c'est une fuite, un pêle-mêle, un sauve-qui-peut général et indescriptible : on dirait une malheureuse population poursuivie l'épée dans les reins par la cavalerie prussienne.

Dans la matinée du mercredi 21 septembre, le conseil municipal se réunit et décide qu'une commission se rendra près de l'ingénieur pour protester, au nom de la population, contre l'ordre du général que rien ne semble motiver en ce moment.

A onze heures du matin, alors que les préparatifs étaient à peu près terminés, cette commission, composée du maire, d'un adjoint et de dix conseillers, va au pont trouver le délégué du génie, proteste contre l'acte qu'il veut accomplir; déclare qu'aucune raison ne motive aujourd'hui une mesure qui ruinerait le pays et les localités voisines, que s'il devient nécessaire de faire tomber le pont, ce ne soit qu'à la dernière extrémité, lorsque l'ennemi sera à la porte de la ville et non lorsqu'il est éloigné encore de quarante kilomètres; alors, toute la population, au lieu d'être hostile aux ordres inconcevables du général, lui viendrait en aide. L'ingénieur répond qu'il n'agit pas en son propre nom, mais comme ayant reçu un ordre militaire auquel il ne peut que se conformer, quelque dure qu'en soit pour lui l'exécution. Une nombreuse population accueille par des murmures non dissimulés ces paroles du représentant militaire. La compagnie Séguin proteste à son tour, et refuse de livrer le pont qui lui appartient sans un ordre signé du général commandant l'état de siége. L'ingénieur formule aussitôt le réquisitoire suivant qu'il remet à la compagnie :

Le général commandant la subdivision du Loiret, en vertu du décret du gouvernement de la défense nationale du . . . . , réquisitionne la société concessionnaire du pont suspendu sur la Loire à Châteauneuf, représentée par M. Arnodin, d'avoir à livrer le personnel, le matériel et le pont à M. Sainjon, ingénieur des ponts et chaussées, service de la navigation, pour en user suivant les instructions spéciales qu'il a reçues.

Orléans, le 20 septembre 1870.

Le général de brigade,
PEITAVIN.

M. Sainjon, moins persuadé sans doute que le capitaine du génie du bon effet de la poudre, et, cédant aux conseils qui lui sont donnés, fait installer sous chacun des faisceaux de câbles suspenseurs, à leur entrée dans la culée de la rive gauche, des fourneaux de charbon de bois.

Bientôt, vers onze heures, on entend une très-forte détonation qu'on pense être la chute du pont d'Orléans, c'est celle du pont de Meung; à midi, autre détonation qu'on suppose venir du pont du chemin de fer du centre, elle vient de celui de Beaugency, où la poudre a fait une brèche dans le tablier.

La fermeté de la population diminue lorsque, vers une heure, on entend une détonation formidable suivie d'un nuage de fumée venant de la direction de Jargeau, dont on savait le pont condamné. Malgré les protestations énergiques des maires de Jargeau et de Saint-Denis, M. Damont avait dû exécuter l'ordre du général; le seul moyen de l'empêcher eût été de le faire arrêter, mais nul n'osa prendre une telle responsabilité; la poudre du génie brisa seulement une petite portion du tablier, et le pont resta debout.

Ici les préparatifs sont terminés, on a introduit dans les tonneaux, ouverts par un bout, les mèches et environ 10 kilogrammes de poudre de guerre plus inflammable que celle à mine. Vers deux heures, on met le feu à la mèche, et vingt minutes après une violente explosion brise 4 à 5 mètres du tablier; aucun des câbles suspenseurs, qui devaient être cassés, n'est endommagé, tandis qu'un des haubans qui maintiennent l'équilibre du pont, et que l'on avait le plus grand intérêt a conserver, est brisé par un morceau de bois projeté en l'air; la colonne à laquelle il se relie dévie de sa position, chancelle, mais fort heureusement reste debout. Bien peu s'en est fallu que tout le pont ne tombât et que ne se réalisassent les craintes exprimées quelques jours auparavant et reçues si dédaigneusement par M. le capitaine du génie.

On avait allumé les fourneaux en même temps que la mèche, et ce n'est qu'une heure après environ que les câbles, ayant atteint, sous l'action de la chaleur, la couleur rouge cerise, se dilatent d'abord, puis s'arrachent et que la première travée de la rive gauche tombe dans le fleuve. Tout le reste du pont est préservé.

A Sully, où depuis quelque temps déjà il était question de rompre le pont, les choses se passent d'une façon différente : le maire, président de la société anonyme, propriétaire du pont suspendu, s'était opposé à tout préparatif destiné à le briser par la poudre, et il n'aurait reculé devant aucun moyen pour empêcher qu'il ne fût mutilé; on tomba d'accord heureusement: le général, devant l'insistance de M. Boullet, consentit à ce qu'en cas de besoin, et devant l'ennemi seulement, on démontât tous les bois d'une travée, ou à défaut de temps on brûlât le tablier. Ce pont seul reste debout entre Orléans et Gien.

La chute des deux ponts d'Orléans, condamnés aussi, est ajournée, grâce à l'énergie du conseil municipal et du préfet, qui ne veulent pas que les mèches soient allumées sans un ordre du gouverneur de Tours, et lorsque les Prussiens seront prêts à entrer en ville.

Le même jour, dans la soirée, les gendarmes quittent le pays traversant la Loire à gué avec leurs chevaux.

Le 22 septembre, la panique qui règne à Orléans depuis deux jours et qui s'est répandue dans tous les pays voisins, se dissipe; on sait de source certaine qu'il n'y a que très-peu de Prussiens dans la Beauce et qu'Orléans n'a pas été menacé. On songe de suite à rétablir la circulation sur les deux rives de la Loire; une députation du conseil municipal se rend à cet effet près du préfet pour demander l'autorisation de réparer la brèche du pont et d'établir un service de passage, ce qui lui est immédiatement accordé.

Le détachement des mobiles du Loiret qui était à Fay depuis dix jours, parti hier pour les tranchées de Courcy, revient se dirigeant sur Jargeau.

Un bataillon de francs-tireurs de la Seine, battant en retraite devant l'ennemi absent, vient de

Pithiviers par Chilleurs, Loury et Trainou, s'installe chez les habitants de Fay, s'y fait nourrir et repart le lendemain vers Saint-Denis emportant 600 kilos de pain et 500 kilos de viande, pour lesquels le maire reçoit des bons signés la Cécilia, lieutenant, et Aronhson, commandant.

Les troupes reparaissent le 24 septembre. Un détachement de garde mobile et le 29e régiment de marche arrivent et campent dans les environs de Châteauneuf. Comme aucune distribution de bois ne leur a été faite, les militaires en prennent partout où ils en trouvent pour faire leur cuisine et l'épargne d'une faible dépense devient la cause de dégâts qui s'élèvent à 1,380 fr.

Sur la demande des généraux, Châteauneuf et Sully fournissent le pain nécessaire à quelques troupes campées à Bouzy et à Châtenoy.

Le même jour, Vitry est occupé par 1,500 tirailleurs algériens sous les ordres du colonel de Morandy; ce ne sont plus des conscrits que l'on envoie en avant, mais des turcos dont plus des trois quarts sont Algériens, la discipline paraît bonne et l'on espère beaucoup d'eux. Le guide de cette colonne est M. Criès, géomètre de la forêt, actuellement officier de la garde nationale mobile; ce choix paraît excellent, car M. Criès connaît tous les villages, les routes, les chemins et les sentiers. Mais qu'est-ce qu'un seul guide, muni d'une seule bonne carte, pour diriger un corps de cette importance qui doit se fractionner selon les besoins? N'a-t-on pas vu, d'ailleurs, le colonel lui-même en prenant du repos examiner la carte du département tirée de l'*Annuaire* du Loiret, qui n'est ni exacte ni complète et faite sur une trop petite échelle pour indiquer autre chose que des masses de bois et des chemins sans leurs noms? Il est incompréhensible qu'un chef de corps soit obligé d'étudier la campagne sur un aussi maigre document, ne pouvant même pas être rendu plus clair par les indications des gens du pays, quand il y a une belle carte de la forêt imprimée, très-complète sous tous les rapports et une grande carte du département, nous nous demandons quels renseignements étaient fournis aux commandants, capitaines, lieutenants, etc.!!! Nous savons bien qu'il existe dans chaque mairie une carte de la forêt et celle d'état-major, mais on ne peut que les consulter et cela ne répond point aux besoins des nombreux officiers d'une armée en opération.

Les tirailleurs étaient éclairés par un petit détachement de dragons faisant en même temps le service de courriers.

Le lendemain 25 septembre, le 29e régiment de marche, commandé par M. Choppin, ancien officier supérieur de gendarmerie, quitte Châteauneuf; au moment du départ, il fallut toute l'énergie du colonel pour mettre un peu d'ordre parmi un groupe de soldats indisciplinés. Ce régiment va à Vitry, où il ne fait qu'une halte, pour se diriger vers les avant-postes de la forêt à la Cour-Dieu et en avant d'Ingrannes dans les tranchées; 250 hommes occupent Seichebrières. Un engagé volontaire, qui sert de guide, connaît si peu la contrée qu'il est obligé de demander la route à tout venant. Le personnel des forêts peu occupé à ce moment n'aurait-il pas fourni de meilleurs guides? On y emploie quelquefois les gardes, mais ils ne connaissent bien que l'étendue de leur cantonnement. La commune de Combreux n'est pas occupée, mais elle reçoit la visite de nombreuses patrouilles.

Le 26, les turcos quittent Vitry pour aller plus loin ; deux uhlans, envoyés en éclaireurs près la Cour-Dieu, sont faits prisonniers par des soldats du 29e de marche, ils arrivent escortés des gardes nationaux de Courcy ; ceux de Vitry les amènent à Châteauneuf.

Dans la soirée, 80 dragons viennent à Vitry et campent dans les grands jardins ; quelques heures plus tard, c'est un bataillon du 19e de marche composé en partie des mobiles du Cher qui s'installèrent à côté d'eux et qui, sans aucune espèce de tentes, couchèrent à la belle étoile.

Les autres bataillons de ce régiment occupent Fay et campent près des Moulins.

Dans les diverses communes avoisinant la forêt, les militaires exercent une grande surveillance sur les voyageurs, tous sans distinction sont arrêtés, interrogés et quelquefois retenus un ou plusieurs jours.

On reçoit de bonnes nouvelles des environs d'Orléans, la résistance semble être vigoureuse ; les fuyards de la panique du 20 reviennent en foule, lorsqu'arrive la dépêche suivante, aussi surprenante qu'inattendue, affichée à Orléans dans la matinée du 27 septembre.

Après un engagement victorieux qui a eu lieu à la Croix-Briquet, près Chevilly, et où la garde mobile du Loiret s'est distinguée, les généraux reconnaissant qu'un corps nombreux d'ennemis tournait la forêt pour arriver par la route de Patay, ont décidé qu'il était opportun de se retirer.

Il ne reste pas un soldat à Orléans.

Le préfet du Loiret,
Alf. Péreira.

Cette décision produit une nouvelle panique à Orléans, on l'attribue bientôt à de faux renseignements donnés au général de Polhès. Le bruit court dans cette ville qu'un aide de camp, du haut des tours de la cathédrale, a pris la forêt d'Orléans pour une colonne de troupes prussiennes!!!

Le désordre, qui souvent a été notre plus terrible ennemi dans cette funeste guerre, se fait sentir encore une fois. Le préfet se trouve obligé de faire prévenir en vélocipède (tous les chevaux d'Orléans ayant été évacués sur la Sologne) quelques compagnies d'infanterie oubliées, sans vivres ni ordres, au milieu de la forêt.

Dans la journée, le 29e de marche revient à Vitry et de là à Châteauneuf; il recevait l'ordre de se retirer au moment où la forêt était dans le plus grand calme et où les voitures de vivres affluaient de tous côtés.

Un dragon envoyé à Neuville en correspondance rapporte aux mobiles et aux cavaliers campés à Vitry l'ordre de partir; ce soldat déclare cependant n'avoir vu aucun ennemi et sur tout son trajet n'avoir point su leur approche.

L'émotion causée à Châteauneuf par cette nouvelle n'est pas de longue durée, car des voyageurs arrivant du Gâtinais assurent qu'il n'y a pas de Prussiens.

Les troupes reviennent le lendemain prendre

leur poste, sous le commandement du général en chef de l'armée de la Loire de la Motterouge ; la forêt est de nouveau gardée et on s'occupe de compléter les travaux de défense un instant abandonnés.

Divers détachements passent à Saint-Denis, à Fay et à Châteauneuf; Vitry est occupé par une compagnie de francs-tireurs de Seine-et-Marne non encore pourvus d'uniformes.

Le 29 septembre, les deux uhlans blessés à Vrigny et amenés à Châteauneuf sont dirigés sur Gien; l'un d'eux qui, jusqu'à Ouzouer, n'avait rien dit, faisant signe qu'il ne comprenait pas le français, est reconnu par une personne avec laquelle il avait travaillé plusieurs années, et ils tinrent une longue conversation dans cette langue qu'un instant auparavant il prétendait ignorer.

Le général de Polhès craignant les coureurs ennemis recommande de diriger les courriers de Tours par la Ferté.

Du 27 au 30 septembre, l'hospice de Châteauneuf reçoit 55 soldats ou mobiles malades qui doivent être dirigés sur Gien et Orléans.

Quelques autres ambulances communales sont installées; celles de Vitry, notamment, reçurent des soldats que de trop longues marches et le manque d'habitude d'un service aussi pénible rendaient malades. Elles furent organisées par l'administration municipale, l'une, dans la salle d'asile de l'école des sœurs, et l'autre dans une salle de la mairie. Les lits, la literie, le linge ont été prêtés par les habitants qui ont également fourni tout ce qui était nécessaire aux pansements. Ces deux ambulances ont reçu 70 malades ou blessés dont un seul est mort, ces soldats étaient évacués aussitôt que leur état le permettait.

La commune de Fay fut privilégiée entre toutes, grâce aux bons offices de M. Ponson du Terrail qui obtint de M. Gambetta 50 fusils à tabatière que le maire reçut avec des cartouches ; mais ces armes étaient en si mauvais état qu'on dut, pour s'en servir, les faire passer par les mains de l'armurier, où les Bavarois les ont pris à leur arrivée à Orléans.

Le 4 octobre, le préfet du Loiret, M. Pereira, nomme maire de Châteauneuf M. Migneron, adjoints MM. Desbois-Bordellet et Billard et quatorze membres pour former une commission remplaçant le conseil municipal dont la démission avait été acceptée. La nouvelle administration est choisie en majeure partie parmi d'anciens membres du conseil municipal qui, sous l'empire, composaient l'opposition et étaient démissionnaires depuis cinq ou six mois.

Le 5 octobre, 700 mobiles du dépôt du Loiret et quelques fantassins du 1er régiment de ligne sont logés à Vitry chez les habitants, dans les granges et dans les greniers. Le général Bertrand passa deux jours dans cette commune pendant lesquels le général de division, de Polhès, vint conférer avec lui.

Le 6 octobre, sur les instances des habitants, les fantassins et une partie des francs-tireurs vont à Boiscommun, et le 8 les derniers francs-tireurs quittent le pays.

Le lundi 10 octobre, le général de La Motterouge qui commande les 30,000 hommes formant l'armée de la Loire, dont 20,000 environ sont dans la forêt d'Orléans, envoie 10 à 12,000 hommes à Toury avec 23 pièces d'artillerie[1] faire face à l'ennemi qui lui oppose 35,000 Bavarois, une division de Saxons et 120 bouches à feu sous la conduite du général en chef von der Tann[2].

Le lendemain mardi 11 octobre, de nombreux bataillons de mobiles, qui gardaient les positions de la forêt que les Prussiens n'avaient pas songé à attaquer, traversent le pays, se repliant au-delà de la Loire par Sully, sans en connaître le motif, car aucun d'eux n'a tiré un seul coup de fusil.

Ce même jour, des hussards, venus d'Orléans à Vitry en reconnaissance, s'en retournent vers Châteauneuf; par suite d'un ordre mal donné une compagnie des mobiles du Lot va de Châteauneuf à Vitry, y séjourne quelques heures, puis revient.

Un corps de 1,200 mobiles du Cher et de la Savoie passe à Châtenoy, abandonnant aussi la forêt.

Enfin le lendemain 12, un petit détachement de chasseurs traverse encore Vitry, c'est le dernier.

L'approvisionnement des troupes françaises était généralement fait par les communes sur la demande des officiers et en échange de bons.

[1] La 24e pièce et ses caissons est restée toute la journée sur le Mail d'Orléans, faute de chevaux ; elle fut emmenée vers quatre heures du soir, par des chevaux de poste, à la caserne Saint-Charles.

[2] Voir : Combat d'Orléans, par Auguste Boucher, 1871.

CHAPITRE II

Occupation Bavaroise

DU 10 OCTOBRE AU 9 NOVEMBRE

Le mercredi 11 octobre à 8 heures du soir, les Bavarois entrent à Orléans après un combat acharné aux portes de la ville; arrivés par plusieurs rues sur la place du Martroi, ils se font indiquer la mairie; trop peu nombreux pour pouvoir se disperser, ils campent toute cette nuit sur les places et aux portes de la ville, ainsi que dans la cour de la mairie et sur le Martroi, au lieu de se loger chez l'habitant.

Quelques autres, en plus ou moins grand nombre, se dirigent sur Saint-Jean-de-Braye, Chécy, Pont-aux-Moines qu'ils occupent successivement pendant la soirée et la nuit. Une patrouille de 21 cavaliers bavarois passe à Fay dans la soirée, se dirigeant vers Sully-la-Chapelle.

Le lendemain 12 octobre, un détachement d'éclaireurs paraît encore dans le bourg de Fay; il en est de même à Saint-Denis où 21 cavaliers, sans rien demander à personne, se divisent en trois bandes qui suivent des chemins différents et se réunissant toutes près du cimetière poursuivent leur route vers Châteauneuf qui voit bientôt la première patrouille ennemie.

Il était environ 5 heures du soir lorsqu'ils arrivèrent à l'extrémité des murs du parc. Cinq seulement sont détachés pour aller en éclaireurs, ils viennent jusqu'à la halle et s'en retournent.

Les habitants ne font aucune démonstration hostile. Au moment où ces 5 soldats arrivent sur la place, un chef de francs-tireurs, M. de Praslin, venant de Fay, est à la mairie réclamant des billets de logements pour sa compagnie ; il répond aux personnes qui viennent l'avertir de ce qui se passe : *Ce n'est pas possible, vous voyez des Prussiens partout, il n'y en a pas, je n'en ai pas rencontré un seul sur ma route.*

Dans la journée, sur un bruit qui courut que la garde nationale devait rapporter à la mairie les fusils qui lui avaient été confiés, plusieurs les rendirent. La mairie les fit charger dans une voiture et conduire à Gien, cette voiture n'était pas encore partie lorsqu'arriva la patrouille prussienne.

A Saint-Denis, quelques fusils destinés à la garde nationale que l'on craignait de voir prendre par l'ennemi furent jetés dans la Loire. Le lendemain, jeudi 13 octobre, nouvelle patrouille qui demande la route de Donnery par où elle se dirige. Fay reçoit aussi la visite des cavaliers bavarois ; et à Châteauneuf, vers 9 heures du matin, une patrouille de 8 cavaliers va jusqu'à l'extrémité du bourg, ne dit rien à personne, et s'en retourne vers Orléans.

Dans la matinée du vendredi 14 octobre les boulangers font publier ce qui suit :

MM. les boulangers préviennent le public que, ne pouvant plus avoir de farines à crédit et n'ayant plus ni tailles ni registres, ils ne peuvent plus vendre leur pain qu'au comptant à dater d'aujourd'hui, 14 octobre 1870.

Des murmures peu sympathiques accueillirent cette publication, le tambour de ville s'arrêta aussitôt et apprit, mais un peu tard, que l'autorité municipale n'avait point été prévenue de la détermination des boulangers.

Vers quatre heures du soir, 7 cavaliers ennemis traversent le pays par la grande rue et, par conséquent, passent au milieu du marché où ils jettent un peu de désordre ; cette patrouille va à la croix de pierre et revient par le quai, l'un des soldats étant allé sur le pont jusqu'à la cassure, quelques hommes ferment les portes pour l'empêcher de revenir, mais ses compagnons restés sur la place les font ouvrir. Les mariniers et d'autres personnes veulent faire une barricade avec des voitures, ils n'en ont pas le temps et se contentent de jeter des pierres sur la patrouille en la suivant depuis le pont jusqu'à l'hospice. Arrivés dans la rue des Dames, en face de la Mairie, les cavaliers ralentissent le pas, un sieur Desnoues, de Sigloy, qui a une jambe de bois, s'avance vers eux, agite sa canne en l'air et s'adressant au chef en lançant un juron formidable « *Arrête-toi, au nom de la loi, descends de cheval.* » Le Prussien, comprenant bien le français, lui répond : *Qu'entendez-vous?* A ces mots tous les hommes lèvent leurs bâtons ou leurs parapluies, le chef commande à ses soldats de tirer leurs sabres dont ils semblent vouloir user, mais avec une telle précaution qu'ils ne blessent aucun des nombreux curieux présents dans la rue et se sauvent en passant devant la halle; à ce moment ils reçoivent une pluie de pommes de terre, de navets, de carottes et autres légumes pris dans les corbeilles des jardiniers, un retardataire surtout en reçut bon nombre, il se contenta de tirer un coup de pistolet en l'air et s'enfuit pour rejoindre ses camarades qui l'attendaient au delà du pays sur la route d'Orléans. Au passage de la place, ils furent accueillis par une grêle de pierres.

Dès qu'ils furent partis la population revenant au calme fut vivement impressionnée de voir des faits aussi regrettables, pouvant amener des représailles. En effet, le lendemain samedi, 15 octobre, on voit arriver une patrouille plus nombreuse que celle des jours précédents : 80 chevau-légers bavarois s'arrêtent sur la place, un piquet de 7 hommes vient à la mairie demander le maire et l'invite à se rendre auprès de leur officier; M. Migneron y va, les soldats font le cercle et le chef d'escadron, d'un air furieux, prononce contre le pays les plus cruelles menaces et remet à M. le maire la déclaration suivante que nous reproduisons *textuellement* :

A monsieur le Maire de
Châteauneuf.

Hier on a insulté un peloton du régiment ; c'est pourquoi je viens vous avertir, dès que cela se renouvelle la ville de Chateauneuf sera occupée par quelques bataillons d'infantrie avec les autres troupes auxiliaires, une contribution de 40,000 francs sera élevé, et dans le cas qu'on prend les armes de la part des habitants de Chateauneuf, la ville sera incendié à tous les coins.

Vous publierez cela à vôtre commune et vous y ajoutierez que moi, je garantis de l'exécution de mes menaces.

Châteauneuf, le 15 octobre 1870.

GF. O. LEININGEN,
Chef d'escadron.

Monsieur le maire répond :

Que la veille le marché avait réuni de nombreux habitants des villages voisins, que les soldats par leur passage au milieu de la foule avaient dérangé ces gens paisibles et qu'enfin il ne peut répondre des personnes qui n'habitent pas la commune.

L'officier lui fait observer qu'il doit connaître tout ce qui se passe dans son pays ; puis il exige pour ses hommes qu'il leur soit servi à manger sur la place publique avec du vin ordinaire pour les soldats et du vin bouché pour les officiers. On a remarqué que ces soldats obéissant à l'ordre de leur commandant prirent leur repas en deux fois, la moitié seulement mit pied à terre pendant que l'autre moitié sous les armes se tenait sur le qui-vive. Mais, sans doute, ce repas ne parût pas suffisant à ces Allemands puisqu'ils volèrent chez deux cafetiers, MM. Marois et Clément François (dit Nanquin), un fût de bière et un fût de cognac. A deux heures et demie ils repartent vers Orléans, d'où ils étaient venus. A neuf heures du soir, nouvelle patrouille de 7 cavaliers.

Ce même jour l'autorité communale, pour calmer la mauvaise impression produite par la note des boulangers, fait publier ce qui suit :

AVIS.

La Municipalité provisoire de Châteauneuf fait savoir aux habitants que la publication faite hier par MM. les boulangers, relativement aux fournitures de pain à crédit, a été faite sans aucune autorisation du maire et de la commission municipale qui sont restés complétement étrangers à une mesure qu'ils considèrent comme regrettable ; que la municipalité a donné ses instructions à MM. les boulangers pour qu'ils aient toujours un approvisionnement d'un mois et que dans le cas où le prix du pain dépasserait la taxe légale, la municipalité dans les circonstances actuelles n'hésitera pas un instant à rétablir la taxe.

Le Maire,
MIGNERON.

A Saint-Denis-de-l'Hôtel un détachement fait réparer la brèche du pont pour aller à Jargeau, et le lendemain ce sont des hussards de la mort qui viennent de Saint-Denis-en-Val faire une forte réquisition de pain et d'avoine.

Les 16 et 17 plusieurs patrouilles parcourent les rues de Châteauneuf : on en voit jusqu'à trois par jour à Saint-Denis et à Fay.

Le mardi 18 octobre, Saint-Denis est fortement occupé par une garnison de 1,500 chasseurs bavarois, 150 cavaliers et 3 pièces de canon ; les soldats sont logés chez les habitants du bourg principalement ; la mairie leur fournit une grande partie des vivres : le pain, la viande, le vin et le café ; les habitants suppléent au reste. Le colonel oblige M. le maire à quitter son château de Chevenière pour venir habiter le bourg et être ainsi mieux à ses ordres.

Fay reçoit le même jour une garnison composée d'un bataillon entier du 8e régiment bavarois, 125 cavaliers et 3 pièces de canon comme à Saint-Denis ; ils s'installent eux-mêmes chez les habitants qui ont fort à se plaindre de leurs exigences et de leur grossièreté ; la commune leur fournit les vivres, le pain ou la farine, la viande et le vin ; à Châteauneuf, 25 cuirassiers bleus commandés par un officier demandent à voir le maire, pour s'entendre sur les réquisitions à faire en avoine et autres provisions. M. le maire plaide si bien sa cause que le lieutenant se contente d'un certificat constatant qu'il ne peut pas être fait droit à ses réclamations; puis avant son départ il annonce pour le lendemain 1,000 soldats d'infanterie à loger chez les habitants. Dans la nuit, une patrouille venant de Pont-aux-Moines à Châteauneuf est attaquée sur la route à l'endroit appelé le bois de Lenche; plusieurs coups de feu atteignent un cheval qui meurt à l'endroit même, on croit que deux hommes ont été blessés dans cette affaire, l'un, grièvement atteint, serait mort le lendemain à la Folie près Pont-aux-Moines.

Le mardi 19 octobre, vers onze heures du matin, un petit corps composé de 100 fantassins bavarois, 80 hussards de la mort et 2 canons avec 4 caissons, campent à Saint-Barthélemy dans un champ à gauche de la route. Une patrouille commandée par un officier apporte une longue liste de réquisition à livrer de suite et prie M. le maire d'aller au camp trouver le colonel. M. Migneron s'y rend accompagné de M. Paul Blanluet; arrivé là, il est retenu pendant que, à Châteauneuf, l'officier réunit les réquisitions de pain, vin, fromage, viande cuite, sucre et café, etc., dont les quantités discutées au camp par M. le maire sont l'objet d'une grande diminution. M. Besançon de Saint-Benoît, allant à Orléans, est arrêté par les Prussiens, ils lui disent qu'il est un franc-tireur, l'attachent à un arbre et le menacent de le pendre; toutefois ils le relâchent quelques heures après.

L'officier venu pour les réquisitions demande M. le curé qui se rend près de lui, au moment où il se fait livrer le tabac et les cigares du bureau de M. Hardouin. Il lui dit que le capitaine voulait le voir, et lui enjoint d'attendre un peu; de chez M. Hardouin il va prendre le tabac du bureau Baudin; puis, le maire revenant avec le capitaine, M. le curé demande à aller voir celui-ci à la mairie. L'officier le laisse aller, mais il n'y trouve personne et rentre chez lui. Une demi-heure après, il retourne voir le lieutenant sur la place pour lui demander ce que décidément il veut? Là il apprend qu'il devait être retenu prisonnier avec le maire, dans le cas où les habitants se seraient opposés au pillage du tabac. L'officier profitant, sans doute, de l'occasion, demande du champagne. M. le curé lui répond qu'il n'en a pas et qu'il ne sait pas où il y en a; mais le lieutenant y tient, et il se rend à la mairie pour se renseigner sur ce point. On lui répond qu'il n'y a pas de vin de cette espèce dans le pays. Malgré cette affirmation, il ordonne à ses hommes de visiter la cave de deux cafetiers, MM. Marois et François, ce qui a lieu sans qu'on y trouve de champagne, mais non sans qu'on y cause de graves dégâts. De là ils vont au château, où ils prennent les vins fins. Au retour de ce détachement à Saint-Barthélemy, vers quatre heures, le camp est levé très-rapidement et toute la troupe part au pas de course vers Orléans.

A la même heure, arriva sur la place du château une patrouille de 30 chevau-légers bavarois, venue de Saint-Denis et commandée par un capitaine qui demande encore le maire. Le but de sa visite est relatif à l'attaque dont les soldats ont été l'objet la nuit dernière au bois de Lenche; il prétend imposer à la commune une amende de 50,000 fr. à payer le lendemain à cinq heures du soir, ajoutant que sans cela il brûlera le pays; on ne lui promet rien.

En attendant M. le maire, le capitaine entretient le public du motif qui l'amène et demande s'il y a des francs-tireurs. M. Dulauroy, garde de M. de Grosbon, lui répond qu'il y en a beaucoup, au moins 200 à sa connaissance. « Je vous requiers de venir avec moi à Chenailles, » lui dit le capitaine; « Oui, lui est-il répondu, mais vous allez au trot et moi au pas, je ne veux y aller qu'à la condition de monter sur votre cheval avec vous. » L'officier rit et n'insiste pas, mais il se rend avec sa troupe près de M. Bobée dont il connaissait la propriété, l'informe de l'attaque dirigée contre ses soldats et ajoute qu'il doit surveiller les environs et savoir s'il y a des francs-tireurs. M. Bobée lui répond qu'il ne peut être rendu responsable de ce qui se passe dans les bois, puisque ses gardes eux-mêmes ne peuvent point y aller de peur d'être pris par les soldats pour des francs-tireurs, et qu'il ne répond absolument que des personnes qu'il a chez lui. L'officier fait alors venir tous les domestiques du château et demande à chacun d'eux s'il n'est pas franc-tireur, question bien inutile ; en donnant le signal du départ, il ordonne à M. Bobée d'avoir à tenir prêts 50,000 fr., et comme celui-ci s'en défendait : « Cela pourra s'arranger à moins, répond-il, écrivez au général ; » M. Bobée le fit immédiatement. Dans la nuit suivante, 10 soldats viennent à Chenailles et font, pour trouver des armes, des recherches minutieuses dans toutes les parties du château : ils s'en vont sans rien emporter. Les Bavarois irrités voulaient également rendre responsable la commune de Saint-Denis, mais il n'en fut rien.

A Châteauneuf, le jeudi 20 octobre à sept heures du matin, patrouille de 15 fantassins et 9 cavaliers, et à 2 heures nouvelle patrouille de 5 cavaliers.

M. le maire, sous le coup de la demande de 50,000 fr. de contribution, a, dès hier soir par mesure de prudence, réuni la commission municipale et les plus hauts imposés; une souscription a été faite pour le cas où la réclamation prendrait un caractère sérieux qu'on ne lui supposait pas; toutefois, M. Migneron croit utile d'aller voir le chef qui a fait donner l'ordre, et part dans ce but pour Orléans avec M. le curé et M. Antony Giroux. Arrivés à Saint-Denis où un camp est installé, ils n'obtiennent rien du colonel commandant qui ne parle pas français et ne peut que les engager à se rendre à Pont-aux-Moines auprès du général.

Le général de Tann, frère du commandant en chef du corps bavarois, à Orléans, est en effet à Pont-aux-Moines, il reçoit fort poliment les délégués de la commune, leur dit qu'il n'a pas à se plaindre de Châteauneuf; que cependant on a tiré sur leurs patrouilles dans le bois de Lenche avant-hier et hier encore à Vitry, que cela doit être du fait des habitants ; on le dissuade facilement en l'assurant qu'il y a des francs-tireurs dans les bois et qu'ils n'ont aucune relation avec l'autorité municipale ; que d'ailleurs les endroits d'où avaient été tirés les coups de feu ne sont pas sur la commune de Châteauneuf, ce qu'il examine sur la carte et reconnaît vrai. Il assure à ces messieurs qu'il ne peut être fait par ses soldats que des réquisitions en nature, que quant à lui il n'exigera pas de contribution ; que d'ailleurs, il n'avait donné aucun ordre à ce sujet et qu'ils rassurent la population. M. Bobée reçut dans la journée la visite d'un officier d'état-major venant de la part du général lui annoncer en réponse à sa lettre, qu'il n'aurait pas à payer de contribution.

A Saint-Denis, la journée du 20 octobre fut employée à rechercher des armes ; aucun fusil ne fut donné aux Bavarois qui poussèrent leurs perquisitions jusque dans le clocher de l'église et sous l'autel sans y rien trouver.

Le lendemain vendredi 21 octobre, le bourg de Fay subit leurs vexations ; ils exigent la remise des armes, en ajoutant la menace que, s'ils en trouvent ensuite, ils brûleront le pays et fusilleront les habitants qui les auraient détenues. Sur l'invitation de la mairie, diverses personnes rendent quelques vieux fusils et cachent les autres si bien que les plus minutieuses recherches n'amenèrent aucune découverte. Ils cherchent jusque dans le cimetière, mais ne trouvent pas la poudre qu'on y avait enterrée.

Le même jour un détachement de soixante hommes, de la garnison de Fay, se rend à Vitry pour opérer le désarmement du pays; en passant dans le bois de la Courie, il essuya des coups de feu et perdit, dit-on, plusieurs hommes. Les soldats furieux arrêtèrent toutes les personnes qu'ils rencontrèrent et les amenèrent à Vitry; presque toutes furent relâchées sur la demande du maire, trois seulement, emmenées à Pont-aux-Moines, y ont été maltraitées et retenues pendant trois jours.

M. le maire fait publier ce qui suit :

Par ordre prussien, les habitants sont invités à rendre toutes les armes, quelles qu'elles soient.

Ils demandaient qu'on leur livrât dans le délai de trente-cinq minutes tous les fusils de la commune et trois voitures pour les emporter; leurs perquisitions furent minutieuses dans certaines maisons, la mairie leur donna 6 mauvais fusils, tous les autres étant cachés dans la forêt; mais ils s'emparèrent de beaux fusils de chasse et d'armes de luxe. Le capitaine de ce détachement se présenta dans la maison des sœurs le pistolet au poing pour voir s'il n'y avait pas de francs-tireurs.

Le lendemain 22 octobre, Vitry est encore sous le coup d'une nouvelle alerte : on signale un corps de 600 fantassins, 15 cavaliers et 2 canons; arrivé près du bourg, le colonel envoie chercher le maire pour lui dire que toute personne qui tirerait sur leurs patrouilles ou qui serait trouvée en possession d'armes serait fusillée. Ils s'en retournent après avoir requis 8 hectolitres d'avoine pour le lendemain.

A Châteauneuf, la journée d'hier a été calme : deux patrouilles seulement sans incident particulier. Mais aujourd'hui 22 octobre, dès six heures du matin, voici une patrouille de 14 cavaliers, et à onze heures 70 fantassins et 14 cavaliers ; les provisions de Saint-Denis ont été épuisées rapidement et les soldats en nombre s'adressent à nous pour les pourvoir de vivres. L'administration municipale ne pouvant se soustraire à leur demande, en informe les habitants par le publicat suivant :

Le maire et la commission municipale de Châteauneuf préviennent les habitants que la ville étant frappée de réquisition de vivres pour aujourd'hui même, ceux d'entre eux qui ont des vaches, du vin et de l'avoine à vendre sont priés de venir se faire inscrire immédiatement à la mairie.

Signé : MIGNERON.

Pendant que les cavaliers réunissent les réquisitions, les fantassins descendent à la Loire et conduisent au bout des murs du parc toutes les barques, qu'ils percent avec des outils pris chez M. Rolland et chez les sabotiers, et les font couler à fond.

Le dimanche 23 octobre on ne voit que quelques patrouilles traverser le pays.

A Fay, les habitants se réjouissaient de voir partir leur garnison, lorsqu'une nouvelle compagnie arriva pendant que l'autre faisait ses préparatifs de départ.

A Vitry, dans la matinée, plusieurs compagnies de gardes nationaux et des francs-tireurs armés de fusils de chasse et de fusils de munition, venant du Gâtinais, débouchent par toutes les directions ; ils sont au nombre de 700 environ et annoncent qu'étant autorisés par M. le sous-préfet de Montargis à défendre la forêt, ils ont choisi Vitry pour y venir attaquer les patrouilles ennemies. Le commandant est un ancien officier d'infanterie de Nibelle, la troupe se compose de quelques hardis chasseurs et braconniers bien déterminés et d'une grande quantité de gens qui préfèrent la bouteille au fusil et qui, ne pouvant se plier à aucune discipline, sont un embarras pour les vaillants soldats. La population de Vitry n'était pas charmée, paraît-il, d'avoir ces défenseurs ; elle comprenait le danger qu'ils lui faisaient courir et l'inutilité de ces fanfaronnades. Aussi les obligea-t-elle à s'éloigner du côté de la forêt, où ils pourraient surprendre les patrouilles sans exposer le pays qu'ils quitteraient à la première attaque de l'ennemi ; la forêt leur offrait d'ailleurs toute sécurité. Ce jour-là ; heureusement, aucun Prussien ne vint à Vitry.

Le lendemain 24 octobre, Saint-Denis est évacué, le poste le plus rapproché est actuellement Pont-aux-Moines.

Fay est dans la forêt le poste le plus avancé, chaque jour de nombreuses patrouilles battent les routes de Sully-la-Chapelle et de Vitry ; mais chaque fois aussi elles sont attaquées dans les bois de la Courie par des francs-tireurs. Les soldats ont pris l'habitude, pour franchir ce passage dangereux, de marcher dans les fossés en se baissant, ou bien de se faire accompagner par des voitures ou des habitants. Vitry est visité aujourd'hui dans la matinée par des réquisitionnaires, 30 fantassins et 13 cavaliers amenant

3 voitures exigent du maire qu'elles soient remplies de denrées de différentes natures.

Dans la soirée, c'est une nouvelle patrouille qui demande s'il y a des francs-tireurs, ce à quoi le maire répond qu'il n'y en a pas dans le bourg, mais dans la forêt. L'officier le force à les y conduire ; arrivé à une petite distance du bourg, le maire les laisse continuer seuls et revient.

Quelques instants après, à l'entrée du bois qui est très-épais sur la route de Seichebrières, des coups de fusil sont tirés et les Prussiens se sauvent au galop. Seichebrières était en ce moment encombré de gens de tous pays, bon nombre des habitants de Vitry, de Saint-Denis, de Nibelle, de Nancray y avaient envoyé leurs bestiaux ; on y était venu de fort loin. Des fermiers de Lonjumeau avaient amené des troupeaux de bœufs, de moutons et un grand nombre de chevaux ; les habitants pratiquaient largement l'hospitalité et se gênaient pour loger tous ces réfugiés, mais on n'était pas tranquille et une surveillance active était exercée ; le jour tous les bestiaux étaient conduits dans la forêt, d'où ils ne revenaient que le soir ; en somme on n'eut pas à déplorer de pertes, car les Prussiens n'osèrent jamais aller dans ce petit village entouré de bois touffus.

Le mardi 25 octobre, Châteauneuf reçoit, à sept heures du matin, une patrouille de 25 cavaliers ; à onze heures, arrivée de 50 fantassins, 25 cavaliers et 3 voitures.

Les fantassins font de nombreuses réquisitions en pain, avoine, paille et foin, et des perquisitions chez les particuliers pour avoir de l'avoine, exigent les clefs de la maison de Mme Guérin, dans laquelle ils supposent qu'un cheval doit être caché, ils ne le trouvent pas, mais emportent des provisions.

Pendant ce pillage, 25 cavaliers partent en patrouille vers Gien et rencontrent près de l'étang de Chante-Loup M. Chipault, revenant à Châteauneuf. L'officier l'arrête et lui demande s'il n'y a pas de francs-tireurs dans les environs : « Il n'y en a pas à Saint-Martin, d'où je viens, » lui fut-il répondu. Satisfaits de la réponse, ils continuèrent leur route. Près des étangs de Saint-Aignan, à l'endroit appelé Malgarni, deux soldats se dirigent par la route de Lorris et les autres continuent vers Gien. Arrivés en face d'un bois appartenant au sieur Chevallier, ils reçoivent une décharge des francs-tireurs de la Nièvre qui gardent la forêt. Cette attaque n'a pas tout le succès qu'on attendait. Les Prussiens sont mis en éveil par un coup de fusil parti dans le bois et les francs-tireurs ne peuvent tirer que de fort loin. Un cavalier mortellement blessé est ramené à Châteauneuf. L'officier, qui le matin s'était renseigné près de M. Chipault, l'aperçoit dans la rue, le prend à la gorge et le menace de son pistolet en lui reprochant la mort de son soldat, puis l'oblige à monter dans la voiture du blessé et à le conduire à Orléans sous bonne escorte. M. Chipault s'aperçut en arrivant qu'un de ces hommes entendait parfaitement le français, bien qu'il n'en eût prononcé ni voulu comprendre un seul mot pendant le trajet : c'était un espion ! Au retour, le médecin fut arrêté sur la route par des sentinelles qui s'entendirent avec l'escorte et conduit à Chécy près du général auquel il avait été dénoncé. Il subit un interrogatoire en présence de l'officier de patrouille devant lequel il affirma que l'attaque avait eu lieu sur la commune de Saint-Aignan, située bien au delà de Saint-Martin où il leur avait dit qu'il n'y avait pas de francs-tireurs. On lui laissa alors continuer sa route.

Les francs-tireurs, sachant ce qui arrive ordinairement le lendemain de ces sortes d'affaires, quittent Bouzy et se replient sur Ouzouer.

A deux heures et demie, départ des troupes emmenant les voitures pleines de réquisitions.

Le même jour, une patrouille venue à Vitry est attaquée, en s'en allant, sur la route d'Ingrannes ; elle revient rapidement et prend une autre direction.

Le lendemain 26 octobre, les Bavarois semblent craindre de nouvelles attaques; à Fay, les soldats font, sur le pont du canal, une énorme barricade avec plus de 2,000 bourrées, elle interrompt la circulation des voitures sur les routes de Sully-la-Chapelle, Neuville et Orléans; ils ont voulu faire travailler les habitants oisifs qui les regardaient, mais ceux-ci ont pu, en disparaissant, n'être pas obligés de les servir.

A Vitry-aux-Loges, deux petits détachements viennent de Fay et d'Ingrannes en éclaireurs ; ils arrêtent, dans le pays, deux officiers français déguisés venus de la part du général Bertrànd pour s'informer, près de M. de Beauregard, de la position de l'ennemi ; ils étaient porteurs de papiers soigneusement cachés dans leurs bottes après être restés prisonniers quelques heures, ils sont relâchés sans avoir été reconnus. Dans la soirée, 1,000 Bavarois viennent de Chécy et s'installent chez les habitants ; deux heures après, c'est le tour de 800 fantassins venant de Loury, qui ont pris pour guide, en passant à Ingrannes, l'instituteur communal ; les habitants ont encore à les loger et à nourrir les officiers ; les soldats reçoivent des vivres de la mairie, mais ils volent partout du linge, des vêtements et du vin.

Cette troupe part le jeudi 27 octobre, à sept heures du matin, une partie se dirige par la route de Lorris, et l'autre passe par Combreux, où un officier va chercher l'instituteur pour les conduire à Bouzy ; celui-ci s'y refusant, l'officier s'adressa à d'autres personnes.

A dix heures du matin, Châteauneuf est traversé par un corps de 1,200 hommes et 2 pièces de canon allant vers Gien et devant rejoindre les premiers aux étangs de Saint-Aignan, où ils ont rendez-vous. Arrivés à la Fringale, une partie de l'infanterie s'est déployée en tirailleurs et a battu la forêt entre Saint-Aignan et Bouzy, sur une largeur de six kilomètres, sans rencontrer aucun franc-tireur.

Les canons sont restés sur la route, gardés par 300 hommes. Le bourg de Saint-Aignan était aussi fortement occupé, et le soir au retour, les soldats, sans rien demander à la commune, prirent un repas chez les habitants et emmenèrent 2 vaches vivantes.

Ces troupes reviennent toutes par diverses routes et traversent Châteauneuf vers cinq heures et demie du soir, laissant 1,800 hommes de l'infanterie, qui se logent et se font nourrir chez les habitants. Dans la soirée, bon nombre d'entre eux prennent, chez les épiciers et chez les débitants de vin, diverses provisions ; ils partent tous le lendemain 28 octobre, à huit heures du matin, vers Orléans.

Le samedi 29 octobre, à 11 heures, patrouille de 20 cavaliers qui font une halte et partent très-précipitamment croyant à l'arrivée de soldats français.

Le dimanche 30 octobre, à midi, arrive une patrouille de 30 cavaliers dont le chef remet au maire, de la part du général, la nouvelle suivante avec ordre de l'afficher :

Une dépêche officielle de Versailles donne les nouvelles suivantes :

Hier soir, Metz a capitulé :

3 maréchaux,

6,000 officiers,

173,000 hommes ont été faits prisonniers de guerre.

La forteresse s'est rendue.

Orléans, le 28 octobre 1870.

Le baron DE TANN,
général de l'infanterie.

M. le maire ne donna aucune publicité à cette désastreuse nouvelle qu'il regardait comme fausse. On la croyait répandue par les Allemands dans le but d'affaiblir le patriotisme des populations et d'augmenter le courage de leurs soldats.

A Fay, cette journée fut pénible pour les habitants, car les Bavarois ayant appris la capitulation de Metz s'apprêtaient à célébrer leur victoire ; dans la matinée, les soldats, dont la plus grande partie sont catholiques, dirent aux habitants qu'ils allaient à la messe ; ils n'avaient point d'aumônier et ne demandèrent rien à M. le curé, ils entendaient assister à la messe paroissiale. Quand M. le curé les vit arriver, il renvoya les chantres et dit simplement une messe basse à laquelle les habitants n'assistèrent pas. Dans l'après-midi, les soldats plantèrent leur drapeau sur la barricade du pont, les officiers avec ceux de Loury et de Donnery dînèrent à leurs frais à l'hôtel; ils avaient fait décorer la salle avec les plantes de serre de M. de Beuvron.

Le lundi 31 octobre, vers deux heures de l'après-midi, patrouille de 25 cavaliers qui vont jusqu'à la Croix-de-Pierre, où ils prennent le chemin de Pochy.

A cinq heures, 500 soldats bavarois et 100 hussards rouges viennent pour faire des réquisitions dans le pays et les environs. Dès en arrivant ils se font fournir des fers à cheval et des clous, de l'avoine pour les chevaux, des vivres pour les hommes et s'installent dans les maisons inhabitées et dans le château. Ils demandent, en outre, à la commune de leur livrer aujourd'hui, à Saint-Denis, des provisions et des vivres de toutes espèces et en quantité considérable; on conduit, dans 7 voitures, les réquisitions exigées et 7 vaches vivantes.

Des postes sont placés aux issues du pays, on peut entrer, mais on ne peut sortir sans laissez-passer du commandant des hussards rouges installé au château. Le service de la poste aux lettres est interrompu; jusqu'ici les services publics avaient fonctionné régulièrement, au moins par la route de Gien.

Le mardi 1er novembre, à Bouzy, les réquisitionnaires voulant enfoncer la porte de Bourillon

Adolphe, qui travaillait aux tranchées de la forêt, se livrèrent à des actes de brutalité regrettables sur deux voisins qui vinrent leur dire de ne pas briser la porte, que l'habitant n'était pas chez lui ; l'un d'eux, Charrier François, reçut à la tête un coup de plat de sabre, et Beaudouin Pierre n'eut heureusement qu'une petite coupure, parce qu'il avait pu parer le coup de sabre avec un manche de pelle qui fut coupé à deux centimètres de profondeur.

Ils ne demandèrent aucune réquisition à la commune, mais s'emparèrent de trois voitures et les emplirent de tout ce qu'ils trouvèrent dans les maisons où le hasard les conduisit.

A Saint-Martin, une compagnie de fantassins et des cavaliers vinrent demander à la commune une forte réquisition en bêtes à cornes, grains et fourrages ; après discussion, la demande fut réduite des trois quarts, et encore le maire ne voulut-il rien livrer sur-le-champ , promit de conduire le tout à Châteauneuf le lendemain matin, se réservant ainsi la facilité de choisir des objets de moindre valeur, et de les prendre où ils ne feraient pas faute. Le 2, il remit 2 vaches, 4 moutons, 6 hectolitres d'avoine et 100 bottes de foin, et s'en alla avec l'assurance que ce serait tout ce que la commune aurait à fournir. Ce fut tout, en effet, ce qui fut demandé, mais non tout ce qui fut pris, car, dans la même journée, des soldats envoyés du côté de Sury-aux-Bois pillèrent les grains et les fourrages de plusieurs fermes situées sur la lisière de la forêt.

Le même jour, 25 fantassins et 25 hussards rouges vont à Vitry avec cinq voitures qu'ils ont rencontrées sur leur chemin, les emplissent de foin, de 20 hectolitres d'avoine, de diverses denrées et prennent aussi des vaches vivantes.

A Germigny, la commune dut leur fournir des porcs, de l'avoine, du blé et du fourrage.

Ces réquisitions ne les empêchent pas d'emporter de chaque habitation tout ce qu'ils trouvent en blé, farine, pain de ménage, foin, paille, avoine, porcs, vaches, etc., etc.; les propriétaires qu'ils volent sont encore obligés de transporter et de conduire eux-mêmes, jusqu'à Orléans, toutes ces provisions, d'où elles sont envoyées à Saint-Pryvé, à Cléry et même à Toury. Avant le départ, elles sont réunies à Châteauneuf, sur la place du château ; là, M. Prud'homme, de Saint-Martin, qui avait fourni le chargement de deux charrettes et en avait amené une et son domestique l'autre, demanda au commandant des hussards rouges de retourner chez lui et de faire conduire les deux voitures par son domestique ; pour toute réponse, il fut souffleté indignement.

Le mercredi 2 novembre, le pillage continue dans les communes environnantes et dans les fermes de Lintry, la Pavillière, la Folie, le Colombier, les Fidèles et autres ; les hussards rouges sont sans pitié, ravagent tout, vident les étables, les granges et les greniers des fermes où ils passent ; ce ne sont pas des soldats, mais une bande de voleurs bien armés, menaçant de l'incendie et de leurs armes quiconque tente de résister ; ils règnent par la terreur et non par la force, car ils sont peu nombreux.

Le butin de la journée est, comme les jours

précédents, réuni dans des voitures sur la place du château ; outre les vaches enlevées dans les fermes, les soldats en amènent une assez grande quantité de la forêt, où on les croyait en sûreté. Le commandant, ayant sans doute excédé les ordres qu'il a reçus de ses chefs, va à la mairie dire qu'il ne veut pas conserver toutes les vaches et qu'il en rend 16 contre un reçu qu'on s'empresse de lui remettre ; mais, par contre, il emporta la pendule de la chambre qu'il habitait au château.

Il est un fait à noter : dans la matinée, ce commandant avait dit à M. Moreau, de la ferme du château : « *Vous avez tant de vaches et tant de chevaux, si demain tout n'est pas rentré dans les bâtiments, je ferai piller chez vous.* » Les nombres qu'il indiquait étaient exacts ; était-ce l'instinct du pillage ou l'infamie de quelques Français qui avait été la cause de renseignements si vrais ?

Enfin, le jeudi 3 novembre, ces soldats partent, les cavaliers par Saint-Denis, et une partie de l'infanterie, 80 hommes environ, se font passer en barque pour aller à Sigloy, où ils rencontrent de la cavalerie qui doit les aider à incendier Vienne-en-Val.

Après le départ de la cavalerie sur Saint-Denis, 25 fantassins restent pour accompagner une voiture pleine de réquisitions qu'ils doivent conduire à Orléans ; au moment de leur départ, plusieurs vignerons réunis près de l'église veulent s'opposer à leur marche et les combattre s'ils font résistance, quelques personnes présentes s'opposent à ce projet, et on les laisse partir avec leur butin.

Depuis deux jours Fay est évacué, la barricade du pont a été détruite par les habitants, mais chaque jour des patrouilles parcourent les routes sans entrer dans le bourg ; le poste avancé dans la forêt est maintenant à Donnery.

Le 3 novembre, 5 uhlans venus à Vitry s'éloignent précipitamment en apprenant qu'il y a des francs-tireurs dans les environs.

Saint-Denis reçoit chaque jour les réquisitionnaires du général de Tann, qui occupe Pont-aux-Moines ; ils demandent, entre autres provisions, du poisson et des vins de Bordeaux et de Champagne, c'est, disent-ils, pour la fête du général, mais l'officier ajoute en parlant au maire : *C'est toujours la fête du général.* La propriété de Chenailles était aussi très-connue des officiers de Chécy et de Pont-aux-Moines, qui envoyaient chez M. Bobée comme à un entrepôt d'approvisionnements ; il est des journées dans lesquelles il fournit pour plus de 2,000 fr. de provisions. Malgré les vols et les rapines des soldats, nous pouvons citer un fait exceptionnel en faveur d'un officier bavarois : le capitaine Lagel, occupant Chécy, ayant entendu dire que ses soldats avaient volé de l'argent chez M. Bobée, alla lui-même s'en informer, et demanda un certificat constatant qu'il n'avait rien été pris.

Le vendredi 4 novembre, à dix heures du matin, une patrouille apporte au maire de Châteauneuf l'ordre que tous les chariots de la commune, avec des conducteurs munis d'approvisionnements pour cinq jours, soient le lendemain à Orléans. On leur répond qu'il n'y a pas de chariots, que les voitures du pays sont fort petites, et, en résumé, on n'envoie rien ; c'était la fin de l'occupation bavaroise.

Nous savions depuis longtemps déjà qu'un corps d'armée reformé en Sologne s'approchait de nous; il était à Sully et dans les environs, d'où il détache, le 5 novembre, une patrouille de 3 chasseurs français qui vient jusqu'à la mairie ; ces cavaliers veulent attendre pour voir les Prussiens, mais ils s'éloignent aussitôt que les habitants qui font le guet signalent une patrouille de 25 dragons ennemis. Les renseignements qui nous arrivent de toutes parts nous donnent l'espoir d'une prochaine délivrance.

Le 6 novembre, 50 Bavarois vont à Vitry demander 2 voitures de foin ; comme le maire répond qu'il n'y en a pas, ils vont eux-mêmes dans les greniers, craignant des dégâts, on leur promet ce qu'ils demandent.

Le lundi 7 novembre, nouvelle patrouille française de 13 cavaliers ; ils vont jusqu'aux murs du parc et sont prévenus de l'approche d'une patrouille bavaroise. L'officier annonce que le lendemain un corps nombreux de troupes françaises arrivera dans la journée.

Le mardi, en effet, arrive et campe sur toutes les routes, les prés et les terrains vagues du pays, le 17e corps d'armée (infanterie, cavalerie et artillerie), commandé par le général Martin des Pallières, et fort d'environ 30,000 hommes.

A Saint-Denis, vers midi, quelques soldats bavarois viennent encore de Pont-aux-Moines faire une réquisition considérable de vivres; c'était dur d'obéir à cet ordre quand, à 9 kilomètres, campait un corps français, dont les éclaireurs n'allèrent que jusqu'à Bel-Air (4 kilom.) M. le maire fit attendre la patrouille et envoya à Châteauneuf prévenir le général qui répondit n'avoir pas d'ordres. On dut donc livrer la réquisition.

A Fay, à six heures du soir, une patrouille de 7 cavaliers parcourt le pays, elle vient de Donnery, où elle retourne aussitôt; le corps du général Martin des Pallières était annoncé pour le lendemain matin. A minuit, le poste d'occupation de Donnery était levé et se dirigeait sur Orléans où le mouvement d'évacuation était commencé depuis dix heures du soir.

CHAPITRE III

Retour de l'Armée Française

DU 9 NOVEMBRE AU 6 DÉCEMBRE

Le 9 novembre 1870, le général Martin des Pallières part à 3 heures du matin par Fay et la forêt pour arriver à Chevilly et couper la retraite aux Bavarois qui sont à Orléans et que le général d'Aurelles de Paladines doit déloger de leurs camps retranchés de Baccon, Coulmiers, etc. Vers 10 heures il entend le canon à l'ouest d'Orléans et marche rapidement, mais sa tête de colonne n'arrive qu'à six heures du soir aux Aubrais.

Saint-Denis avait été traversé dans la matinée par une patrouille venant de Châteauneuf par les bois de Chenailles, plus tard des cavaliers qui se disent porteurs d'ordres viennent demander un général qu'on n'avait pas vu.

A Vitry passe la compagnie des francs-tireurs de la Charente-Inférieure, commandée par un officier de marine et venant de Gien à travers la forêt; elle va à Fay se joindre au 17e corps dont elle fait partie. Dans la journée un courrier déguisé apporte au maire des instructions pour la direction à donner aux troupes qui passeraient à Vitry, et peu après un chasseur à cheval arrive avec le casque d'un officier prussien qu'il a, dit-il, tué dans la forêt d'un coup de revolver.

Les Bavarois, sans doute bien informés sur la force et les mouvements de l'armée française, n'ayant pu tenir devant les troupes du général d'Aurelles de Paladines, avaient battu en retraite sur Artenay et Patay dont les routes étaient libres.

Le mouvement combiné était manqué, les Bavarois ne laissent entre nos mains que 1,500 prisonniers de guerre et quelques fourgons. Pour comble de malheur, la cavalerie, chargée de la poursuite et qui, infailliblement, devait prendre une grande partie de l'artillerie bavaroise, s'égara dans un bois et perdit sa route.

Dans la soirée, le général Cathelineau, avec ses francs-tireurs et un bataillon des mobiles de la Dordogne, arrive de Lailly par la rive gauche de la Loire et occupe la ville d'Orléans qui redevient française pour peu de temps.

Du 10 au 20 novembre l'armée de la Loire se complète, chaque jour arrivent de tous côtés des troupes qui se massent en avant d'Orléans. Jusqu'au 20 novembre, rien ne laisse supposer que des combats auront lieu à l'est de cette ville qui est le nord de Châteauneuf. L'armée de la Loire, forte d'environ 100,000 hommes, n'attaque pas et déjà on signale l'avant-garde de l'armée de Frédéric-Charles venant de Metz et faisant sa jonction vers Toury avec le duc de Mecklembourg, von der Tann et von Wittich. Son quartier général est à Pithiviers.

L'armée de l'Est, formée des 18e et 20e corps sous la conduite du général Crouzat, réunie à Besançon et destinée dans le principe à aller au secours de Belfort assiégée, est venue à Chagny, depuis la capitulation de Metz, pour empêcher un mouvement de Frédéric-Charles sur Lyon, mais lorsque la marche du prince fut bien accusée vers Orléans elle quitta Chagny; marchant parallèlement aux corps allemands, elle arrive à Nevers, puis à Gien qu'elle quitte aussitôt pour faire sa jonction avec l'armée de la Loire; le 22 elle campe aux Bordes, à Bray et à Bonnée et le 23 elle traerse Bouzy et Châtenoy: son avant-garde arrive au pont des Beignets, l'armée occupe l'espace entre cet endroit et Châtenoy. Une partie s'avance et prend position entre Ladon et Bellegarde, s'étend même un peu à gauche pour s'unir à l'armée de la Loire dont elle n'est distante que de 10 kilom. et en forme l'aile droite.

Ces corps d'armée devaient, en premier lieu, être dirigés sur Fay-aux-Loges où le 24 novembre toutes les communes voisines envoyaient de nombreuses voitures de vivres et de provisions. Sans doute les quelques petits détachements de l'armée allemande, restés entre Montargis et Pithiviers ont fait croire à nos généraux que toute l'armée du prince était là, tandis que Frédéric-Charles, derrière un mince cordon, massait ses troupes à Pithiviers. Du 24 au 30 novembre de petits combats partiels ont lieu à Juranville, Mézières, Saint-Loup-les-Vignes, Montbarrois, Boiscommun, Ladon, etc., etc.

Des officiers d'artillerie allemands, ayant assisté à ces combats, nous ont assuré plus tard, pendant l'évacuation, qu'ils y étaient en petit nombre; quelques batteries d'artillerie légère, très-peu d'infanterie et de cavalerie tenaient là en échec de nombreuses brigades françaises dont les chefs étaient sans nul doute mal informés. L'armée de l'Est, en partie composée d'engagés et de mobiles, ne comptait que quelques vieux soldats, aussi la discipline et l'ordre laissaient-ils beaucoup à désirer. Cependant si cette armée se fût trouvée en bonne position de combattre, elle était capable d'un grand effort, mais d'un seul!!!

Les 26 et 27 novembre, Vitry est traversé par des convois d'approvisionnements que l'on dirige sur Boiscommun. A cette même époque le médecin en chef de la première ambulance lyonnaise installa dans l'école de Sury-aux-Bois une ambulance à laquelle les habitants fournirent les lits et le linge nécessaires.

Le combat de Beaune-la-Rolande, le 28 novembre, fut meurtrier pour nos malheureux soldats; le 3e zouaves et un régiment de mobiles furent décimés et le désordre jeté dans toutes les troupes du 18e et du 20e corps, on évacua les blessés en partie sur Sully-sur-Loire et sur Orléans en passant par Châteauneuf où l'administration municipale, informée des nombreux passages de convois de blessés, fit, le 28 novembre, dans les termes suivants, un énergique et chaleureux appel aux habitants :

Notre brave armée combat à quelques lieues d'ici pour la défense du pays. De nombreux malades et blessés sont évacués à chaque instant sur Châteauneuf. Cette situatiou nous impose des obligations exceptionnelles que les faibles ressources de la commune ne nous permettent pas de remplir. Cependant il est impossible que nous laissions nos braves soldats dans le besoin sans les secourir. Le maire et la commission municipale font appel au patriotisme des habitants de Châteauneuf, une souscription est ouverte pour les besoins de nos ambulances. Les fonds seront recueillis à domicile. Les personnes qui voudront bien fournir de la charpie, du linge, des compresses, sont prévenues que leurs offres seront recueillies avec reconnaissance et centralisées au presbytère.

Le Maire,

MIGNERON.

Ce n'était pas sans raison; des voitures de soldats français malades et blessés arrivent ici tous les jours, ils passent la nuit et sont dirigés le lendemain sur Orléans, en si grand nombre, que bientôt les établissements publics ne peuvent plus suffire, et que l'administration débordée ne peut parvenir à leur donner les soins les plus indispensables.

Les habitants répondirent à l'appel de M. le maire de Châteauneuf et deux nouvelles ambulances auxquelles ils fournirent les lits, matelas et linge nécessaires sont aussitôt organisées, l'une dans la maison de M. Thiercelin et l'autre dans les communs du château.

M. le curé installe aussi dans le presbytère une ambulance particulière. Tous ces préparatifs sont grandement utiles à ce moment, les lits sont aussitôt occupés par des soldats malades ou blessés grièvement qui ne peuvent continuer leur route.

Chaque jour de nouveaux convois se succèdent

et nous devons dire qu'à Châteauneuf : maire, adjoints, curé et habitants, chacun en particulier, fait son devoir avec cœur et patriotisme. Peut-être doit-on regretter que l'administration municipale n'ait pas organisé en plus grand nombre des ambulances provisoires (s'emplissant le soir et se vidant le matin) où, en arrivant, les blessés auraient trouvé du feu, de la nourriture et un endroit pour coucher, tandis qu'au moment de leur arrivée, lorsque les salles et la galerie du château, l'hospice, le presbytère, la maison Thiercelin et la salle de danse étaient remplis et donnaient asile à plus de 200 soldats, que les infirmiers du château avaient préparé 200 à 300 soupes, il en restait encore beaucoup et on se demandait où loger ces malheureux qui, pendant une heure, attendaient dans des voitures ni fermées, ni bâchées et sans paille, par un froid excessif, qu'on leur désignât un gîte, ou plutôt que les habitants fussent prévenus et allassent eux-mêmes au-devant d'eux.

Nous voyons passer, pour se rendre à Bellegarde, quelques batteries d'artillerie formées de pièces de quatre montées sur un affût à deux roues attelées d'un mulet. Les munitions renfermées dans des boîtes sont portées à dos de mulet. De nombreuses voitures de train auxiliaire passent chaque jour chargées de vivres et de provisions (pain, viande, café, riz, biscuit, foin, paille, avoine, etc.).

Le bureau télégraphique est installé près du pont, un fil, rejoignant celui d'Orléans à Saint-Barthélemy, va par Fay aux avant-postes situés au delà de la forêt, un autre se dirige vers Sully et Bourges. En somme tous les services semblent bien organisés et fonctionnent convenablement.

Chaque jour des prisonniers allemands en petit nombre sont amenés par les gardes nationaux des communes voisines et conduits par ceux de Châteauneuf, armés de fusils bavarois, à Orléans; une patrouille tout entière et une centaine de fantassins furent aussi dirigés par Sully-sur-Loire.

A Vitry arrivent bientôt un convoi de vivres considérable et un parc de bestiaux. L'ambulance lyonnaise vient pour y organiser une ambulance de 500 à 600 lits, mais s'en retourne le lendemain sans rien faire.

L'armée de l'Est semble faire un mouvement pour se rapprocher du général d'Aurelles ou bien elle se dissémine.

Le général Bourbaki, qui a accepté le commandement du 18e corps de l'armée de la Loire, arrive du quartier général dans la soirée pour se rendre à son poste et couche à Châteauneuf le jeudi 1er décembre.

Le lendemain matin vendredi 2 décembre, il reçoit avant son départ une dépêche télégraphique du gouvernement lui annonçant la bonne nouvelle de la sortie du général Ducrot à Champigny. Il part à huit heures pour Bellegarde où il prendra son commandement. Nul ne pouvait prévoir qu'il n'arriverait que pour ordonner la retraite de son corps d'armée.

Le même jour, dans la soirée, les divers services administratifs des corps les plus rapprochés, l'intendance, la trésorerie, les ambulances militaires, etc., s'installent à Vitry.

A Combreux, séjourne aussi une quantité considérable de voitures du train des équipages contenant les munitions de réserve, le train auxiliaire des vivres et deux batteries d'artillerie. Toutes les communes reçoivent de nombreux blessés et des malades qui sont amenés ou qu'elles envoient chercher sur le lieu du combat.

M. Bobée envoya aussi à Bellegarde plusieurs de ses voitures, elles revinrent pleines de malheureux blessés qui trouvèrent place dans l'ambulance de Chenailles.

M. Pothain, à son château de Chicamour, installe une ambulance pour les blessés que l'on évacue de celle de Sury-aux-Bois.

Le samedi 3 décembre est calme pour nous, mais la bataille est engagée sur toute la ligne; nous apprenons le soir que l'aile droite de l'armée française a été coupée à Chilleurs par le prince Frédéric-Charles, nous ne savons rien de ce qui se passe au delà d'Orléans; on pense qu'un mouvement de concentration de l'armée aura lieu dans cette ville qui est fortifiée et dont 70 canons de marine sont servis par un bataillon de marins venus de Cherbourg. En effet, les 18e et 20e corp y sont appelés, mais trop tard !

Fay est traversé dans la soirée par un détachement de mobiles se retirant en désordre. A dix heures et demi, c'est le tour d'un régiment qui arrive, campe jusqu'au lendemain cinq heures du matin et part pour Saint-Denis ; une voiture de soldats prussiens, égarés sans doute dans la forêt, vers Courcy, s'étaient mis à la suite du régiment, ils y étaient déjà depuis longtemps lorsqu'on s'en aperçut.

Un exprès envoyé à Loury, dans la nuit, pour

chercher des renseignements, revient bientôt annonçant que le pays est occupé par l'armée prussienne.

Le mouvement de retraite a commencé le samedi 3, après l'affaire de Chilleurs; déjà quelques troupes sont arrivées à Combreux, dans la soirée, venant de Nibelle et de Bellegarde. Le dimanche 4 décembre, le 20e corps d'armée avec son chef passe sans s'arrêter; les troupes sont dirigées par Vitry, toutes les routes en ont été couvertes la journée entière du dimanche; vers deux heures, le général Bourbaki s'arrête à Vitry, à l'auberge du *Mouton-Vert*, et part bientôt pour Châteauneuf, mais il revient à dix heures du soir pour repartir précipitamment quelques heures après et aller passer la Loire à Sully.

Le même jour, dès huit heures du matin, des éclaireurs français et bientôt un corps d'armée arrivent à Fay-aux-Loges.

Les officiers qui ne veulent pas croire que les Prussiens sont en force à Loury se dirigent sur Orléans; arrivés à Chécy, ils sont obligés de revenir à Saint-Denis; à partir d'une heure, ceux qui arrivent vont vers Jargeau. Enfin, les derniers venus dans la soirée font une halte jusqu'à onze heures du soir, partent vers Saint-Denis, mais reviennent une heure après pour prendre la route de Châteauneuf. La concentration sur Orléans était impossible, la route était occupée par l'ennemi.

Les troupes du 20e corps commencèrent à passer sur le pont de Jargeau à deux heures de l'après-midi, ce fut d'abord l'artillerie, les fourgons, une colonne considérable d'approvisionnements, puis un peu de cavalerie et beaucoup d'infanterie, le passage eut lieu pendant vingt-deux heures consécutives. Le général Crouzat coucha à Saint-Denis chez M. Rocher et ne partit que le lendemain matin; les habitants purent constater que les soldats n'écoutaient aucun commandement, qu'il n'y avait ni ordre ni discipline et que toute la nuit ils volèrent et pillèrent les habitations.

A Châteauneuf, vers midi, passe un convoi de 150 voitures de vivres faisant partie du 18e corps, venant de Bellegarde et allant à Sully; nul doute pour nous que ce corps d'armée passe la Loire.

Nous ignorions encore à ce moment que le 16e corps, après d'heureux combats, où s'étaient distingués l'intrépide amiral Jauréguiberry et le général Chanzy, avait éprouvé un échec à Loigny où deux régiments du 17e corps refusèrent de marcher. Nous ne savions pas non plus que le général d'Aurelles n'avait pu maintenir ses positions en avant de Chevilly et qu'il se retirait avec le 15e corps au delà de la Loire, en traversant Orléans.

Vers une heure, une batterie d'artillerie détachée du 24e corps, et venue de Grenoble à Orléans en chemin de fer, arrive ici pour se diriger sur Bellegarde; mais après une halte, elle retourne vers Orléans. A Saint-Denis, l'officier apprenant que la route n'est pas sûre et qu'il rencontrera l'ennemi vers Chécy il revient ici et prend le chemin de Sully où le corps de Bourbaki doit se rendre.

Dans la nuit, vers deux heures du matin, le corps de M. de Cathelineau traversa Vitry battant en retraite, l'infanterie se dirigeant par Châteauneuf, la cavalerie par Sully emmenant un courrier prussien qui avait été capturé dans la forêt.

Une partie du 18e corps avait quitté Ladon et les environs où il était; dans cette même nuit, trois généraux vont à la mairie de Châtenoy où, gelés de froid, ils demandent à se chauffer et un guide pour les conduire à Fay; ils partirent une heure après sans accepter aucune nourriture, et, ayant sans doute reçu de nouveaux ordres, ils dirigèrent leurs troupes sur Sully-sur-Loire.

Depuis dimanche matin, le 15e corps traverse la Loire à Orléans sur quatre ponts; et, dans la soirée, les marins reçoivent l'ordre d'abandonner la ville, d'enclouer leurs canons, de détruire les poudres et les munitions, enfin de couper les amarres des ponts de bateaux. Il fut impossible de découvrir les mèches des mines des ponts en pierre, qui durent à ce fait leur conservation.

CHAPITRE IV

Deuxième Invasion prussienne

---

§ I

DU 5 AU 20 DÉCEMBRE

Dans la nuit du dimanche 4 au lundi 5 décembre, l'armée allemande entre à Orléans pour la deuxième fois, ses éclaireurs nous sont dès 9 heures du matin signalés entre Loury et Fay-aux-Loges; Chécy, ainsi que les communes comprises jusqu'à Orléans, regorge de soldats prussiens.

Le 20e corps avec le général Crouzat est hors de danger, il gagne la Sologne. Lorsque le passage du pont de Jargeau fut terminé, vers midi, les officiers du génie firent tomber la première travée en coupant les câbles de suspension, du côté amont seulement, à leur entrée dans la culée et sur le premier pilier de la rive gauche, le tablier tomba dans l'eau, car son poids suffit pour arracher les poutrelles des boucles des tiges de suspension du côté opposé; ce moyen permit de conserver intacts les câbles de ce côté. Il était temps d'interrompre la circulation, car dans l'après-midi une patrouille prussienne bat la campagne du côté de Fay, visite les fermes cherchant des prisonniers et vient à Saint-Denis suivie d'un corps de 3 à 4,000 hommes qui s'installent chez les habitants et font prisonniers quelques soldats français attardés.

A Combreux, une patrouille prussienne de 10 cavaliers avait annoncé pour le lendemain un passage considérable qui n'eut pas lieu.

Châteauneuf est traversé par des convois de vivres, des ambulances volantes, des blessés évacués des ambulances des communes du canton et quelques détachements du 18e corps français se rendant à Sully-sur-Loire pendant que la plus grande partie de ce corps, avec le général Bourbaki, traversant la forêt, y arrivait par Bouzy et Bray, au moment même ou quelques compagnies d'infanterie et deux batteries d'artillerie prenaient leurs dispositions pour en défendre le pont.

Les généraux Crouzat et Bourbaki avaient reçu l'ordre de battre en retraite sur Bourges, mais ce dernier hésitait ne sachant pas si les ponts d'Orléans avaient été coupés; il lui importait pourtant de le savoir, car il avait eu connaissance d'un projet du général d'Aurelles pour le cas où il ne tiendrait pas devant Orléans et la chute des ponts aurait été pour lui l'indice de sa réalisation. Ce plan consistait à briser tous les ponts d'Orléans et à faire exécuter aux corps d'armée de Crouzat et de Bourbaki une retraite simulée vers Gien pour attirer l'ennemi de ce côté. Ce mouvement masqué par la forêt avait pour but de faire passer ces corps sur la rive gauche du fleuve en traversant les ponts de Jargeau et de Châteauneuf, puis en conduisant les troupes à marches forcées sur Beaugency où, après avoir repassé la Loire, elles se seraient réunies aux corps de Chanzy et de Jauréguiberry. Toute l'armée de la Loire ainsi groupée aurait pu battre chacun des corps prussiens trompés sur nos mouvements, disséminés de tous côtés et n'arrivant qu'isolément. Tout doute sur la non-réalisation de ce plan disparut bientôt lorsque dans la soirée revint un aide de camp envoyé vers Orléans; il avait rencontré les éclaireurs ennemis à Sandillon, les ponts d'Orléans existaient donc?

Le projet du général d'Aurelles aurait eu de sérieuses chances de réussite et, en cas de succès, il nous ouvrait le chemin de Paris. A Châteauneuf où le pont suspendu était détruit, les bois étaient arrivés pour la construction d'un pont flottant, mais les bateaux qui étaient en route furent arrêtés à Sully, sans doute parce que la délégation du gouvernement avait ordonné la retraite sur Bourges où elle rassemblait les troupes pour la funeste campagne de l'Est.

Les francs-tireurs de M. de Cathelineau, réunis en ordre, traversent le fleuve en barque, ici vers 7 heures du matin; le chef préside lui-même à l'embarquement de ses hommes.

Dans l'après-midi les routes entre la forêt et Sully sont couvertes de traînards, soldats de toutes armes, débandés et sans chefs, cherchant à passer la Loire pour se soustraire à l'ennemi. Les habitants donnent des vivres à ces malheureux et leur indiquent les chemins les plus directs pour gagner Sully, mais un grand nombre d'entre eux fatigués par la marche, n'en pouvant plus, couchent ici et repartent le lendemain matin.

Toute la nuit et toute la matinée du mardi 6 décembre ce triste cortége continue à passer dans notre pays, nous y voyons ensuite défiler l'écume de l'armée, ces gens déguenillés, sans armes, ni bagages, mendiant un morceau de pain et semblant préférer être faits prisonniers plutôt que de se plier à la discipline ; ils ont couché dans les fermes des environs et sont peu pressés de s'en aller, bien que l'on annonce dès le matin l'arrivée des Prussiens. Y a-t-il plus triste spectacle que celui de cette déroute de notre pauvre armée ?

Dans quelques heures doit encore disparaître leur dernière ressource pour échapper à l'ennemi qui les serre de près. Le pont de Sully que la ville avait pu jusqu'ici conserver est désormais sacrifié. Le général Bourbaki croit le moment venu d'interrompre la circulation. M. le maire par sa fermeté empêche qu'il soit mutilé par la poudre du génie militaire, l'on convient de démonter tous les bois de la dernière travée du côté de Saint-Père et l'on se met à l'œuvre ; mais, bientôt, reconnaissant que le travail ne va pas assez vite, on décide de brûler le tablier de cette travée. Des bourrées arrosées de pétrole firent un feu qui réduisit en cendres tous les bois, laissant intacte la suspension ; les dernières poutrelles flamblaient encore lorsque les éclaireurs prussiens arrivés à Saint-Père voulurent forcer les hommes du bourg à éteindre l'incendie. Sur leur refus plusieurs furent maltraités.

Le courrier prussien amené la veille par la troupe de M. de Cathelineau à Sully fut dépouillé à la Mairie par les officiers. On le trouva porteur de dépêches particulières, de lettres chargées renfermant pour environ 5,000 fr. de thalers en billets, enfin de provisions de toutes sortes.

Vers midi il y a encore à Châteauneuf 150 soldats de ligne, gardes-mobiles ou francs-tireurs, sans chefs autres que quelques caporaux, réunis sur la place du champ de foire, et qui, encouragés par des habitants, veulent résister aux Prussiens qui sont signalés ; mais après avoir échangé quelques coups de fusil avec la première patrouille, ils se retirèrent.

Un trait d'héroïsme accompli sous nos yeux mérite pourtant d'être signalé : un zouave, resté seul, embusqué derrière un chaumier, rue Bonne-Dame, capture un cavalier qu'il fait descendre de cheval, prend sa place, et emmène, par les bords de la Loire, le prisonnier entre 4 autres soldats guidés par les gens du pays qu'avait électrisés ce coup d'audace réalisé sous les yeux d'un ennemi victorieux. C'est le dernier acte de courage que nous devions voir accomplir par nos soldats : à partir de ce moment notre malheureuse population attend avec le calme de la résignation l'envahisseur de ses foyers, elle craint que l'occupation soit plus dure encore et plus longue, surtout, que celle qu'elle a déjà subie, car jusqu'au jour où l'armée du prince Frédéric-Charles nous eût montré pour la première fois ce que l'habitant inoffensif devait attendre de ces conquérants demi-barbares, demi-civilisés, c'est-à-dire barbares sachant lire et écrire, nous avions gardé une certaine estime pour la civilisation des arrière-petits-fils des Vandales. Ainsi que nous l'avons déjà rapporté, nombre de fois nous avions été inquiétés par le passage incessant des patrouilles et de la cavalerie bavaroise, par la demande de réquisitions de bouche auxquelles il avait fallu obtempérer au moins partiellement, et même par des menaces hautaines et réitérées d'impositions de guerre en argent pour des faits agressifs attribués plus ou moins justement à nos concitoyens.

Nous avions même dû souffrir quelquefois des passages de l'infanterie bavaroise, mais ces soldats étaient beaucoup plus inoffensifs, beaucoup moins insolents et rapaces que ces hommes du Nord sortis de l'ancienne Vandalie qui se nomme aujourd'hui le Brandebourg. Oui, jusque-là, nous ignorions les grandes douleurs de l'invasion, le pillage, la brutalité tels que les pratiquait un ennemi infatué de sa victoire et sans générosité comme sans humanité.

Vers deux heures de l'après-midi, de nombreuses troupes prussiennes venant de Saint-Denis, de Chécy et de Pont-aux-Moines traversent le pays se dirigeant vers Gien. C'est le 3e corps, sous le commandement du général en chef d'ALVENSLEBEN, qui remonte la rive droite de la Loire. Il fait partie de la 2e armée allemande, commandée par Frédéric-Charles; ce corps a été formé dans la province du Brandebourg, les soldats qui le composent sont donc les plus prussiens de toute l'armée allemande. Bientôt un officier et de nombreux fourriers viennent à la mairie pour faire publier ce qui suit :

Le maire de Châteauneuf invite les propriétaires de maisons à ne pas en laisser les portes fermées pour éviter tout désagrément.

Châteauneuf, 6 décembre 1870.

Le Maire,
MIGNERON.

Puis après s'être informés des habitants qui pouvaient recevoir les officiers supérieurs, les sergents se répandent par la ville, entrent précipitamment dans les maisons, se font montrer toutes les chambres avec cette brutalité d'un barbare dans une victoire inespérée, et sans aucune explication marquent à la craie sur la porte des habitations la date du mois, le numéro du régiment et celui de la compagnie, enfin le nombre de soldats qu'il leur plaît d'imposer à chacun pour commensaux. Une certaine émotion s'empare de chaque habitant, et pourtant personne de nous ne pouvait supposer l'étendue du malheur qui nous menaçait. L'heure fatale arrive, la musique qui vient par rafale nous annonce les futurs maîtres de nos demeures, le Prussien inonde nos rues, les rangs se rompent et nos maisons sont remplies : hélas ! nous n'y avions point pensé à l'avance, il faut du pain pour toutes ces bouches ou le pillage, il faut le vin, la viande, le beurre, le fromage et souvent pour plus de 25 hommes par maison. Les boulangeries, les boucheries ne peuvent suffire à rassasier tant de monde ; alors, sous le vain prétexte que les vivres ont été cachés, la maison est fouillée dans tous les coins, il faut ouvrir les meubles, les placards, toutes les portes ; le grenier et la cave sont visités ; c'est le pillage qui commence avec les approches de la nuit et qui va durer jusqu'à ce que la lassitude y mette un terme.

Tandis que les habitants ont toutes les peines du monde à trouver de quoi satisfaire l'appétit des soldats qui leur sont imposés, des officiers, par ordre de leur général, exigent de la municipalité une réquisition considérable de pain. L'occasion était belle pour refuser, il n'y en avait pas une bouchée de reste nulle part, mais les Prussiens incrédules, ou feignant de l'être, obligent le maire à faire faire au son de caisse la publication suivante :

Les habitants de Châteauneuf sont prévenus d'apporter à la mairie tout le pain qu'ils ont de disponible, les boulangers tout le pain qu'ils ont de cuit.

Pour réquisition de l'armée allemande absolument exigée.

Ce 6 décembre 1870.

Le Maire,
E. MIGNERON.

Rien ne fut apporté, il n'y avait rien.

Les Prussiens furent donc obligés de se passer de pain, ainsi que le plus grand nombre des habitants ; pour plusieurs, ces tribulations furent suivies de scènes encore plus tristes : les commerçants sont volés et pillés par des soldats sous la conduite de leurs chefs, les provisions sont enlevées partout, et dans plusieurs établissements, sous le prétexte que les débitants cachent leurs marchandises, les soldats remuent tout, fouillent partout, répandant et gâtant ce dont ils ne peuvent pas faire usage.

Les maisons qui dans cette soirée ont le plus souffert sont celles des épiciers, des débitants de tabac, de vin et les cafés, hôtels et auberges. M. Perrot, qui avait tenté de résister à ces pillards appelés réquisitionnaires et qui les avait chassés une première fois avec l'aide d'un officier qu'il logeait, entend le sergent, chef de la bande, dire en sortant avec un accent de colère : *Ah! Perrot, tu nous renvoies, nous allons revenir et tu verras.* En effet, dix minutes après, il les voit revenir ayant à leur tête un officier qui le prend par la cravate, se fait conduire dans ses magasins, ses greniers, sa cave, etc., et ne se retire que lorsqu'il a marqué tout ce qui lui avait fait envie, donnant en échange un récépissé sans valeur, et laissant à sa suite le soin d'emporter le tout.

La maison Chartier-Garnier subit à peu près le même sort, car, indépendamment des 45 soldats qui y habitent, ceux des voisins viennent aussi aux provisions d'épicerie, et, en un instant, toutes les marchandises sont enlevées et chargées dans une voiture : tout disparaît, ici c'est un pillage que l'on ne peut pas même décorer du nom de réquisition, tout est pris par des soldats sans chefs et sans ordres. On peut juger de l'impossibilité de s'opposer à ces actes, sachant qu'il faut en même temps donner le pain, la viande et le vin à ces 45 hommes qui occupent toutes les chambres. Il faut des lits, des matelats ou de la paille; on peut à peine suffire à servir tous ces soldats dont certains se livraient aux actes de la plus violente brutalité, quand, à leur gré, on n'allait pas assez vite.

A leur tour, les marchands de tabacs furent dévalisés complétement, chez M. Baudin et M. Hardouin, tout fut pris, les pipes et les autres objets de tabletterie volés ou brisés, les liqueurs, le cognac, etc., bus, gâtés, perdus et emportés; somme toute, de ce qu'ils trouvent ils ne laissent absolument rien.

Divers cafés ont aussi à souffrir, car beaucoup de soldats et d'officiers y vont le soir et quand ils demandent des vins ou des liqueurs que le malheureux commerçant n'a pas à leur disposition, les soldats armés descendent à la cave faire une perquisition. Heureusement que ce qui avait le plus de valeur a été mis en lieu sûr. Néanmoins la perte fut grande, principalement chez MM. Tréfou, François, Guyot et Marois.

Les hôtels et les auberges ont été envahis les premiers et par de trop nombreux hôtes (50 à 150 pour chacun) qui volent, pillent de telle façon qu'on put croire que le pillard exécutait un ordre donné à l'avance. Là les chambres et les cuisines ne suffisent plus et les marmites bouillent en plein air sur des feux allumés le long des murs. Comme il n'est pas possible de servir à tous ces soldats la nourriture dont ils ont besoin, ils la prennent eux-mêmes. L'avoine, le foin et la paille sont dès en arrivant donnés aux chevaux de cavalerie que renferment les grandes écuries de ces maisons. Les cavaliers voisins moins bien pourvus viennent s'approvisionner ensuite et le reste est mis dans les chariots. Quant aux hommes, si leur nombre considérable les oblige à se partager les vivres plus ou moins abondants que renferme la maison, ils se rejettent sur les caves qu'ils supposent mieux pourvues. C'est un pillage sans nom, vins et liqueurs de toutes sortes en fûts et en bouteilles sont absorbés, gaspillés ou mis en réserve dans les grandes voitures d'approvisionnement de l'armée. Que de fois les voitures d'ambulances elles-mêmes se sont ouvertes sous nos yeux pour recevoir les objets de toute espèce qui sont volés.

Ce n'est que le lendemain après le départ que les maîtres de maisons peuvent se rendre compte des dégâts et ils sont certainement au-dessus de toute supposition.

Si les Prussiens n'ont pu prendre le pain des habitants, ils ont fait des perquisitions chez les boulangers qui, heureusement, ne possédaient en ce moment que peu de farine; un seul, M. Papillon, qui avait un approvisionnement assez considérable, s'en est vu enlever environ 3,000 kilog.

Il n'est pas jusqu'à la pharmacie, qui n'ait reçu la visite des pillards, ce que dans les villes ils hésitent à faire, dans les petites communes ils se le permettent. Aussi là, comme dans quelques maisons du pays, 12 hommes, le fusil chargé et la baïonnette au canon font irruption, et, plus brutalement que jamais, se font ouvrir tout ce qui est d'habitude fermé à clef. Ils prennent et pillent tout, ceci est mangé séance tenante, cela est jeté dans le sac qui pend au côté de chaque soldat. Il faut avoir été témoin de faits semblables pour se faire une idée de ce que peuvent renfermer la panetière et le sac d'un soldat de l'armée allemande. Puis, après le départ de ces pillards d'avant-garde, la nuit amène encore de nouveaux hôtes. Quelle consternation! Plus rien pour les nourrir; aussi, comme pour se venger, ils prennent ce qui reste de sucre et des autres provisions rares alors et destinées aux malades seuls; aucune des préparations qui semblent susceptibles d'être ingurgitées ne trouvent grâce devant eux, les vins et les sirops sont enlevés, puis vient le tour des rideaux, du linge et des vêtements. Enfin, pendant qu'une cinquantaine d'individus veulent se faire servir en même temps, d'autres, sous le vain prétexte de besoins, visitent les bocaux et prennent les médicaments dont ils ignorent les vertus, mais qui peut-être un jour peuvent leur servir, à moins qu'ils ne les jettent à la première borne, ainsi que tant d'autres objets dérobés dont ils ne savaient plus que faire.

Quelle entente entre tous ces larrons habillés en héros, quelle entente pour s'aider dans le vol et le pillage!

Pendant que celui-ci vous retient et vous presse, 15 ou 20 demandent avec la brutalité qui ne veut pas attendre, 3 ou 4 exécutent le pillage savamment organisé.

C'est ainsi que pour ces barbares il n'y a rien de sacré; ils n'ont pas même la prévoyance des besoins de leurs pauvres blessés que nous soignons. Du moins si la reconnaissance leur est inconnue, que la pensée d'être obligés eux aussi peut-être un jour d'avoir recours à nos soins et à nos médicaments les retienne. Et pourtant ils ont adhéré à cette fameuse convention de Genève qui déclare non belligérants tous ceux qui donnent leurs soins aux blessés de n'importe quelle armée. Avant la guerre, en effet, on avait dit: Soyez sans inquiétude, les services sanitaires seront respectés, tous les États qui ont adhéré à la convention de Genève sont tenus de traiter comme neutres, même sur les champs de bataille ceux qui, à un titre quelconque, s'occupent de soigner les blessés et les malades, et les objets qui sont destinés à cette mission seront respectés par les deux parties belligérantes. Pour eux c'est ainsi qu'ils ont gardé les plus sacrés engagements.

Après le pillage du jour, pratiqué largement, comme on le voit par ces quelques exemples choisis entre mille, les habitants ont encore à redouter le séjour de l'ennemi. Car, dans leurs maisons, pendant la nuit, les serrures sont ouvertes sans bruit, les hommes marchent munis de forts chaussons qui assourdissent les pas, et si, après cette précaution, une serrure résiste, un chant, une dispute permettent de la faire sauter sans esclandre, le bruit s'est perdu dans le tapage que font les associés du pillard; alors gare au linge, aux vêtements et à tous ces mille objets de plus ou moins de valeur, fruits parfois de la fantaisie et du luxe ou, quelqu'autre fois, seuls souvenirs d'affections disparues. Quelle douleur! quand la maison enfin débarrassée de ces Vandales, vous cherchez cet objet de si petit prix et auquel votre cœur attachait une si grande valeur! Ne semble-t-il pas que c'est une nouvelle séparation de ceux que vous avez perdus?

Les troupes ennemies qui ont traversé Châteauneuf les premières se sont arrêtées à Saint-Aignan-des-Gués, plus de 2,000 hommes s'imposèrent chez les 150 habitants de cette petite commune qui durent les nourrir entièrement; en partant, ils se firent donner par la mairie 4 vaches qu'ils enmenèrent et 300 kilos de pain.

A Bouzy, les habitants du bourg n'eurent que la visite des patrouilles, ces cavaliers firent prisonniers 16 soldats français malades, cassèrent leurs fusils et pillèrent les fermes en s'en retournant.

A Saint-Martin, les Prussiens furent signalés au moment où on s'y attendait le moins. Plus de 50 soldats français étaient encore dans le village, une vingtaine partirent aussitôt pour Sully et les autres furent pourvus de vêtements civils par les soins des sœurs de l'hospice, de l'instituteur et de quelques habitants, tandis qu'à la ferme des Brosses on cacha les armes.

Bientôt 2,000 hommes s'arrêtent et s'imposent sans que préalablement les fourriers soient venus marquer les habitations comme ils le font dans les villes.

En arrivant, le général appela le maire et se fit indiquer les trois meilleurs logements du pays, un pour lui, un pour le colonel et le troisième pour le commandant; puis il ajouta :

Donnez, monsieur le maire, aux soldats prussiens tout ce qu'ils demanderont. Bons soldats! bons soldats!

A peine sont-ils installés qu'ils demandent la farine des boulangers, des ouvriers ou des femmes pour faire du pain et des fours pour le cuire. Pendant ce temps les pourvoyeurs de vivres volaient les vaches, qu'ils faisaient abattre et distribuer aux soldats; les habitants leur fournirent le reste de la nourriture et le vin; cette troupe se dirigea le lendemain matin vers Gien.

Germigny, bien qu'éloigné de la route, dut recevoir un fort détachement d'ennemis; quelques minutes avant l'arrivée des 5 éclaireurs qui les précédaient, on était parvenu à faire partir vers Sully une vingtaine de francs-tireurs, de zouaves et de lignards qui voulaient, disaient-ils, se défendre. A Gaudin un éclaireur prussien fut tué, mais le zouave qui accomplit ce coup d'audace le paya de sa vie. Dans la soirée, les soldats blessés furent visités à l'ambulance par un médecin prussien accompagné d'un commandant, qui les fit prisonniers sous la garde de l'instituteur; leur captivité ne dura que jusqu'au lendemain, car les Prussiens partirent.

Pendant que la colonne du général d'Alvensleben tient toute la campagne entre la Loire et la forêt, les détachements qui occupent le Gâtinais envoient leurs patrouilles jusqu'à la rive extérieure de la forêt; ainsi, dans la journée du 6, 13 uhlans viennent de Beauchamp au bourg de Châtenoy; au pont de la verrerie, l'un d'eux demanda à un berger à qui appartenaient les moutons qu'il gardait : « ils sont, répondit-il, à M. Thiercelin de Bellegarde, qui m'a envoyé ici pour qu'ils ne soient par pris par les *voleurs de Prussiens.* » Le même jour, ils emmenèrent sans motif apparent M. Ménigault, adjoint, le menaçant de brûler sa maison s'il ne les suit pas, il fut conduit à Lorris et de là à Beaune.

La garnison de Boiscommun envoyait à Combreux, le même jour, 150 uhlans et 150 fantassins qui y restent toute la journée; les officiers se font recevoir chez M. le duc d'Estissac pendant que les soldats font leur cuisine en plein air; la commune leur fournit une vache, du pain et de l'avoine. Les Prussiens font des perquisitions, cherchent des soldats français et des armes, mais ils ne trouvent que les fusils des malades qu'ils cassent et jettent dans le canal. L'un des soldats avait pris 40 fr. à une femme pauvre, M. le duc s'en plaignit aux officiers, et cette femme ayant reconnu le voleur, il rendit l'argent et fut attaché à un arbre.

Vitry reçoit dans la matinée la visite de quelques uhlans qui parcourent la campagne et visitent les fermes en se dirigeant sur Châteauneuf; dans l'après-midi, 8 Prussiens viennent de Combreux faire des réquisitions avec 3 voitures, et les emmènent chargées de pain, d'avoine et de foin. Ils s'emparent d'une vingtaine de fusils chez M. le maire, où ils étaient déposés, et de divers accessoires appartenant aux blessés de l'ambulance des sœurs.

Fay et Saint-Denis sont occupés dans la journée par de très-forts détachements de troupes qui s'installent chez les habitants. A Chenailles, M. Bobée a dû loger et nourrir dans chacune de ces journées de grands passages 250 à 300 hommes. Les soldats occupaient le rez-de-chaussée en entier et les officiers les chambres du premier étage. Celle de M. Bobée fut seule respectée dans tout le château.

Dans chaque pays qu'elle a traversé, l'armée prussienne s'est, comme à Châteauneuf, signalée par de nombreux vols et le pillage des magasins et de beaucoup de maisons particulières.

Les troupes qui ont séjourné à Châteauneuf partent dans la matinée du 7 décembre. A peine les derniers soldats ont-ils tourné le dos que chaque habitant va renouveler ses provisions de pain et de viande complétement épuisées; mais ils n'eurent pas le temps d'en profiter, car dans la journée un nouveau passage plus considérable que celui de la veille suit la colonne partie ce matin, se rend à Saint-Aignan, Saint-Martin, Germigny, etc., occupés déjà hier ; puis vers deux heures 4 à 5,000 hommes (infanterie et artillerie) prennent place dans les habitations marquées par les fourriers. A trois heures, le commandant des troupes fait publier par la mairie, au son de caisse, l'avis suivant :

Ordre est donné aux habitants de Châteauneuf par le commandant des troupes prussiennes :

1° De nourrir les soldats qu'ils auront à loger;

2° D'ouvrir leurs portes et de laisser ouvertes les boutiques de consommation, où les soldats devront payer les denrées qu'ils demanderont;

3° D'éclairer chaque maison par une lanterne ou chandelle à partir de cinq heures.

Pour copie conforme,

Le maire :

MIGNERON.

Relativement au premier paragraphe concernant la nourriture des soldats, tout se passe comme la veille : mêmes exigences, mêmes brutalités suivies de vol et de pillage, les plus brutaux obligent même quelquefois ceux des habitants qui n'ont qu'une chambre à se réfugier chez leurs voisins ; quant au troisième paragraphe, par lequel les Prussiens exigent que la ville allume les réverbères, on y met des chandelles faute d'huile, mais aucun habitant n'illumine sa demeure.

Partout le pillage commencé hier continue et atteint s'il est possible de plus grandes proportions, il est peu de personnes qui n'aient eu à se plaindre des soldats et des officiers des 12e, 20e et 52e régiments de ligne prussiens.

L'une des plus fortes réquisitions qu'eût à supporter Châteauneuf eut lieu dans les magasins de

M. Balichon, dont toute la maison avait été prise par un officier, ses domestiques et 20 soldats ayant reçu l'ordre de leur fourrier de se bien faire soigner; c'était difficile, ils préférèrent se servir eux-mêmes, visiter la cave et les placards, manger même le déjeuner du maître et celui qu'il préparait pour le capitaine. Vers trois heures, le fourrier qui avait marqué les logements revint accompagné d'un officier pour faire ce qu'ils appelaient une réquisition, c'est-à-dire piller, voler en procédant par ordre pour ne rien omettre. Tous les tiroirs, tous les rayons furent visités, et les marchandises qui convenaient mises sur le comptoir. Un factionnaire resta jusqu'au soir dans le magasin pour empêcher qu'il ne fût dérangé aucun des objets qui avaient été réunis; cependant sous ses yeux un tonneau de cognac fut attaqué et vidé en entier par la troupe, sans que le gardien essayât de s'y opposer. Une note détaillée préparée par l'officier devait être signée par celui qui prendrait livraison des marchandises, ce fut le fourrier qui vint et, au lieu de signer simplement la note, la mit dans sa poche et écrivit cinq à six lignes sans intérêt qu'il laissa. Les soldats contribuèrent aussi pour leur part à dévaliser la maison et furent aidés à cette besogne par leurs camarades logés chez les voisins; c'est ainsi que cela se pratiquait partout, et ce qu'ils ne pouvaient pas faire pendant le jour, ils le réservaient pour la nuit, alors ils descendaient dans les caves, défonçant les portes et pillant tout.

Dans les hôtels, cafés et auberges, même pillage. Pour les magasins ce fut un malheur d'obéir à l'ordre prussien et de les laisser ouverts, car sous prétexte d'acheter des gants, un soldat occupait le marchand pendant que cinquante autres envahissaient le magasin, prenaient dans les rayons ce qu'ils trouvaient à leur convenance, cache-nez, châles, draps, etc., etc., tout y passa chez M. Dupuis. Les mêmes dégâts ont été supportés par divers autres magasins, celui de M. Baranger entre autres.

Les épiciers aussi ont été visités. Voilà le résultat obtenu par l'ouverture des boutiques : le pillage et le vol, et les soldats prussiens étaient parfaitement dressés à ce genre d'exercice. Ce ne sont pas d'ailleurs les seuls actes odieux qu'ils se soient permis. Ils dévalisèrent dans la salle de danse une cachette où M. Gibier avait renfermé quelques sacs d'avoine, une grande quantité de linge et d'objets de toilette, vêtements de toutes sortes, etc.; tout fut pillé. M. Soulas, aubergiste, vit aussi emporter sa paille, son avoine et cinq couvertures qu'il avait cachées.

Chez M. Guézard, quincaillier-armurier, 7 soldats entrent vers trois heures de l'après-midi, quittent leur fourniment et sans rien demander se rendent dans la cour, déplacent environ une corde de bois et retirent de dessous quatre à cinq mètres cubes de terre qui laissent à découvert un escalier au bas duquel ils démolissent un mur et pénètrent dans une cave contenant 90 hectolitres d'avoine appartenant à M. Boutroux et une grande quantité de quincaillerie, de fusils et de pistolets.

La vue de ces armes les rend furieux ; ils ne veulent rien entendre, n'admettent pas que cette cachette n'eût d'autre but que de sauver des marchandises; l'intervention de plusieurs personnes ne servant qu'à les irriter davantage, M. Guézard et sa famille comprirent qu'il était prudent de déguerpir.

C'était une bonne aubaine pour les pillards de Frédéric-Charles, aussi une demi-heure après les chariots du 3e corps d'armée arrivaient pour emporter l'avoine, les armes, une grande quantité d'amorces et de munitions, 36 carniers de chasse 300 kilogr. de clous à cheval et autres. Puis après avoir vidé la cave, ils fouillent le magasin et prennent entre autres choses 350 couteaux de table, 72 rasoirs, 120 paires de lunettes, enfin une grande quantité d'autres articles bien inutiles pour eux. C'est une dévastation complète, tout ce qu'ils n'emportent pas est développé et jeté pêle-mêle sous les pieds.

Après le magasin, ce fut le tour de l'appartement, couvertures et draps sont emportés ; tout le linge que contenaient les meubles ainsi que les vêtements disparaissent. Le lendemain on ne retrouva absolument rien.

Comment a-t-il pu se faire que ces soldats se soient rendus de suite et sans tâtonnements à l'endroit où était cette cave, dont l'entrée remplie de terre jusqu'au niveau du sol était encore recouverte d'une corde de bois et dont rien ne pouvait faire soupçonner l'existence? Il est probable que la lumière ne sera jamais faite sur ce point, mais pour nous, qui avons vu les Prussiens à l'œuvre, nous ne pouvons nous empêcher de croire qu'ils ont dû à des renseignements officieux la découverte de cette cachette et de beaucoup d'autres.

M. Moreau de la ferme du château, qui logeait

à lui seul près de 150 hommes et autant de chevaux de cavalerie, a subi le pillage de ses greniers, il lui a été enlevé ou dépensé 10,000 kilog. de luzerne, 25,000 kilog. de paille, 80 hectolitres de froment et 90 hectolitres d'avoine ; c'est pour une seule journée, une perte de plus de 6,000 fr.

Chez M. Giroux-Minière 7 hectolitres d'eau-de-vie furent pris dans cette seule soirée et chargés dans les voitures des soldats de Brandebourg.

Dans la maison de M. Poignard, taillandier, les choses se passent à peu près comme chez M. Guézard ; 8 Prussiens entrent et, avant de demander à manger, se font donner des chandelles et montrer la cave où ils ne trouvent que des fûts vides ; une deuxième cave dont ils défoncent la porte n'a rien qui les puisse satisfaire, alors ils piochent les murs de tous côtés, et finissent par déplacer une pile de tonneaux cachant un mur fraîchement fait qui, aussitôt abattu, laisse voir une vaste cave remplie de poinçons foncés renfermant des objets appartenant à plus de dix personnes du quartier. Les soldats ont tout vu et tout examiné avec attention, ils ont pris les provisions, les vêtements et le linge, des timbales d'argent et des bijoux. M. Poignard, insulté et maltraité, fut obligé avec sa femme et ses enfants de quitter la maison et de se réfugier à l'hospice.

Partout dans la nuit le pillage continue avec le même art et la même intelligence ; chez M. Robineau, épicier, rue des Champs, des soldats venus du dehors frappent à faire tomber la porte, à trois heures du matin, et prennent le peu que ce petit magasin contenait. Il en arrive autant chez plusieurs vignerons, qu'ils font descendre à la cave au milieu de la nuit et dont ils emportent le lard salé, le beurre et la graisse. Dans la soirée, l'armée prussienne manifesta le désir de passer la Loire, dans ce but, les pontonniers se dirigèrent vers le fleuve avec leurs équipages, déchargèrent leurs chariots, et commencèrent à cent mètres en aval du pont suspendu le montage d'un pont avec des bateaux en tôle et des bois tout préparés; en quelques minutes 6 bateaux sont placés, mais la Loire était grande et les glaçons coulant à pleins bords allaient tout emporter, quand les soldats se hâtèrent de retirer les bateaux et de les recharger sur les chariots pour les diriger sur Gien.

Un vol considérable fut commis, paraît-il, dans la nuit, au préjudice de madame P***. Cette brave femme, âgée de 75 ans, qui vivait seule dans une maison de la grande rue, trouvant gênant de porter sur elle une somme de 20,000 francs environ, avait fait coudre ses deux poches remplies d'or, d'argent et de bijoux et les avait fait cacher dans un trou du mur de sa cave, bien clos et bien dissimulé. La cachette était faite depuis quelque temps, madame P***, qui la visitait chaque jour, l'avait jusqu'ici trouvée intacte, mais aujourd'hui, le mur est démoli, l'une des poches remplie d'or est entièrement vide, et l'autre coupée au fond ne contient plus d'or, mais renferme encore des pièces d'argent et quelques bijoux. On évalue la somme disparue entre 16 et 20,000 francs, mais l'on ne sait pas si ce détournement est le fait des Prussiens ou de quelqu'autre. La population ne plaignit pas outre mesure la victime de ce vol qui avait refusé, dit-on, quelques semaines auparavant la plus minime obole à une quête faite pour les ambulances, quand toute la population, même les ouvriers sans travail, tenaient à honneur d'inscrire leurs noms sur la liste.

A Fay-aux-Loges, une patrouille venant de Pont-aux-Moines, dans l'après-midi, exige des provisions de la commune. M. le maire fut menacé d'être emmené prisonnier pour avoir osé demander une réduction sur la quantité, ces soldats se sont fait préparer à l'hôtel, pour 20 personnes, un repas qu'ils ont absorbé en 7; en partant, ils n'avaient plus leur raison, et l'un deux maltraita dans le trajet le conducteur de la voiture de provisions.

Saint-Aignan des Gués eut encore aujourd'hui de nombreuses troupes, logées et nourries par les habitants auxquels, en partant, elles volèrent des vaches, un cheval et une voiture.

Saint-Martin doit à sa position sur la route les mêmes ennuis. Un très-fort détachement se logea comme hier chez les habitants et se fit nourrir par eux.

Le lendemain jeudi 8 décembre, dès huit heures du matin, les troupes qui ont couché à Châteauneuf partent et se dirigent sur Gien; vers midi, arrivent 50 fantassins formant, disent-ils, l'arrière-garde du corps passé les jours précédents; par eux nous apprenons que les troupes passées ici dans les journées des 6 et 7 forment en entier le 3e corps d'armée, infanterie, cavalerie et artillerie, c'est-à-dire de 30 à 40,000 hommes. Dans la journée, plusieurs convois de plus de 150 voitures traversent le pays allant vers Gien, c'est la colonne auxiliaire des vivres du 3e corps. Les conducteurs de ces voitures sont tous gens de mauvaise mine et pillards de la pire espèce; ces Germains, si arrogants aujourd'hui, ne sont autres que les mendiants, qui parcouraient naguère les routes de la France, conduisant leur nombreuse et misérable famille dans ces voitures disloquées attelées d'une haridelle.

Le même jour, un convoi considérable de voitures de provisions venant du côté de Combreux, accompagné par de l'infanterie, de la cavalerie et de l'artillerie, passe à Vitry se rendant à Fay-aux-Loges, où cette troupe s'installe dans les maisons. Le poste est à la mairie; dans la nuit, faisant une perquisition d'armes dans un grenier, ils trouvent une grosse caisse qu'ils ne voulurent point restituer, malgré la réclamation de M. le maire. En partant, ils firent dans le pays un vacarme infernal avec cet instrument et quelques autres du même genre. Ces troupes furent nourries par la commune, qui leur distribuait la viande, le pain et souvent le vin.

A Germigny arriva, le jeudi après midi, un fort détachement d'artillerie qui resta plusieurs jours.

Nous ne devons pas omettre de rapporter une affaire grave arrivée à M. Garnier, maire de Saint-Martin. Ces jours derniers, le 7 décembre, vers 8 heures du soir, un officier vint lui demander 5 voitures pour le lendemain matin; il était dangereux de parcourir la campagne à cette heure, et les voitures du bourg, requises la veille pour aller à Gien, n'étaient pas revenues. Le lendemain matin, à 6 heures, le garde champêtre n'avait pu trouver une seule voiture, et l'officier qui vint les réclamer emmena M. Garnier devant son chef. Celui-ci, furieux, le frappa en disant :

« Emmenez-le et fusillez-le. » L'officier le saisit par le collet et l'entraîna dans la campagne; M. Garnier, profitant de ce qu'il comprenait le français, lui fit remarquer combien il était infâme de le traiter ainsi pour n'avoir pu exécuter un ordre impossible, et lui proposa d'aller ensemble chercher chevaux et voitures ; ils y allèrent. Dans le bourg, M. Garnier, qui guettait l'occasion de s'échapper, passe entre les rangs des soldats et disparaît, une maison voisine lui offre une retraite sûre pendant que les soldats sont à sa recherche. Vers 11 heures, les troupes partent; on le prévient alors qu'il n'y a plus de soldats chez lui ni dans le pays, et qu'il peut rentrer dans sa maison. Il y va; à midi, le capitaine qu'il logeait depuis deux jours revient seul par la route de Gien et lui dit en arrivant : « *Vous êtes malade, monsieur le maire, malheur malade.* » A une heure viennent des soldats qui semblent le surveiller, craignant une mauvaise affaire, il pense à fuir, mais on le suit toujours de plus près, ses moindres mouvements sont épiés. Bientôt, sur l'ordre du capitaine, 7 ou 8 soldats chargent leurs fusils devant lui, il croit le moment venu de déguerpir, et il ne peut sortir qu'accompagné d'un factionnaire et pour faire quelques provisions; cependant à la faveur de la nuit, M. Garnier traverse rapidement des groupes de soldats dont la rue est encombrée et gagne son jardin où il est hors de danger. Le plus simple était d'y rester, mais craignant que son portrait, qui est dans la chambre habitée par le capitaine, ne serve de signalement pour le faire reconnaître, il se décide à rentrer pour l'enlever; les soldats envoyés à sa recherche l'apercevant dans la rue, l'emmènent à la maison, puis, pendant que le chef vient parler à ses hommes, il entre dans sa chambre, prend le portrait et arrache un clou qui condamnait une porte de sortie sur la rue, se préparant ainsi un moyen d'évasion. A 6 heures 3/4, l'officier dit à madame Garnier : « *Allez de suite vous coucher ; grand malheur, votre mari sera fusillé à 7 heures* 1/2. » Il n'y avait pas de temps à perdre ; heureusement, les soldats font du bruit, le maître de la maison menace de se plaindre au capitaine et pénètre dans sa chambre, qu'il traverse précipitamment, et s'enfuit par la porte de la rue sans que celui-ci sache ce qui se passait ; ce ne fut que quelques instants après que l'on s'aperçut de la disparition du prisonnier, il était déjà loin lorsqu'on le chercha. M. Robert, adjoint, est interrogé et arrêté ; on veut le rendre responsable de la fuite du maire, ce n'était qu'un moyen d'intimidation, car le capitaine et les soldats partirent tous à 10 heures du soir. Le vendredi, M. Garnier reparut chez lui un instant, mais il crut bon de s'éloigner au moment de l'arrivée des soldats ; à minuit, une patrouille vint faire une perquisition dans sa maison. Le lendemain, dans la nuit, une autre patrouille vint de Châteauneuf, des sentinelles furent placées aux portes et les soldats entrant sans bruit par une fenêtre allèrent éveiller dans leur chambre madame Garnier et un gardien ; une perquisition minutieuse fut faite dans tous les appartements, et jusque dans une grange, où les soldats firent changer de place une grande quantité de bois et de paille pendant qu'ils tenaient leurs fusils prêts à faire feu. Il était donc prudent pour M. Garnier de ne point revenir à sa maison, aussi resta-t-il dans les environs pendant longtemps, tout en s'occupant de ses fonctions.

Le vendredi 9 décembre, les passages de troupes se succèdent ; un nouveau convoi de voitures de provisions traverse le pays, et à 11 heures, une avant-garde vient faire préparer les billets de logement pour 350 hommes devant arriver dans la journée et coucher ici. Dans la soirée, quelques soldats prussiens escortent un détachement de 300 prisonniers français qu'ils ont pris entre Châteauneuf et Gien, dans les communes, les hameaux et les fermes du val. La municipalité fait tous ses efforts pour les recevoir le mieux possible et leur fait donner la nourriture dont ils ont grand besoin ; ils couchent à Saint-Denis, dans l'église, par un froid glacial ; les habitants, n'ayant point de pain, ne purent leur en donner, mais ils leur fournirent des pommes de terre.

L'administration télégraphique prussienne est elle-même à l'œuvre ; des soldats enlèvent les poteaux et les fils qui vont de la place du Château au poste du port occupé précédemment par les Français, et commencent à les reposer dans la grande rue en allant vers Gien. Bientôt arrivent quatre chariots remplis du matériel et 50 soldats et employés du télégraphe ; mais le samedi 10 décembre, la pose des fils est abandonnée, ils s'arrêtent à la croix de pierre, et dans la soirée arrivent de Gien quelques-unes des troupes qui avaient passé ces jours derniers ; elles couchent à Châteauneuf et sont nourries par les habitants : c'est le commencement du retour de l'armée qui allait à Lyon, au dire des soldats, mais qui, plus probablement, croyait rejoindre l'armée française battant en retraite.

Comme en allant, ces troupes s'arrêtèrent dans les pays situés sur la route; Saint-Aignan, Saint-Martin et Saint-Denis en ont été accablés; à Fay, plus de 2,000 cavaliers, des uhlans de la Poméranie et des cuirassiers blancs de la pire espèce ont envahi les habitations et ont été on ne peut plus exigeants; on conservera longtemps dans ce pays le souvenir des Polonais, de ces misérables que la France a seule soutenus dans leurs revers, et qui aujourd'hui sont nos plus durs ennemis; ils ont volé, pillé et maltraité la population; heureusement, ils partent le lendemain, car les choses ont changé de face depuis quelques jours : le général Chanzy, qui commandait l'aile gauche de l'armée de la Loire, en avant d'Orléans, était en état de faire face à l'ennemi avec les 16e et 17e corps qui n'étaient pas désorganisés. Il s'était, le 3 décembre, retiré sur Meung et Beaugency en bon ordre, et les 8, 9 et 10 décembre battait les Bavarois, les Saxons et les Hessois à quelques lieues d'Orléans.

Dans ces combats meurtriers, le corps du général de Tann acheva de disparaître, car sur les 35,000 hommes dont il était formé, c'est à peine s'il en restait 5,000 de leur propre aveu.

Le prince Frédéric-Charles croyait si bien avoir dispersé l'armée de la Loire en entrant à Orléans, qu'une partie de ses troupes avait été envoyée dès le mardi sur Gien, sur Vierzon et sur Blois, par la rive droite et par la rive gauche du fleuve, il avait peut-être aussi fait retourner à Paris quelques-uns des renforts qui en avaient été détachés. Ces échecs successifs de trois journées lui firent aussitôt rappeler les corps partis dans ces diverses directions. Ceux qu étaient allés par Gien repassent ici rapidement aujourd'hui, dimanche 11 décembre, et sans interruption depuis huit heures du matin jusqu'à cinq heures du soir. Le 3e corps d'armée terminait brusquement son voyage pour aller prêter mainforte au duc de Mecklembourg aux abois. Il ne resta à coucher que quelques mille hommes qui occupèrent les habitations de tous les quartiers, ce fut encore une nuit de pillage et de vols, sans compter les exigences pour la nourriture qu'ils forçaient les habitants de leur préparer.

La tête de colonne s'arrêta à Saint-Jean-de-Braye, près Orléans; selon leur habitude, les Prussiens voulurent paraître ici plus nombreux qu'ils n'étaient réellement en faisant arriver infanterie et cavalerie par toutes les routes (Bellegarde, rue des Champs, rue du Bourg). Ils quittent le pays le lundi 12 décembre se dirigeant sur Orléans, où le 3e corps tout entier fait une démonstration colossale; depuis cinq heures du matin jusqu'à huit ou neuf heures du soir et par une pluie continuelle, infanterie et cavalerie avec 40 canons, des fourgons de munitions et une grande quantité de voitures militaires et de chariots traversent la ville dans toute sa longueur, en entrant par la porte Bourgogne et en se dirigeant vers la porte Saint-Jean et le faubourg Madeleine, pour rentrer encore par un autre côté, se faisant voir une seconde fois dans le but de faire croire à un nombre très-considérable de troupes. Les soldats d'Orléans qui avaient quitté leurs logements le matin, à six heures, y rentrèrent rompus de fatigue, vers trois heures de l'après-midi, disant avoir fait plusieurs fois le tour de la ville. Des officiers de l'armée du général Chanzy qui suivaient à Orléans les mouvements prussiens n'ont point été dupes de ces manœuvres.

Dans la journée arrivent à Châteauneuf, venant d'Orléans et allant à Gien pour se reposer, les restes de l'infanterie et de la cavalerie bavaroises. Puis, vers deux heures, un immense convoi de voitures auxiliaires (100 environ) du 3e corps prussien vient par la route de Bellegarde et se range sur la place, les chevaux emplissent les écuries voisines, et les soldats de l'escorte s'installent dans les maisons les plus rapprochées. Le poste pris parmi les fantassins est placé dans une grande salle de l'auberge Chartier-Chartier, où, depuis trois jours, un cantinier attendait le convoi qui vient d'arriver. Les soldats descendent d'une de leurs voitures un fût de vin blanc et passent leur après-midi et leur soirée à boire et à chanter ; ce ne pouvaient être qu'une bande de pillards habitués à remplir les voitures à mesure que les provisions diminuaient; aussi, ne négligeaient-ils aucune occasion de voler pour leur propre comptes les gens inoffensifs en les frappant; ils ne reculaient même pas devant l'assassinat, comme le prouvent trop bien les deux malheureuses affaires suivantes :

La première est relative à M. Daudin, cordonnier à Châteauneuf. Ce vieillard avait passé la soirée chez sa parente, Mme Pelletier, aubergiste, sur la place, et dont le mari était conducteur dans le train auxiliaire de l'armée française. Il invita les Prussiens à boire avec lui une bouteille de vin qu'il paya devant eux en prenant la monnaie dans un sac contenant soixante et quelques francs en argent. Les soldats qui rangeaient leurs cartouches, voulaient lui en donner, mais il refusa. Vers onze heures du soir, M. Daudin rentrait chez lui, lorsqu'en face de la halle, trois soldats se ruèrent sur lui, le fouillèrent, prirent sa bourse et une boîte ronde en fer-blanc renfermant son congé de soldat et deux reçus de diverses sommes qui lui étaient dues et qui constituaient toute sa petite fortune.

En le volant, ils l'accablèrent de coups, le renversèrent à terre tout étourdi et, continuant de le fouiller, tirèrent de sa poche de gilet quatre cartouches, qui n'avaient pu y être mises que par les soldats avec lesquels il se trouva chez Mme Pelletier ou, plus probablement, par ceux-là même qui le dévalisèrent et qui trouvaient ainsi une justification en l'accusant d'avoir dérobé ces cartouches. A partir de ce moment, ils redoublèrent les mauvais traitements et l'emmenèrent au poste, il était environ onze heures et demie du soir, on lui plaça la tête sous une table et toute la nuit il dut rester dans cette pénible position sans pouvoir remuer, car à chaque mouvement qu'il tentait de faire, il recevait des coups de pieds des soldats, notamment de ceux qui l'avaient dévalisé, parmi lesquels se trouvait celui qui avait sa bourse et qui la lui montrait de temps en temps.

Dans la matinée du lendemain mardi 13 décembre, il se manifesta un certain bruit sur la place et dans le poste, et M. Daudin vit apporter quelqu'un qui lui sembla blessé grièvement mais qu'il ne put reconnaître.

Voici ce qui s'était passé : Vers cinq heures du matin, le poste aperçut un feu de cheminée dans la maison faisant face et occupée par M. Desbois-Desgardes ; les soldats tirèrent aussitôt des coups de fusil pour donner l'éveil à ceux logés dans le voisinage pendant que quelques-uns d'entre eux couraient vers l'incendie et frappaient aux volets du rez-de-chaussée occupé par M. Évelin et M. Perrin, criant aux nombreux soldats qui y étaient logés : *feu ici, feu ici.* Les soldats et M. Évelin lui-même sortirent pour voir où était le feu, ils ne virent d'abord rien de la rue de l'Égalité, mais, de l'autre côté, rue Bonne-Dame, le feu paraissait très-grand. M. Évelin reconnaissant qu'il était dans la cheminée de la cuisine de M. Desbois y alla aussitôt ; les soldats restés dans la rue frappèrent à la porte d'entrée et aux volets de la chambre de ce dernier, qui craignant, sans doute, avoir affaire à des dévaliseurs de caves et à des pillards, comme cela était déjà arrivé les jours précédents, ne bougea pas. Les coups redoublèrent bientôt accompagnés de menaces ; ces hommes s'excitaient et allaient enfoncer les portes lorsqu'il ouvrit (il s'était vêtu à la hâte et n'avait seulement qu'un pantalon).

Le sous-officier, fort irrité, saisit M. Desbois par le bras gauche, l'entraîna dehors, et le fit rentrer par la porte cochère restée ouverte toute la nuit. M. Évelin avait trouvé dans la cour un grand nombre de soldats sans armes et de conducteurs des voitures auxiliaires, qui depuis longtemps faisaient du bruit et avaient brisé la fenêtre de la cuisine; au bout d'un quart d'heure, il voit arriver, par le portail, M. Desbois entre les cinq ou six soldats armés qu'il avait laissés à sa porte, le poussant et le maltraitant, en criant très-fort qu'il avait mis le feu pour faire brûler les hommes et les chevaux. Il leur répondit doucement et sans colère, en voyant le feu : *Laissez-moi faire, laissez-moi, ce n'est rien.* Mais ils ne le lâchent pas, au contraire, cette foule ivre et armée le presse de plus en plus et semble proférer contre lui de terribles menaces. En approchant et en voyant la fenêtre brisée, sans la moindre tentative pour éteindre le feu, M. Desbois s'écrie plus fort : *Laissez-moi donc, laissez-moi donc, ce n'est rien.* Puis allant chercher du fumier près de l'écurie, il l'apportait pour le mettre dans la cheminée, lorsque, revenu près de la porte, il fut saisi de nouveau (plus de 50 hommes criaient et menaçaient), les six soldats armés le frappèrent à coups de crosse de fusil; pour eux, il ne s'agissait pas d'éteindre l'incendie, mais de passer leur rage sur quelqu'un. M. Desbois était, dès à présent, destiné à leur servir de victime. M. Évelin allait être pris et peut-être soumis aux mêmes traitements, quand les soldats qui logeaient chez lui le firent rentrer dans sa maison, fermèrent la porte à clef à l'intérieur et retournèrent dans la cour en passant par dehors.

M. Desbois était de plus en plus maltraité; il recevait des coups violents, car, quelques minutes plus tard, M. Évelin entendait de chez lui des cris perçants. L'incendie n'était qu'un heureux prétexte qu'ils exploitèrent pour piller et voler la maison. En effet, ils cherchaient, non à éteindre le feu, mais à mettre l'infortuné Desbois dans l'impossibilité de s'opposer à leurs rapines. Bientôt les cris cessèrent, mais, à ce moment, les issues de la maison étaient gardées, et le maître était conduit par des soldats en armes dans toutes les pièces de l'appartement où ils faisaient perquisition. Dans sa chambre, il finit de s'habiller; dans une autre chambre, au premier étage, se trouvait mademoiselle Desbois avec la domestique. Voyant son père entrer accompagné d'un soldat, elle jeta un cri d'effroi, mais le Prussien lui dit : *Pas de mal à vous, à monsieur*. M. Desbois, dominant sa douleur, chercha lui-même à consoler sa fille en lui disant : *Ce n'est rien, je vais revenir;* il était six heures environ, en descendant, ils durent rencontrer dans la cour M. Louis François, qui était venu avec un seau pour aider à éteindre l'incendie; il fut aussi malmené, pressé, bousculé, frappé à coups de crosse de fusil et menacé de mort par ces énergumènes, pendant que, sous ses yeux, M. Desbois subissait les mêmes outrages. Saisi d'une grande frayeur, il parvint à s'échapper de leurs mains et s'enfuit, se croyant poursuivi. Arrivé chez lui, l'émotion et la rapidité de sa course l'empêchèrent de parler, mais il dit plus tard à sa femme : *J'ai assisté à une scène terrible que je ne raconterai jamais, on est heureux de me revoir; je ne devais pas revenir*. Ce malheureux n'avait échappé des mains des Prussiens que pour tomber malade et ne plus se relever, car il mourut quelques semaines plus tard.

La perquisition faite chez M. Desbois avait à peine duré dix minutes, aussitôt après, il était emmené au poste par plusieurs soldats auxquels il dit, en sortant, d'une voix altérée par la souffrance et la colère : *Vous êtes des misérables, vous me maltraitez et je ne vous fais pas de mal.* Ces paroles furent entendues de la chambre la plus rapprochée de la maison voisine; lorsqu'on ouvrit la fenêtre, un instant après, on ne vit rien dans la rue, car il faisait encore nuit. Mademoiselle Desbois et la domestique, après la visite qu'elles avaient reçue, se couvrirent de leurs vêtements à la hâte, et descendirent, cherchant partout, sans trouver personne. Aucun des voisins, témoins des premières scènes de ce terrible drame, n'eut connaissance de ce qui se passa ensuite, mais il est très-certain que M. Desbois, en quittant sa maison par la grande porte, ne devait pas encore avoir reçu de blessures mortelles; M. Paul Blanluet, habitant la première maison à droite de la rue de l'Égalité, et qui était sorti sur la place, entendit, dans la direction de l'hôtel d'Orléans, plusieurs cris très-forts : « *Je suis un homme perdu, je suis un homme perdu, ils m'ont tué.* » Ce ne peut être qu'à cet endroit de la route que M. Desbois a dû être frappé; il est présumable que dans le trajet les soldats ont voulu le fouiller, le dévaliser, et que peut-être, arrivé près du pavillon du château, le prisonnier qui connaissait les maisons aura essayé de se dégager violemment des mains de ses gardiens, il aura reçu là deux coups de baïonnette au bras droit et un troisième très-violent qui a fait pénétrer l'arme au-dessus de l'aine; elle a traversé le corps et serait sortie de l'autre côté, si elle eût été assez longue; il ne serait pas impossible qu'il ait reçu cette blessure renversé à terre, ajoutons que les soldats du poste qui avaient accompli cet assassinat étaient les mêmes qui, six ou sept heures auparavant, avaient terrassé et volé M. Daudin sous la halle.

M. Desbois avait été transporté au poste, chez M. Chartier, sans que personne sût ce qui était arrivé. Mais les cavaliers logés chez M. Blanluet revinrent bientôt et lui dirent en montrant la maison Desbois : « *Homme capout, beaucoup d'argent, beaucoup de papiers;* et, par gestes, ils faisaient comprendre qu'on lui avait enlevé une ceinture qu'il portait autour du corps. On savait d'ailleurs que depuis l'invasion de nos pays, il portait sur lui, dans une large ceinture, les fonds et les valeurs qu'il possédait, les recherches faites plus tard dans sa maison pour les retrouver n'amenèrent aucun résultat.

Peu d'instants après un médecin prussien vint pour soigner le blessé, demanda de l'eau pour la figure et les plaies et quelques petites planchettes pour éclisser le bras qu'il croyait sans doute cassé; c'est en portant ces objets que Chartier reconnu Desbois, qui le pria de prévenir M. le maire. Chartier ne trouva celui-ci ni chez lui, ni à la mairie; c'est à ce moment, 7 heures 1/4 environ du matin et par lui, que l'on sût le malheur qui était arrivé, mais sans en connaître toute l'étendue.

M. Desbois fit alors prévenir ses enfants qui, depuis plus d'une heure, cherchaient vainement de tous côtés à recueillir quelques renseignements. Sa fille partit aussitôt, accompagnée de sa domestique et d'une voisine ; le fils Desbois était absent ce jour-là.

Arrivées au poste, la domestique, qui les précédait, entra la première et vit assis sur un tabouret son maître pâle et défait qui lui dit : *Voyez comme ils m'ont arrangé;* sa fille venait en jetant des cris qui attirèrent l'attention des soldats, elle ne put pénétrer dans le poste, les Prussiens armés les obligèrent à s'éloigner. Le moment du départ approchait, pendant que les conducteurs attelaient, le chef de la colonne vint à cheval à la porte du poste et interpella ainsi les prisonniers : *Ah! scélérats, nous vous tenons et nous ne vous lâcherons pas, nous vous emmenons à Orléans*, et s'adressant particulièrement à M. Desbois : *Vous qui voulez faire brûler nos chevaux et nos hommes, vous êtes prisonnier ;* à 8 heures précises, une voiture s'approche du poste, les soldats y firent monter M. Daudin et chargèrent, enveloppé dans une couverture, M. Desbois que les forces abandonnaient de plus en plus et qui était à ce moment incapable de prononcer une seule parole; puis la colonne se mit en route vers Orléans. A peine fut-elle partie, que plusieurs personnes arrivaient au poste avec un officier bavarois parlant français, pour apporter leurs bons offices, on courut après les voitures jusqu'aux murs du parc. Le chef de l'escorte fit arrêter le convoi et ranger ses hommes derrière les voitures. Aux demandes de l'officier, il répondit qu'il ne voulait point faire voir M. Desbois, et déclara en outre que le prisonnier avait voulu mettre le feu à sa maison pour faire brûler les hommes et les chevaux qu'elle renfermait. On demanda sa bourse, un soldat, reconnu par la domestique pour celui qui avait monté au premier étage, fit voir un sac de toile moitié plein, il en retira des cartouches mêlées avec de l'argent, en ajoutant que le prisonnier avait ces cartouches pour s'en servir et qu'il ne donnerait pas le sac ; on demanda enfin les clefs des meubles qu'il voulut bien remettre.

L'officier bavarois dit aux personnes qui l'accompagnaient, qu'en présence de ces accusations il ne pouvait rien faire, que d'ailleurs il n'avait aucune autorité sur ces soldats qui n'appartenaient pas à son corps, et le triste cortége continua sa route.

M. Desbois, d'après le récit de Daudin qui ne l'a reconnu ni au poste ni dans la voiture, doit être mort dans le trajet vers Saint-Jean-de-Braye.

A Orléans, la voiture contenant les prisonniers fut conduite, accompagnée de son escorte, à la mairie où l'un des soldats alla demander une salle pour les y mettre ; comme on lui répondit que le poste lui suffisait, il fit descendre M. Daudin, puis, trouvant M. Desbois mort, retourna dire qu'il n'y avait qu'un prisonnier à loger, et conduisit le corps du second à la morgue du cimetière Saint-Vincent ; c'était le mardi vers onze heures. Dès le matin, M. le maire et M. le curé étaient partis pour Orléans, afin d'essayer de faire rendre les prisonniers à la liberté. Ils n'obtinrent aucuns renseignements, le convoi n'était pas encore arrivé, ce n'est qu'en revenant qu'ils rencontrèrent les chariots à Saint-Loup. Dans l'un d'eux, ils reconnurent M. Daudin, mais ils ne virent pas M. Desbois, et des troupes qui passaient sur les côtés de la route ne leur permirent pas de rester plus longtemps. M. le maire laissa à Orléans des lettres, qui n'eurent nul effet.

Le lendemain mercredi 14 décembre, l'un des vicaires alla à Orléans et y chercha vainement dans toutes les ambulances M. Desbois, qu'on ne croyait que blessé.

Le jeudi 15 décembre, M. Daudin fut transféré à l'église Saint-Paterne contenant environ 3,000 soldats prisonniers, il essaya plusieurs fois d'en sortir, mais comme il était seul vêtu en civil, il fut chaque fois reconnu par le factionnaire. Les choses s'aggravaient pour lui, il n'avait encore vu aucune personne de sa connaissance, quand, le vendredi 16 décembre, on fit sortir tous les prisonniers de l'église pour les conduire à la gare du chemin de fer et les expédier en Allemagne, l'escorte qui les conduisait était heureusement peu nombreuse et Daudin se trouvant sur le bord de la colonne, des hommes en blouse comme lui lui dirent de s'approcher d'eux davantage ; bientôt il put sortir des rangs et se mêler aux curieux sans avoir été remarqué, il partit d'Orléans pour venir à Châteauneuf où il arriva à la nuit.

Le lendemain samedi 17 décembre, on put apprendre par lui plusieurs faits ignorés concernant le transport de M. Desbois et savoir de source certaine qu'il était mort avant d'arriver à Orléans.

Une personne dévouée, M. l'abbé Tournemiche, voulut bien retourner à Orléans faire de nouvelles démarches le dimanche 18 décembre, et à l'aide de renseignements qu'il obtint en arrivant, le corps du malheureux Desbois put être retrouvé et ramené à Châteauneuf le soir même. Il fut enterré le lendemain, lundi 19 décembre, à 4 heures du soir, accompagné par la population tout entière. M. Chipault, médecin, appelé pour examiner les blessures, constata que la victime avait reçu trois coups de baïonnette, deux au bras et un dans les reins et que la mort avait dû être causée par l'hémorragie de la blessure reçue dans les reins et qui n'avait pas été pansée.

Depuis mardi dernier chaque journée fut marquée par les passages de quelques petits détachements de troupes et de voitures.

Le vendredi 16, Fay fut occupé fortement par deux escadrons du 4e régiment de chevau-légers bavarois composés de 300 hommes et autant de chevaux; ils sont installés chez les habitants et reçoivent la nourriture de la commune au moins en partie, leurs réquisitionnaires envoyés à Vitry exigent avec menaces de pillage des vivres et autres provisions; quelquefois même ils envoient le garde champêtre de Fay porter leurs ordres; ils semblent craindre les francs-tireurs et peut-être un retour des Français à travers la forêt par Lorris et Bellegarde.

Saint-Denis est chaque jour traversé par de petits détachements, des convois de voitures et de fréquentes patrouilles.

Celles qui de Fay venaient chaque jour à Châteauneuf exigeaient à tous leurs passages des vivres des maisons de l'Étang-l'Évêque; la veille encore, les cavaliers avaient emporté une bonne provision de lard salé. Quelques chasseurs et braconniers des environs, informés que ces soldats passaient tous les jours vers 7 heures du soir à cet endroit, résolurent de les surprendre à 2 kilom. au delà; le groupe réuni vers six heures et demie se rendait à son poste par la route, lorsque la patrouille arriva, les chasseurs n'eurent que le temps de se jeter dans le bois, les cavaliers tirèrent 3 coups de pistolet mais aussitôt une décharge de 7 coups de fusil leur répondit avec ensemble, un cheval et un homme furent tués sur le coup, un autre cavalier blessé fut laissé pour mort sur la route, son cheval se sauva dans la cour de l'Étang-l'Évêque, quant au troisième on ne sut pas ce qu'il devint.

Les chasseurs ne s'en allèrent pas sans avoir visité les poches et les sacs des soldats et leur avoir enlevé leurs armes; les goussets étaient toujours garnis d'argent, et les sacs contenaient beaucoup de choses inutiles, l'un d'eux renfermait 20 petits couteaux à manches en bois à sifflet dont se servent les enfants dans les campagnes. Les francs-tireurs volontaires disparurent ensuite et laissèrent les Prussiens faire leurs recherches dans les bois sans les inquiéter.

Le cavalier laissé hier pour mort sur la route n'était que grièvement blessé, il put se relever et se traîner dans la nuit jusqu'à Fay. Il apprit sans doute à ses chefs ce qui était arrivé à la patrouille, car dans la journée un fort détachement de cavalerie et d'infanterie suivi d'une voiture vint chercher le soldat mort.

Dans la journée, une patrouille vient jusqu'à Châteauneuf.

M. le docteur de Faucamberge, de Gien, venu à Ouzouer pour visiter les malades des ambulances, y était retenu prisonnier depuis quatre jours sous le prétexte qu'il servait d'espion aux troupes françaises; il est emmené à Orléans, et passe vers 4 heures du soir à Châteauneuf où il fait appeler M. Henri Desbois avec lequel il s'entretient; trois heures après il revenait de Saint-Denis où il avait réussi à tromper la surveillance de son escorte, M. Desbois lui facilita les moyens de passer à la ronce sur la rive gauche de la Loire d'où il regagna Gien. Une demi-heure après, des patrouilles venues de Saint-Denis parcouraient les rues de Châteauneuf, recherchant leur prisonnier sur le compte duquel ils ne purent se procurer aucun renseignement.

Comme conséquence de l'attaque dont nous avons parlé plus haut, le lendemain matin 20 décembre, une forte patrouille de Fay-aux-Loges bat la forêt et les bois de Chenailles, cherchant des francs-tireurs. M. Dulauroy, garde de M. de Grosbon, chassant les lapins tira un coup de fusil; les Prussiens l'ayant entendu se dirigèrent de son côté, il n'avait eu que le temps de cacher son arme quand ils l'abordèrent en lui disant qu'il était un franc-tireur et l'emmenèrent avec eux. Rencontrant plus loin trois bûcherons, MM. Dautruy, Boucher Alexandre et Guida qui travaillaient pour M. Bobée, ils leur demandèrent ce qu'ils faisaient, et s'ils n'étaient pas des francs-tireurs; ces gens répondirent qu'ils travaillaient pour M. Bobée, qu'ils étaient malheureux et ne pouvaient vivre sans le produit de leur travail. Les Prussiens leur firent observer qu'il était défendu de rester dans les bois et qu'ils eussent à les suivre à Donnery, pour s'expliquer près du chef. Aucune résistance ne fut faite. M. Dulauroy, qui semblait le plus compromis, s'échappa des mains des soldats en traversant le bourg de Fay, et les trois autres furent mis en liberté à Donnery par le capitaine devant lequel ils renouvelèrent les explications données aux soldats de la patrouille.

---

§ II

Occupation permanente du 20 décembre au 3 janvier

Jusqu'ici nous avions souffert des passages et du pillage qui en a été la conséquence, mais nous ne connaissions pas encore la dureté d'une occupation permanente, bientôt nous allions en faire la triste expérience.

Le 20 décembre, vers onze heures du matin, arrivent d'Orléans un officier d'état-major et les fourriers de nombreuses compagnies pour choisir et marquer les logements des troupes qu'ils annoncent pour l'après-midi.

Dès que l'on aperçut ces sergents que nous avons vus maintes fois s'introduire avec leurs armes dans les maisons, brisant ce qui gênait leur passage, poussant, bousculant les habitants, chacun a vite quitté ses occupations pour ne songer qu'aux ennuis qu'il faut encore essuyer. Les troupes annoncées sont nombreuses. A leur tête, est le général von Wrangel, commandant la 18e division du 9e corps de la 2e armée allemande, qui s'installe au château avec son état-major.

Le général de la 35e brigade du même corps d'armée von Blumenthal et ses officiers d'ordonnances se logent chez Mme Guérin. Les troupes sous ses ordres sont les 36e et 84e régiments de ligne, un bataillon de chasseurs, deux escadrons de hussards du Schleswig-Holstein, deux batteries d'artillerie, le service des postes et des télégraphes, enfin une section d'ouvriers d'administration.

Le colonel Schramm du 36e, commandant de place, est installé chez M. Desbois-Brière et le colonel du 84e, chez M. Métais.

Tout le pays, sauf de rares exceptions, est rempli de Prussiens; chaque habitation en contient, en moyenne, une dizaine, plusieurs en reçoivent quinze, vingt et même trente; les cafés, les hôtels, les auberges et les plus grandes maisons n'en sont pas quittes à moins de quarante, cinquante ou soixante.

Les officiers se placent au centre des compagnies. Partout où il n'y a que des sous-officiers et des soldats, le nombre en est tellement disproportionné avec la grandeur des habitations que les Allemands sans gêne, grossiers et inconvenants mettent les gens à la porte de chez eux en les obligeant à se reléguer dans des chambres froides pour occuper eux-mêmes tous les lits des chambres à feu. Le seul refuge qu'on put trouver ce jour-là était l'hospice où les soldats n'ont jamais cherché à s'introduire. Dans une petite maison, deux vieillards de quatre-vingts ans furent chassés de chez eux par 30 soldats envahissant toutes les pièces sans qu'on puisse leur faire entendre raison. Ailleurs encore, une quarantaine de soldats s'étaient emparés de toutes les chambres n'en laissant qu'une seule petite pour le propriétaire, sa femme et deux jeunes enfants.

Les malades même n'étaient pas respectés, ceux qui n'avaient qu'une seule chambre ne pouvaient pas la conserver, quant à ceux atteints de la petite vérole, qui sévissait alors, ils les faisaient transporter à l'hospice pour rester seuls maîtres de la place.

A Saint-Denis, s'étaient arrêtés au passage deux bataillons du 84e régiment avec un lieutenant-colonel et de nombreuses voitures. Les soldats sont logés dans les maisons, la commune leur fournit le pain, la viande et le vin et les habitants donnent le reste; mais comme beaucoup d'entre eux, peu aisés, n'auraient pas pu subvenir aux exigences des soldats qu'ils avaient à loger, la mairie leur distribue les pommes de terre et le bois qui leur font défaut.

Le château de Chenailles, lui seul, reçoit 350 soldats d'infanterie pour huit jours, après lesquels ils seront remplacés par 150 cavaliers. La ferme du château leur offre de grandes ressources : s'il faut des vivres on abat une vache ou une douzaine de moutons, et pour la nourriture des chevaux, on puise dans les greniers et les granges. A cette dure occupation pendant laquelle le maître de la maison dut pourvoir à tout, il faudrait ajouter les charges du voisinage de Châteauneuf et de Pont-aux-Moines; les réquisitionnaires de Latingy, de la Touche, de Chécy, etc., puis tenir compte des soins multipliés qu'exigeait la position de nos malheureux soldats blessés et mutilés par la mitraille et les balles prussiennes qui remplissaient l'ambulance établie par M. Bobée.

Les fonctions du propriétaire de la terre de Chenailles n'étaient point une sinécure en ces moments douloureux, il fallait le courage et l'abnégation dont fit preuve M. Bobée, pour ne point succomber à la tâche.

Fay est toujours occupé par les Bavarois ; aujourd'hui 2,000 Hessois arrivant dans la soirée se font encore loger et nourrir ; mais le lendemain matin, les Bavarois partent vers Orléans et les Hessois par la route de Bellegarde.

A peine installés à Châteauneuf, le mercredi 21 décembre, les Prussiens voulurent faire des réquisitions de farine et de pain pour leurs troupes, quoiqu'on leur répondît que la farine manquait, même pour les habitants, ils ne voulurent point ajouter foi à cette affirmation et firent publier l'ordre suivant :

Ordre est donné à tous les habitants qui seraient possesseurs de farine d'en faire la déclaration à la mairie et de l'apporter.

Cette réquisition serait payée.

Le maire,
MIGNERON.

Aucune farine ne fut déclarée ou apportée à la mairie et les Prussiens n'insistèrent pas.

Dans l'après-midi, un bataillon de chasseurs et une batterie d'artillerie vont à Saint-Martin et à Germigny pour s'y installer, tandis qu'un bataillon du 84e régiment vient ici prendre sa place. Dès le 20, 250 hommes étaient venus à Germigny et partis le lendemain, pour être aussitôt remplacés par un nombreux détachement du 9e chasseur composé en grande partie de Danois, avec un peu de cavalerie. Les soldats s'installèrent eux-mêmes à pleine maison chez les habitants. Pour placer leurs chevaux, ils faisaient sortir des écuries et des étables les animaux qui s'y trouvaient et qui souffrirent beaucoup des froids rigoureux qu'il fit alors ; les habitants leur fournirent seulement les menues provisions, quoiqu'ils aient voulu, à certains jours, exiger du pain, mais, comme il n'y en avait pas, c'était difficile ; en revanche le foin, la paille et l'avoine furent enlevés partout.

A Saint-Martin où 600 chasseurs et 100 cavaliers tiennent garnison, les choses se passent comme à Germigny pour le logement et la nourriture.

A Châteauneuf les officiers parlent de leur départ pour demain ou après, mais il n'en sera rien, car, d'après un télégramme du roi Guillaume à la reine Augusta à Berlin : *La division Wrangel a été la plus éprouvée aux combats qui ont eu lieu devant Orléans*, elle est à Châteauneuf pour se reposer ; ces soldats reçoivent des distributions de pain, de viande, de riz et de café, mais ils réclament aux habitants des pommes de terre et du vin ; en général ils faisaient eux-mêmes leur cuisine.

La plupart des officiers reçoivent également du pain et de la viande, mais ils se font presque tous préparer leurs aliments par les habitants, qui leur fournissent le vin et toutes les autres menues provisions.

Depuis le 20 décembre les moulins ne tournent plus, toutes les issues du pays sont gardées et si cet état de choses continue ainsi, les boulangers, dont les approvisionnements de farine sont épuisés, ne pourront plus fournir de pain à la population ; dans la campagne personne ne cuit plus, faute de farine, on vient chez le boulanger au jour le jour. L'administration municipale soumit ces faits, le jeudi 22 décembre, au commandant de place, qui aussitôt autorisa quatre meuniers à moudre du grain pour le pays, il remit à cet effet à MM. Thevard-David, Appart, Médard (Jules) et Desbois (Guillaume), un permis ainsi conçu :

Permis à M.. . . . . meunier, de faire tourner son moulin pour les gens du pays, sans être inquiété.

Le 22 décembre 1870,

Le commandant pour S. M. prussienne

SCHRAMM.

Tous les autres moulins pouvaient tourner également pour les habitants, mais aussi ils pouvaient être requis par les Prussiens pour moudre les blés qu'ils allaient voler dans la campagne, et malgré la permission donnée par le chef, les meuniers, redoutant les réquisitionnaires, trouvaient leur présence plus nécessaire à leur maison où ils avaient des soldats, qu'au moulin qui pouvait être pillé ; la farine faite ainsi comptait donc pour bien peu dans l'alimentation du pays.

Les mêmes embarras existent pour l'approvisionnement de la viande, on est menacé d'en manquer complétement, car il devient dangereux de parcourir les routes des pays occupés, même avec des laissez-passer ; la brutalité n'a pas de loi, puis les patrouilles prussiennes sont sans cesse attaquées, et l'on comprend que les bouchers ne s'empressent pas d'aller chercher au loin des bestiaux, qui peuvent leur être pris en arrivant par les soldats allemands. Nous avons donc la perspective de manquer de vivres, le pain est rare et la viande va faire complétement défaut. L'administration municipale, inquiète de cette situation, pense à utiliser la viande de cheval et fait publier dans la journée ce qui suit :

Il est absolument interdit de dépouiller les chevaux morts sur les routes et autres lieux. Les animaux doivent être centralisés dans l'établissement du sieur Poiron, équarrisseur, qu'on doit avertir à cet effet, et la chair doit être vendue à un prix très-modique, pour la subsistance de ceux des habitants qui n'ont plus de pain. La vente se fera au magasin de la Pompe.

22 décembre 1870.

Le Maire,
MIGNERON.

Le même jour, à Fay, tous les moulins étaient dévalisés des grains et des farines qu'ils renfermaient, par les soldats du poste de Pont-aux-Moines.

Dans la matinée du vendredi 23 décembre, le général von Wrangel obligea l'administration municipale à faire publier à Châteauneuf au son de caisse :

Avis est donné aux habitants qu'aujourd'hui à trois heures, en face la mairie, il sera vendu à l'enchère trois chevaux de réforme de l'armée allemande et parole est donnée que les acquéreurs jouiront sans réserve de leur acquisition.

Le 21 décembre 1870.

Le Maire,
MIGNERON.

On sait ce que vaut la parole des Allemands, celle du général de Wrangel n'aurait pas eu d'effet pendant vingt-quatre heures; aussi quelques habitants, assistant en curieux à cette vente, mirent 1 fr. sur l'enchère de 8 à 10 fr. des Prussiens, ne voulant point de ces chevaux qu'ils leur laissèrent adjuger au prix de 13 fr. Il est certain pour nous que ce simulacre de vente n'avait d'autre but que de savoir s'il y avait dans le pays du fourrage à réquisitionner.

Le vendredi 23 décembre, M. Poiron fait annoncer qu'il peut fournir de la viande de cheval au prix de 0 fr. 30 le kilogr. La grande quantité d'officiers prussiens que chacun devait nourrir dans ces premiers jours fit que plusieurs personnes y eurent recours; la mairie, qui donnait aussi des bons aux nécessiteux dut, faute de vache, leur faire délivrer du cheval dont la graisse remplaçait le beurre et la graisse de porc et de bœuf dans la préparation des mets destinés aux Prussiens.

Le samedi 24 décembre, le pain que l'on se procure difficilement depuis plusieurs jours devient de plus en plus rare; il est arraché des mains des boulangers à la sortie du four, et toute la population ne peut en avoir, cette pénurie provient de ce que les arrivages de farine offrent beaucoup de difficultés ; il faut la faire venir de Poilly, près Gien, par voitures jusqu'à Sigloy ou la Maltournée, puis la passer en barque près du port ou à la Ronce. Si le voiturier arrive à la nuit ou qu'il y ait trop de glaçons sur l'eau, le passage est remis au lendemain, et alors le pain n'est fait qu'avec la farine venant des moulins à vent, ressource insuffisante.

A Saint-Martin et à Germigny, la population souffre aussi du manque de pain, dans l'impossibilité de faire moudre la fournée, on va à Saint-Benoît en chercher à travers la campagne et en le cachant, les Prussiens même en donnent à des habitants, et d'autres se nourrissent complétement de pommes de terre.

La veille de Noël, la grande fête de tous les pays protestants, fut pour les soldats allemands, occupant Châteauneuf et les environs, une occasion de ripaille et de tapage. Pendant la journée, ils avaient coupé dans les jardins, sur la promenade du Chastain et dans le cimetière, des têtes d'ifs et de cyprès pour en faire des arbres de Noël dont ils habillèrent les branches de rubans et de petits morceaux de bougies, les plus complets portaient suspendus des bonbons et des gâteaux; à la nuit ces arbres, placés près des fenêtres, éclairaient de leurs bougies les rues muettes et désertes qui semblent depuis si longtemps en deuil. La soirée fut employée à manger et la nuit à boire, à chanter et à jouer. Dans beaucoup de maisons, il y eut des orgies auxquelles les habitants furent impuissants à mettre un terme, s'ils refusaient à ces soldats du vin dont ils avaient déjà trop usé, ils étaient conduits à la cave par des sabres et des baïonnettes, ou bien si les hommes y allaient eux-mêmes, ils répandaient plus de liquide qu'ils n'en prenaient.

Les officiers aussi passèrent une grande partie de la nuit (quelques-uns la nuit entière) à boire et à fumer, plusieurs dansèrent et firent de la musique soit au café, soit seuls dans leurs logements ou bien réunis en petit comité chez les habitants par voie d'invitation. Enfin, après avoir bien bu, bien chanté, bien tapagé, ils se trouvèrent pour la plupart incapables de regagner leurs domiciles ni même de se tenir debout. Il faut ajouter qu'un grand nombre de militaires avaient reçu, depuis plusieurs jours de leurs familles, des provisions comme cadeaux de Noël.

Ces orgies précédèrent la fête religieuse, le ministre protestant obligea M. le curé de lui céder l'église pour faire l'office, promettant que l'on ne toucherait à rien, et demandant seulement une table dans le chœur pour y poser un christ qu'il fit apporter, mais il désirait pouvoir disposer de l'église à onze heures, car il craignait, vu la grande quantité de soldats, d'être obligé de faire un second office. Il fallut obéir.

Le dimanche 25 décembre, dès que les soldats, levés plus tard que de coutume, eurent astiqué et brossé leurs uniformes, ils se rendirent aux lieux de réunions des compagnies pour aller en corps à l'office. Ce fut le seul moment où l'on respira un peu chez soi, car on y fut seul ou presque seul. A onze heures moins quelques minutes, les militaires réunis près de l'église font dire à M. le curé que l'heure arrive et qu'il fait très-froid à attendre dehors. Onze heures sonnant la messe finit et l'office des Allemands commence. Ici, comme à l'exercice, c'est la discipline seule qu'on peut remarquer. L'église n'ayant pas été assez grande pour contenir tous les soldats, il y eut un autre office à une heure.

Les hommes qui étaient de garde la veille font la fête à leur tour, et ceux qui avaient été chez des amis les reçoivent aujourd'hui, la soirée et la nuit se passèrent donc comme la nuit précédente.

Depuis quelques jours les provisions de bois

diminuent sensiblement, beaucoup de maisons pauvres, surtout, n'en ont plus et les soldats pour se chauffer dévalisent les chantiers qui en ont encore, volent du bois de charronnage et de charpente, des planches et du charnier. Cette situation déplorable n'aurait point eu d'autre terme que la fin des approvisionnements des marchands que l'on pille, si la municipalité n'avait permis aux habitants d'aller chercher du bois dans les brûlis de la forêt d'Orléans. Celle-ci ayant donné des laissez-passer pour franchir les avant-postes allemands, on alla librement et en très-grand nombre chercher du bois. Cela devint même un abus, il n'y eut pas seulement que des nécessiteux qui en profitèrent, mais aussi bon nombre d'habitants et des plus fortunés, d'autres même saccageaient la forêt au profit de leur industrie. On eut beaucoup de peine à arrêter cette dévastation.

Le lendemain lundi 26 décembre, le ministre protestant fit encore demander à M. le curé l'église pour onze heures, elle lui fut accordée de suite, et à l'heure dite, une assistance peu nombreuse, mais avec l'état-major et la musique, venait assister à l'office (c'était la communion.)

Parmi les habitants qui, dans ces malheureuses journées, ont été les plus maltraités, nous devons citer M. Baudu notaire, sa maison dut sans doute à sa position en face la mairie, ayant à sa gauche la salle de danse inhabitée et sa porte de derrière donnant près des granges et des écuries de plusieurs auberges, les nombreux soldats qui lui arrivaient de tous côtés. Déjà dans les passages des 6 et 7 décembre, elle logea une nombreuse garnison, mais au moins, la chambre du maître lui était restée, le 10 décembre tout avait été envahi, les maîtres et les domestiques ne suffisaient pas à servir des vivres aux 80 soldats qui s'étaient imposés, et l'un d'eux n'obtenant pas assez vite ce qu'il voulait, leva la main sur madame Baudu; c'en était assez, il fallut déserter la maison. On se plaignit à un officier qui fit des reproches au coupable et décida qu'il ne resterait que 60 hommes; après son départ, le linge et les effets furent pillés et les meubles brisés en présence du propriétaire.

Mais ces faits quoique graves n'avaient pas eu l'importance des vols et des dégâts commis pendant la présente occupation, 40 hommes seulement avaient été imposés, mais le nombre total qu'on n'a jamais connu au juste était au moins du double. Comment rester en cette compagnie et subvenir aux exigences journalières d'un tel détachement. Aussi, restés seuls dans la maison, ils démolirent ce qui les gênait, brisèrent les meubles, les pendules, les candélabres, pillèrent tout, puis, en gens expérimentés, sondant ensuite le jardin et tous les murs, ils découvrirent dans la cave une cachette contenant des objets de valeur, de l'argenterie, des bijoux etc, etc., qui disparurent aussitôt; lorsque M. Baudu en eut connaissance, il porta une plainte au commandant de place. Un officier vint bientôt sur les lieux, mit des piquets aux portes et donna une demi-journée aux voleurs pour rendre les objets, c'était leur donner le temps de les faire disparaître; aussi lorsqu'une perquisition fut faite dans tous les sacs, il était trop tard, on n'y trouva rien. M. Baudu conservait cependant quelque espoir, car le lendemain il fut appelé à déposer dans une enquête faite avec quelqu'apparat par plusieurs officiers, formant une commission ou espèce de tribunal, et qui siégent gravement dans une salle de l'auberge Issert, rue des Champs. On commença par lui faire *prêter serment*, puis on lui demanda *s'il était bien sûr qu'on l'eut volé et quels objets on lui avait pris, lui faisant remarquer qu'il avait fait une déclaration fort grave qui, si elle était vraie, entraînerait une condamnation très-sévère*. On lui représenta des bijoux trouvés dans la perquisition, mais ils ne lui appartenaient pas, ils venaient de la Ferté-Saint-Aubin, une ceinture et des rouleaux d'argent qu'il ne reconnut pas davantage. Il y avait bien des couverts de ruolz non-marqués, mais les officiers dirent : Il n'y a pas que vous qui en ayez, ils peuvent être à d'autres. M. Baudu ne reconnut dans les épaves qu'un petit œuf en ivoire de nulle valeur ; quant aux châles, dont un de l'Inde, aux bijoux et autres objets de prix qu'il réclamait surtout, il n'y avait rien. La conclusion fut qu'on n'avait rien pris et pour que les choses soient en règle un procès-verbal en fit foi et fut présenté à M. Baudu qui refusa de le signer. Un adjudant logé dans une maison voisine avait dit que le châle se retrouverait, en effet celui de moindre valeur fut seul retrouvé, caché au grenier. Ainsi se termina cette affaire, sans restitution de la part des soldats et aussi sans qu'aucune punition leur fût infligée.

Fay, libre depuis quelques jours, reçoit aujourd'hui 400 Hanovriens qui sont logés par billets de logement, et auxquels la commune distribue les vivres ; les habitants les trouvent moins grossiers que beaucoup de ceux qu'ils ont logés jusqu'à présent, (c'est une exception). Le même soir, un bataillon des mêmes régiments 78 et 79 landwehr arrive à Châteauneuf, mais faute de place dans les maisons, il va se loger à Vitry et occupe le bourg en entier. La commune fournit les vivres aux soldats. L'officier du poste de l'école des garçons prit plaisir à noircir plusieurs livres de classe des enfants et à écrire sur d'autres, en allemand, des insultes à l'adresse des Français. Ces détachements se dirigèrent le lendemain sur Orléans.

Par suite des grands feux que firent les soldats prussiens, un incendie a éclaté à Chenailles dans le logement du garde. Peu s'en est fallu qu'il ne se communique au château et ne le réduise en cendres. La construction des planchers est tellement vicieuse, que trois autres feux de cheminées se sont déclarés par la combustion des pièces de bois placées trop près des foyers ; à Châteauneuf plus de dix incendies n'ont pas eu d'autre cause que celle-là.

Depuis quelque temps nous n'entendions plus parler d'attaques de patrouilles, mais aujourd'hui, mardi 27 décembre, de nouveaux bruits nous arrivent : un courrier prussien transportant les dépêches dans une voiture a reçu un coup de feu venant de la forêt à l'endroit appelé les six-routes ; un chasseur embusqué dans le bois a tiré de près et l'a blessé, il arrive à Châteauneuf disant avoir été attaqué par des francs-tireurs.

Le mercredi 28 décembre, nous recevons des détails sur cette affaire; le courrier a, en effet, été blessé à la cuisse, mais avec une charge de petit plomb et non par une balle. Les Allemands en concluent que l'attaque ne vient pas des francs-tireurs, mais plutôt des gens du pays. Ce n'est pas sans raison qu'on craint les représailles, car, dans la journée, on colle sur les murs de la ville quatre affiches manuscrites, dont voici la copie :

PROCLAMATION

Le (*sic*) habitants de la commune de Châteauneuf seront faits responsables pour toute agression ou tentative d'assassinat qui aurait lieu dans la commune ou dans les environs, ainsi que pour la dissimulation des armes.

Châteauneuf, 28 décembre 1870.

SCHRAMM, commandant de place.

En même temps la municipalité, sous la pression de l'autorité prussienne, fait publier l'avis suivant :

Le maire et la commission municipale de Châteauneuf, quoique bien convaincus qu'aucun de leurs concitoyens ne voudrait prendre part à des actes d'agression contre les soldats allemands qui occupent la ville, rappellent et renouvellent par l'ordre des autorités supérieures de l'armée, les défenses qui ont été faites dans cette commune depuis le commencement de la guerre.

Ils doivent éviter jusqu'au moindre soupçon qui pourrait exposer toute une population malheureuse et inoffensive, à des représailles pour actes d'agression qui seraient commis dans le voisinage.

Pour la commission municipale,

Le maire,

E. MIGNERON.

Chacune de ces deux proclamations fit l'effet

d'un coûp d'épée dans l'eau, car les chasseurs et les braconniers qui se réunissaient pour attaquer les patrouilles n'étaient pas sensibles à la prose municipale qu'ils savaient d'ailleurs venir du crû prussien.

Le même jour, des réquisitionnaires viennent à Fay de divers côtés à la fois, les uns de Saint-Denis, les autres de Châteauneuf et de Pont-aux-Moines ; tous s'adressent au maire pour se faire délivrer des provisions, et comme il est impossible de satisfaire en même temps les exigences de chacun d'eux, les moins bien pourvus vont eux-mêmes voler les vaches dans les fermes, les mêmes faits se reproduisent plusieurs jour de suite.

L'ennemi, craignant que la forêt d'Orléans ne donne asile à des francs-tireurs, fait le lendemain jeudi 29 décembre dans toute la partie comprise entre Fay, Saint-Martin et Chicamour, une battue générale, les 6e et 7e compagnies du 36e de ligne partent par la route de Bellegarde, tandis qu'une compagnie du bataillon de chasseurs résidant à Saint-Martin va, à travers bois, dans la direction des six-routes où elles ont rendez-vous.

Les soldats partis de Saint-Martin rencontrèrent dans les bois plusieurs troupeaux de vaches laissées au soin de domestiques de fermes, et un cheval gardé par le nommé Garrachon, âgé de vingt-deux ans, demeurant chez son père, à Saint-Martin. Les gardiens étaient réunis à l'endroit appelé les Crotaux lorsqu'ils entendirent un grand bruit dans les bois ; pensant que c'étaient des Prussiens, Garrachon s'offrit pour aller voir ce qui venait, à peine cinq minutes s'étaient-elles écoulées qu'une dizaine de coups de fusils furent entendus en même temps que ces paroles : *nicht franc-tireur* parvenaient aux oreilles de ses compagnons, qui n'entendirent ensuite que quelques soupirs. Il est évident pour les témoins de ce drame que les soldats prussiens avaient dit à Garrachon : *Tu es franc-tireur;* à quoi il aurait répondu : *nicht* (non) qu'il achevait de prononcer quand il fut assassiné.

Les Prussiens ne pouvant emmener toutes ces vaches qui n'étaient pas attachées, chassèrent celles qui se trouvaient devant eux, chargèrent Garrachon mort sur son cheval, et continuèrent leur chemin dans la direction de la maison Chartier, suivis de deux des gardeuses des vaches emmenées qui espéraient qu'on les leur rendrait. A deux kilomètres environ, ils cachèrent sous les feuilles dans le bois le cadavre de leur victime, et posèrent sur lui une croix formé de deux morceaux de bois. Peu après la mère et la sœur de Garrachon, averties et guidées par les témoins du meurtre, retrouvèrent à l'endroit où il avait été assassiné deux mouchoirs et un morceau de pain, et plus loin son cadavre dépouillé de ses vêtements et enveloppé dans sa limousine.

Peu s'en fallut qu'ils ne fissent d'autres victimes, car ils attaquèrent toutes les personnes même les plus inoffensives. Ce jour-là, un sieur Dauvois, charron à Sury-aux-Bois, et son fils allaient à travers la forêt porter à leurs parents de Saint-Martin du pain dont ils manquaient, et quelques autres provisions; arrivés près des Crotaux, les Prussiens tirèrent sur eux environ quarante coups de fusil. Aux premières balles sifflant à leurs oreilles, ils font signe d'arrêter, montrant qu'ils ne sont pas armés, mais les barbares ont sans doute l'ordre d'assassiner tout ceux qu'ils rencontreront et la fusillade continue; une balle perce le sabot du père, deux autres blessent le fils à la jambe gauche et ces gens n'échappent à la mort qu'en s'éloignant en courant du côté d'où ils étaient venus; ils ne furent pas poursuivis, mais toutes les routes étaient si bien gardées qu'un peu plus loin ils furent pris par une patrouille et emmenés prisonniers à Chicamour où on les fouilla.

M. Harang, du même pays, fut également retenu prisonnier, les soldats trouvèrent sur lui une boîte renfermant de la poudre éventée qui, heureusement, ne voulut point partir, et il fut assez adroit pour dissimuler du plomb et des capsules qu'il avait dans sa poche; les Prussiens lui montraient bien une corde pour le pendre, mais le soir le poste fut levé et les prisonniers rendus à la liberté. Le même jour des coups de fusil ont aussi été essuyés par diverses personnes, notamment par les sieurs Dargerie, cantonnier, travaillant sur la route, et Jahan Pierre, ramassant du bois dans la forêt; aucun d'eux n'a été atteint.

Un nommé Massas, gardant dans la forêt les vaches de son père, fut pris et emmené jusqu'à Châtenoy où il fut réclamé plus tard.

Les compagnies parties par divers chemins de Châteauneuf se rencontrèrent aux six routes après avoir battu la forêt où elles n'ont trouvé aucun franc-tireur. Au poste forestier se trouvaient M. Chartier, brigadier, habitant l'une des maisons, et M. Magnier, garde, qui habite l'autre; les soldats les fouillèrent, firent une visite fort minutieuse dans leur domicile, et comme on ne trouva rien qui pût les compromettre le chef prussien leur dit qu'ils recevaient des francs-tireurs, et que pour cette raison il allait faire brûler leurs maisons; une demi-heure était accordée pour sauver ce qui leur conviendrait. M. Magnier avait déjà déménagé une partie de son mobilier quand les soldats lui dirent : « On ne brûlera pas votre maison aujourd'hui, mais si on tire encore sur nos hommes, vous serez responsable, et nous reviendrons y mettre le feu. » Un quart d'heure après la maison Chartier brûlait et les soldats ne s'éloignèrent qu'après avoir acquis la certitude que leur œuvre de destruction était accomplie.

M. Chartier n'avait pu sauver que très-peu d'objets, puis il avait disparu craignant d'être maltraité. En partant, le chef dit à M. Magnier qu'il l'obligeait à boucher les tranchées de la forêt d'ici trois jours; puis les diverses compagnies reprirent les mêmes chemins, ramenant avec elles de nombreuses provisions, quinze vaches, des chevaux, de l'avoine, du fourrage et de la paille.

M. le maire de Châteauneuf qui, plusieurs fois, avait eu l'occasion de voir le général de Wrangel, croyant aux intentions conciliantes qu'il laissait voir, et pensant entrer dans ses vues, rédigea le publicat suivant qu'il lui soumit, avant de le faire publier; le général l'approuva entièrement en lui disant : Vous avez parfaitement rendu ma pensée, nous sommes bien d'accord, faites publier cette proclamation :

Aux habitants de Châteauneuf.

Son Excellence le général de Wrangel déplore les maux de la guerre, et connaît la situation désastreuse de notre petite ville. Il veut adoucir autant que possible le sort de nos concitoyens, et faire succéder un ordre régulier au désordre d'une occupation militaire subite, inattendue.

Son Excellence, dont la parole sera respectée, veut que les marchands puissent ouvrir librement leurs boutiques sans avoir à redouter aucun préjudice de la part des soldats.

Les marchands accepteront en payement le thaler de Prusse, argent ou papier qui est une excellente valeur facilement échangeable à un change minime.

Le maire invite ses concitoyens à supporter avec courage des maux qu'ils n'ont pas provoqués.

Le 29 décembre 1870.

Le Maire,
E. Mignekon.

La plupart des habitants croyant n'avoir rien à redouter ouvrirent tout ou partie de leurs magasins, mais une heure après, le maire recevait de l'autorité prussienne des bons de réquisition de marchandises aperçues à travers les vitres des boutiques ouvertes, et lorsqu'on demanda à M. le général de Wrangel l'exécution loyale de sa parole, il répondit qu'il ne pouvait rien faire, marque sérieuse de l'affaiblissement de la discipline. C'est ainsi qu'un officier supérieur respecta la parole donnée.

Les hussards du Schleswig-Holstein logés dans le port continuent tous les jours à aller en réquisition, leur unique besogne est le vol et le pillage.

Le soir, arrive avec quelques soldats français recueillis sans doute dans les ambulances de Briare et de Gien et faits prisonniers, M. Anatole Despond, sous-préfet de Gien, qui avait refusé au général Rantzau, à Briare, d'enlever toutes les barricades sur les routes des environs et de faire rétablir la route de Dampierre à Gien et de Gien à Briare pour le passage de l'artillerie; il avait été arrêté le même jour et était conduit à Orléans. On le logea, à Châteauneuf, à la prison gardée par un poste prussien, plusieurs personnes s'empressèrent de l'aller voir et de lui porter des vivres; mais on les empêcha de pénétrer jusqu'à lui, ce ne fut que le lendemain matin qu'il put raconter ce qui lui était arrivé.

Dans la journée du vendredi 30 décembre, on affiche la proclamation suivante élaborée par le colonel Schramm et passée par les mains du général de brigade von Blumenthal, enfin signée du général de division von Wrangel.

Proclamation.

Dans la journée du 27 de ce mois, des hommes en blouse ont tiré, dans la forêt, entre Châtenoy et cette ville, sur des soldats de l'armée allemande, dont un a été blessé.

Les auteurs de cet attentat étant restés inconnus, Son Altesse Royale le prince Frédéric-Charles, feld-maréchal, a donné l'ordre d'incendier la ferme la plus voisine, ce qui a été exécuté immédiatement. Il en sera de même pour tout semblable nouvel attentat.

Les habitants sont prévenus que pour chaque coup de fusil tiré par un individu non revêtu des insignes militaires, sur un soldat allemand, le village le plus voisin sera incendié dans le cas où le coupable ne serait pas livré.

Si les habitants veulent éviter la sévérité de cette exécution, ils devront ne pas souffrir dans le voisinage des bandes de meurtriers, ou si un meurtre est commis en livrer l'auteur.

Châteauneuf-sur-Loire, le 29 décembre 1870.

Signé : FREIHEER, VON WRANGEL,
général-lieutenant.

Cette proclamation excite la plus profonde indignation parmi la population de Châteauneuf qui s'était montrée inoffensive vis-à-vis des Prussiens, reconnaissant eux-mêmes la convenance de conduite des habitants à leur égard ; mais cette population soumise ne trouva pas la force de protester contre un acte d'une telle injustice.

Le 30, Fay-aux-Loges voit encore arriver une dizaine de réquisitionnaires qui obligent l'instituteur à les conduire dans les maisons où il y a des bestiaux ; mais il parvint à s'esquiver et les 8 ou 10 pillards durent s'éloigner rapidement sans aucune provision, devant l'attitude menaçante d'une centaine d'habitants non armés. Cette défaite devait amener une revanche de leur part ; en effet, le lendemain une compagnie entière arrive et un officier avec 5 hommes vont chercher l'instituteur dans sa classe, pour le mener au colonel qui lui demande de la farine, 10 bêtes à cornes, du foin et de l'avoine. La réponse fut comme toujours qu'il ne reste plus rien, mais on ne la regarda pas comme sérieuse et il fallut de force prendre le chemin du moulin ; dans le trajet, des soldats apercevant la boucherie Dumain y entrèrent et prirent cinq vaches et un veau ;

à la faveur du désarroi qui se produisit dans la colonne, l'instituteur se sauva et la troupe se trouvant sans guide partit laissant en liberté M. le curé qui avait été fait prisonnier dès l'arrivée.

Dans l'après-midi du même jour, un meurtre fut commis par des soldats prussiens sur un habitant de Fay dans les circonstances suivantes : Des soldats du poste de Chécy avaient été envoyés dans le Gâtinais faire des réquisitions, en revenant ils avaient volé des vaches dans les environs de Vrigny, les paysans ne pouvant s'y opposer par la force abandonnèrent leurs bestiaux, mais se rendirent rapidement dans la forêt et attaquèrent les réquisitionnaires sur le territoire de la commune de Courcy, de telle façon qu'ils durent abandonner leur butin pour s'enfuir. A Sully-la-Chapelle, ils rencontrèrent un convoi prussien qu'ils suivirent, et à l'endroit appelé la Monnaie, ils tirèrent plusieurs coups de fusil sur des enfants qui jouaient dans la cour d'une ferme ; puis, à deux kilomètres de Fay, au droit de la taille Poulin, ils se rendirent coupables d'un véritable meurtre : M. Asselin venait de déjeuner avec M. Clément Desbrosse, lorsqu'entendant du bruit ils sortirent ensemble, longèrent le bois se dirigeant vers la route où ils virent un convoi de voitures arrêté. Les fantassins qui semblaient former son escorte appelèrent MM. Asselin et Desbrosse, et trouvant sans doute qu'ils ne venaient pas assez vite, trois se détachent, s'approchent d'eux et les frappent à coups de crosse de fusil, en même temps qu'un soldat faisant feu sur M. Asselin lui brise une jambe et le fait tomber à terre pendant que M. Desbrosse, tout contusionné, se sauve en essuyant plusieurs coups de feu sans être atteint; les trois misérables se tournant de nouveau contre M. Asselin, le hachent à coups de baïonnettes jusqu'à ce que son corps et sa tête n'aient plus forme humaine. Attirées par le bruit, Mme Asselin et Mme Billet, sa belle-sœur, accourent sur le lieu du meurtre; cette dernière reçoit un coup de baïonnette et toutes deux auraient été massacrées si elles ne s'étaient éloignées promptement. Quelques minutes après, le convoi et les soldats continuaient leur marche vers Chécy. Le surlendemain 2 janvier, M. Asselin, justement estimé de tous ses concitoyens, fut accompagné au cimetière par la population tout entière. Cette affaire en resta là, car le jour même, M. le maire, au moment de partir pour Orléans, fut retenu par des réquisitionnaires venus de Châteauneuf et de Pont-aux-Moines, et le lendemain, toutes les troupes de Frédéric-Charles occupant Orléans et les environs, ainsi que le commandant, quittaient le Loiret pour faire place à une division hessoise ayant pour chef supérieur dans le département le prince de Hesse.

On ne sera pas surpris d'apprendre que les bandits allemands avaient déposé sur cette affaire une plainte à leur officier, disant qu'en avait tiré sur eux de la maison des Sœurs à Sully-la-Chapelle, aussi un tel crime ne devait pas rester impuni : bientôt une compagnie passe à Fay demandant le chemin de Sully, ils ont ordre d'occuper le pays et d'exiger une amende de 5,000 fr. Le maire, M. le marquis de Courcy, ne sait ce que cela veut dire, les habitants sont stupéfaits; l'officier voit qu'il y a erreur et laissant ses hommes, part avec M. de Courcy pour Orléans et prend, en passant à Fay, M. Desbois qui pourra donner d'utiles renseignements; arrivés là, il leur est impossible d'y voir quelqu'un, ni le prince de Hesse ni qui que ce soit, l'officier avait sans doute prévenu ses chefs qu'ils avaient été trompés...

Le lendemain, la compagnie revient à Orléans se faisant suivre de 8 voitures de réquisitions pour porter les sacs et bagages. M. de Courcy n'a pu encore se faire recevoir, quand il apprend que les Allemands gardent les voitures qu'il ne put faire rendre qu'après plusieurs jours de courses et de démarches.

Les réquisitionnaires sont de plus en plus exigeants. Le samedi 31 décembre, plusieurs compagnies du 84e sont allées dans la campagne de Châteauneuf et dans la forêt d'Orléans, elles ont ramené 80 vaches, 20 chevaux et un nombre considérable de volailles.

Bon nombre de fermes qui, depuis le 6 décembre, avaient reçu la visite des Prussiens ont eu de nouveau aujourd'hui à satisfaire l'exigence de leurs officiers; parmi elles nous pouvons citer la Fontaine, le Sausseux, Nevers, la Noue, la Goierie, Tirepeine, l'Oison, etc., etc.

Ils enlevèrent de cette dernière ferme ce qui restait, 5 juments poulinières et 8 douzaines d'oies qu'ils obligèrent le fermier à charger dans une voiture et à les conduire ainsi que les chevaux à Châteauneuf, chez M. Desbois-Bordellet où logeait le capitaine de cette compagnie de pillards. En arrivant, M. Reculé mit M. Desbois au courant de ce qui venait de se passer chez lui et le pria de faire une démarche près du chef. M. Desbois se rendit aussitôt avec lui près de l'officier auquel il apprit que les soldats allemands avaient depuis un mois complétement dévalisé cet homme et qu'aujourd'hui ils lui enlevaient sa dernière ressource, 5 juments poulinières, que peut-être il n'avait pas donné l'ordre de prendre et dont il pourrait se passer, il rendrait un grand service à ce malheureux fermier en les lui faisant restituer. Le capitaine dit qu'il n'avait pas besoin de chevaux, et que si on ne les cachait pas dans la forêt, les soldats n'avaient pas ordre de tout prendre, que le cultivateur pouvait les emmener, y compris celui qui conduisait la voiture aux oies, que quant à la voiture elle-même il pourrait la venir chercher le lendemain matin. Comme les soldats s'apprêtaient à partager le produit du pillage, madame Desbois défendit que ce partage fût fait chez elle et y mit tant de persistance qu'ils durent quitter la place et emmenèrent leur butin ailleurs. Plusieurs habitants chez lesquels des soldats avaient apporté des oies, sachant qu'elles avaient été prises à M. Reculé, purent les lui rendre.

Ce même jour fut funeste à un cultivateur de Combreux. Depuis longtemps l'ennemi n'allait que rarement dans ce pays, les réquisitionnaires peu nombreux ordinairement n'osant pas s'aventurer à une aussi grande distance de leurs postes; seules de petites patrouilles, allant de Fay à Bellegarde, s'approchaient quelquefois, au retour, des premières maisons et demandaient des provisions. Ce jour-là une centaine de fantassins et autant de cavaliers paraissent dans le bourg, le bruit se répand aussitôt que ce sont des pillards ; chacun en semblable moment fait de son mieux pour cacher ce qu'il a ; un cultivateur nommé Troquet conduit ses vaches dans la forêt et se charge de son carnier dans lequel il met sa poudre et son plomb de chasse pour ne point les laisser à la maison. Mais les soldats, au lieu de piller le village, font une battue dans la forêt et arrivent près du malheureux Troquet qui ne s'y attendait nullement et l'appellent. Craignant à cause de sa poudre, il se sauve, les soldats tirent sur lui plusieurs coups de feu dont deux l'atteignent à la poitrine et à la tête et le renversent en lui donnant la mort.

Après avoir assassiné Troquet, ils rencontrèrent dans la forêt, sur la commune de Sury-aux-Bois, une voiture chargée de bourrées ; en la débarrassant, ils mirent la main sur un chevreuil renfermé dans un sac, le conducteur de la voiture dit qu'il l'avait trouvé mort, mais les soldats reconnaissant qu'il avait été tué, voulaient le fusil et menaçaient de fusiller le jeune homme comme franc-tireur. Il eut beau leur dire qu'il n'était pas le maître de la voiture, mais seulement le conducteur, les Prussiens emportèrent le chevreuil et emmenèrent le conducteur à Saint-Martin, puis à Germigny de là à Châteauneuf, et enfin, à Orléans où ils le gardèrent prisonnier une huitaine de jours ; il ne fut lâché que sur les instances et après de nombreuses démarches de l'administration municipale.

Châtenoy, quoique visité de loin en loin, a eu aussi ses journées de pillage, le bourg eut surtout à souffrir aujourd'hui, les vaches, les veaux et les volailles furent l'objet d'un massacre général, les marchands et les débitants furent dévalisés; chez l'un d'eux un soldat trouva plaisant de monter sur le comptoir et de tirer successivement des rayons les marchandises qu'il mettait en vente et adjugeait au plus offrant (à des soldats qui naturellement ne donnaient rien). Le maître de la maison ne perdit pas son sang-froid et eut la bonne idée de mettre aussi aux enchères, le vendeur trouvant la plaisanterie bonne lui adjugea de nombreux articles qu'il put ainsi conserver.

Les habitants de Saint-Aignan-des-Gués eurent aussi maintes fois à supporter la dévastation de leurs maisons, car les visites des chasseurs de Saint-Martin et de Germigny étaient fréquentes. Dans la journée un grand nombre d'officiers du 36e et du 84e régiment d'infanterie firent à cheval une partie de chasse dans la forêt d'Orléans; un bataillon de soldats fut emmené pour rabattre le gibier à la manière des pays du nord. Le résultat fut : trois petits chevreuils, deux ou trois lièvres et un lapin. Ils furent plus heureux qu'un escadron de hussards qui, ayant aussi voulu chasser, revint le soir sans rapporter une pièce de gibier.

Le café Guyot avait été adopté par les officiers d'infanterie pour leurs réceptions, ils obligèrent le propriétaire de l'établissement à aller chercher à Orléans les provisions qui lui faisaient défaut, M. Guyot, ne pouvant s'absenter, chargea M. Delahaie, muni d'un laissez-passer en règle et accompagné par un soldat prussien, d'aller avec sa voiture acheter de quoi satisfaire les exigences de ces messieurs.

Pour obliger les Prussiens, M. Delahaie voulut bien emmener quatre de leurs malades escortés par trois hommes et un sergent. Arrivés à Orléans, le sergent requit la voiture pour revenir de suite, laissant le maître avec ses provisions sur le pavé de la place du Martroi et sans aucun moyen de retour.

Cela ne faisait pas l'affaire des officiers qui le soir se réunirent presque tous au café pour fêter la nouvelle année, ils n'en restèrent pas moins jusqu'à deux heures du matin, à dévorer ce que l'on put encore trouver dans l'établissement. La plupart fortement émus ne retrouvent que difficilement leurs logements où ils rentrent en faisant grand bruit.

Dans la même soirée, les soldats faisaient aussi ripaille dans les maisons en absorbant vin et eau-de-vie en telle quantité que le plus grand nombre perdit la raison.

Les habitants eurent fort à se plaindre, car beaucoup ne purent pas se coucher et les autres ne fermèrent pas l'œil de la nuit.

Au café Marois, un grand nombre de militaires se réunissent dans la journée pour répéter en chœur divers morceaux de musique qui parvinrent comme un glas funèbre aux oreilles des voisins et des passants, et après de copieuses libations ils voulurent jouer la comédie ou plutôt faire le simulacre de grossières charges à l'adresse des Français, le billard dont ils coupèrent le drap pour en faire des tentures leur servait de scène, mais dans la soirée le bruit du canon venant dans la direction de Briare contrasta singulièrement avec la gaieté allemande.

C'est aujourd'hui le 1er janvier, nous entrons sans nous en apercevoir dans une nouvelle année. Prisonniers dans nos maisons, non-seulement nous ignorons ce qui se passe dans le pays, mais même au delà du seuil de nos portes. Ce jour de fête de famille et de réunions amicales est pour nous un jour de deuil; les rares hommes que des courses font rencontrer et qui, la plupart, ont leurs familles éloignées se serrent cordialement, mais silencieusement la main, souhaitant une meilleure année pour les parents, les amis et la patrie.

Nous sommes sans nouvelles de nos armées, les Allemands nous apprennent que le bombardement de Paris est commencé. Dans la journée, vers onze heures du matin, un office est célébré par le ministre protestant pour les troupes prussiennes qui y assistent en petit nombre. Après-midi, on ramène à Châteauneuf deux officiers hessois blessés la veille à Ousson. Ils ne donnent aucuns détails du combat qui a eu lieu.

Le soir avant le dîner, des détachements de soldats chantent en chœur divers morceaux de musique devant les maisons où logent les capitaines de chaque compagnie, puis plus tard, les officiers du 36e de ligne se réunissent encore au café Guyot, sans doute pour user des provisions qui manquaient hier, car le sergent en arrivant seul fut puni et l'on dut renvoyer une voiture chercher M. Delahaie à Orléans. A cette époque le sucre valait au pain 6 fr. 50 le kilogr. et au détail on le payait jusqu'à 8 fr. ; du reste il n'y en a plus à vendre : à Châteauneuf les officiers prussiens en font venir d'Orléans par leurs cantiniers pour leurs besoins. Quant aux habitants ils n'en manquent pas tout à fait, car chacun en conserve un peu et épargne sa petite provision.

Les campagnes sont toujours maltraitées, il ne se passe pas de jours sans que de nombreuses maisons aient la visite de bandes de voleurs qui ne reviennent jamais les mains vides ; à peine y est-on tranquille de neuf heures du soir à six heures du matin.

Quelques-unes des habitations des environs eurent plus à souffrir que d'autres à cause de leur position ; nous ne citerons qu'un fait ayant quelques particularités remarquables.

Au grand Pochy, depuis l'arrivée des troupes, il ne s'est guère passé de jours sans quelque acte de pillage : ce fut d'abord du foin, puis de l'avoine, puis encore du foin, de la paille, ensuite la basse-cour et les fromages ; enfin le linge et les couvertures, le cheval avait été emmené au premier passage du 6 décembre, la maison était vide ; aujourd'hui ils enlevaient les dernières bottes de fourrage, ayant dans leurs nombreuses excursions tout fouillé : échafauds, greniers perdus, cachettes, tout est dévalisé. Seules huit vaches avaient pu être sauvées, on les avait conduites et gardées en forêt dans les endroits les plus inaccessibles ; mais depuis une semaine le froid devenant plus rigoureux (la température était descendue à 8 degrés au-dessous de zéro), et une épaisse couche de neige couvrant la terre, ces pauvres bêtes ne trouvaient plus aucune nourriture et souffraient de la faim et du froid ; de plus les battues des bois par les soldats rendaient la forêt dangereuse pour les gardiens, autant que pour les animaux. M. Pelletier se décida donc à les ramener quoiqu'il eût à craindre qu'elles fussent réquisitionnées et c'était désormais sa seule ressource.

Pour prévenir ce malheur Mme Pelletier se résolut à faire une démarche près du général von Wrangel, elle met une paire de poulets dans un panier, prend les bons de réquisitions qui lui avaient été donnés et va droit au château, demandant au factionnaire de la grille à voir le général. On lui montre l'habitation ; là, elle tourne, regarde, cherche et ne rencontre que des soldats parlant allemand ; enfin, apercevant par une fenêtre des employés de bureau elle leur demande le général, *nicht comprendre*, lui dirent-ils ; mais voyant dans son panier une paire de poulets, ils lui firent signe de s'adresser au cuisinier qui parlait français. Elle alla à la cuisine et expliqua au chef ce qu'elle venait faire, ajoutant qu'elle priait le général de lui signer les bons qui lui avaient été laissés, et lui apportait la dernière paire de poulets qui lui restaient, craignant qu'ils ne fussent pris dans la journée, elle l'implorait afin qu'il voulût bien donner des ordres pour qu'on lui laissât ses vaches, sa dernière ressource.

Le cuisinier prit la paire de poulets et conduisit Mme Pelletier près du général von Wrangel, qui, après qu'elle lui eut expliqué le but de sa visite, demanda à cette femme l'étendue de ses pertes et lui promit qu'on ne lui prendrait plus rien à l'avenir, puis il signa un papier qu'il donna à remplir à un employé ; c'était l'ordre ci-dessous :

Comme dans la ferme de M. Pelletier à Pochy, près

Châteauneuf, il y a déjà eu beaucoup de réquisitions de faites, je donne ici l'ordre qu'il n'y soit plus fait aucune réquisition.

Châteauneuf, le 1er *janvier* 1871.

Signé : von Wrangel,
Lieutenant général, commandant la 18e division d'infanterie.

Le général remit ensuite 1 thaler pour prix de la paire de poulets, et son cuisinier demanda qu'on lui apportât du beurre chaque matin. La brave femme promit et partit d'un pas léger; elle avait obtenu ce qu'elle voulait.

Le soir même, les Prussiens parfaitement au courant de la maison arrivaient encore pour chercher dans tous les recoins ce qu'ils auraient pu avoir oublié, ils examinaient déjà les vaches et faisaient leur choix quand Mme Pelletier exhiba le papier qu'elle avait; les habitués du pillage, après l'avoir bien lu et relu, tourné et retourné chacun à leur tour, se retirèrent sans prononcer une seule parole.

Dans l'après-midi, l'administration municipale fait publier par le tambour de ville ce qui suit :

Le maire de Châteauneuf porte à la connaissance des habitants l'ordre suivant du commandant de place.

Il est requis cinquante hommes de travail, qui devront se trouver à sept heures trois quarts sur la place du Château, demain, 2 janvier, avec 25 bêches, 15 pioches et 10 hachettes.

La journée de ces hommes leur sera payée par la municipalité.

Le maire invite ses concitoyens à se rendre à l'ordre ci-dessus dans l'intérêt du pays.

Le maire
E. Migneron.

Nous n'avons qu'un mot à ajouter, c'est que la publication de semblables avis était toujours exigée de la mairie par un officier prussien, le pistolet au poing.

En vertu de cet ordre, le maire a invité nominativement 50 ouvriers de diverses professions à se rendre le lendemain matin, lundi 2 janvier, place du Château. Ils partirent à huit heures, sous la direction d'un officier prussien, par la route de Bellegarde, où ils bouchèrent les tranchées faites par les Français à l'extrémité de la forêt.

Vitry a été fortement éprouvé par les réquisitionnaires dans les derniers jours. Depuis longtemps un service d'éclaireurs avait été organisé et garantissait le pays, les routes étaient surveillées avec soin, de manière à éviter toute surprise; aussi les habitants, prévenus toujours plus d'une demi-heure avant l'arrivée de l'ennemi, avaient le temps de cacher les bestiaux et les provisions; il suffisait pour cela d'aller vers Seichebrières ou dans les fourrés de la forêt, aux huit-routes, à l'Étang de la Vallée, etc., etc., qui sont autant d'endroits où les Prussiens n'ont jamais osé aller, car on les entretenait dans la conviction qu'il y avait là des francs-tireurs. La commune, dans l'intérêt de l'approvisionnement du pays et des environs, avait promis d'indemniser les boulangers en cas de réquisition, de sorte que pendant l'invasion ils firent du pain comme à l'ordinaire, et il n'y eut que peu de pillage à payer. Mais le 29, les vedettes n'ayant pu fonctionner à cause d'un brouillard intense, le bourg en souffrit beaucoup. Le 30 ce fut le tour des climats des Cogellières et du Cas-Rouge; le 31, les soldats venant de

Châteauneuf avaient un plan fort détaillé, ils se firent conduire avec leurs voitures par des habitants au hameau de la Chapelle, et longeant la forêt battent les bois en s'en allant. Le bourg, ce jour-là, reçut des pillards venus de Saint-Denis à trois reprises différentes, ils descendaient toujours au château du Plessis, habité par M. de Beauregard, maire, volèrent d'abord deux chevaux de grand prix, puis bientôt un troisième. Quant au quatrième, un officier vint le soir pour le prendre, mais M. de Beauregard fils, éclaireur à cheval de M. de Cathelineau, l'avait emmené pour son service. Les Prussiens ont pris goût au séjour de Vitry, car ils y reviennent encore avec 8 ou 10 voitures de Saint-Martin et de Châteauneuf le 2 janvier, et font partout où ils passent un ravage épouvantable ; tout ce qu'ils trouvent, ils l'emportent et les vols de cette journée comptent pour plus de 6,000 fr. Ils ont visité l'ambulance établie dans l'école des garçons, mais l'ont trouvée vide : depuis plusieurs jours l'autorité avait fait évacuer les convalescents sur Châteauneuf et de là sur la rive gauche de la Loire, où ils étaient en sécurité.

Dans la soirée, vers quatre heures, se répand à Châteauneuf le bruit du départ des troupes qui occupent le pays depuis quinze jours, les soldats ne l'annoncent pas ouvertement mais ils en disent assez pour faire comprendre que leur séjour est terminé, ils sont d'ailleurs tristes et soucieux, leur mine longue contraste avec la gaieté qu'ils ont montrée depuis qu'ils sont ici, c'est au tour des habitants de paraître moins tristes.

On pense, d'après les quelques paroles dites

par les Allemands, qu'ils sont envoyés vers Gien; mais il paraît que dans la nuit arriva l'ordre de retourner par Orléans. En partant, les officiers savent qu'ils vont se battre à Vendôme où, le 31 décembre, leur 20e division avait eu à souffrir cruellement.

Dès cinq heures du matin, le mardi 3 janvier, les rues ordinairement désertes sont foulées sous les pas des fourriers partant vers Orléans; nul doute que nous allons être débarrassés, car en même temps toutes les habitations sont éclairées, les soldats font leurs derniers préparatifs, les officiers bouclent leurs malles, partout on prépare, pour la dernière fois, du café à ces intrus, on se sent heureux d'en être bientôt débarrassé. Alors aussi commencent les allées et venues; le transport des malles, boîtes et autres bagages aux voitures des compagnies; en même temps que les ouvriers cordonniers et tailleurs serrent leurs ustensiles, les bouchers et les intendants plient bagage et ramassent dans de nombreuses voitures les provisions qui leur restaient en blé, avoine, paille, foin, pain, viande morte et plus de 50 vaches. Vers huit heures, les compagnies se réunissent dans leurs quartiers respectifs, pour de là se rendre à la demeure du colonel où chaque bataillon prend son drapeau. Les colonels et leurs états-majors avec le général von Blumenthal vont au château pendant que l'infanterie se met en colonne depuis la halle jusque dans la grande rue; l'artillerie et la cavalerie se réunissent sur la place.

A neuf heures, le général de Wrangel quitta le château accompagné de tout l'état-major de la division, la colonne se mit en marche et disparut à la grande satisfaction des habitants.

Une heure après, les troupes (infanterie, artillerie et un bataillon de chasseurs) qui avaient séjourné à Saint-Martin, à Germigny et dans diverses fermes, traversaient le pays suivant la même route que la colonne qui venait de partir; Saint-Denis était évacué en même temps.

Un incident tout particulier se passait dans le haut de la grande rue au moment du départ des troupes; voici le fait : M. Giroux-Minière avait logé 40 soldats dont quelques caporaux, avant de quitter le domicile une quinzaine d'entre eux lui firent emplir de vin leurs bidons.

Croyant que c'était fini et que tous partaient, M. Giroux se rendait à sa vinaigrerie quand un soldat se trouvant à la porte lui demanda du vin, il lui répondit qu'il allait revenir, mais l'autre supposant sans doute qu'on lui en refusait, alla se plaindre à un lieutenant-adjudant, officier d'ordonnance du colonel du 84e régiment, logé chez M. Félix Giroux; l'officier donna l'ordre de se saisir du fils Giroux et de l'emmener, ce qui fut fait aussitôt, malgré toutes les explications qu'on voulut lui donner et l'intervention de M. le curé, qui ne servit qu'à l'irriter davantage.

Ce n'est pas du reste la première fois que M. le curé fait preuve de dévouement envers ses paroissiens, de charité pour toute la population et de patience à supporter les rodomontades d'un ennemi sans entrailles et sans respect pour qui que ce pût être.

L'on ne put en obtenir plus du colonel du 84e.

L'officier Nessler consentit cependant à laisser

Jules Giroux, à la condition qu'on lui donnerait une somme de 360 fr., et comme on lui fit observer que cette somme était considérable, il répondit avec emportement que Giroux était riche et qu'il ne diminuerait pas un centime. M. Giroux père préféra payer plutôt que de laisser partir son fils; voici le reçu que l'officier laissa écrit au crayon sur un petit morceau de papier :

Le sieur Giroux a payé au bataillon soussigné une contribution de 360 francs, ce qui est certifié ici.

Châteauneuf, 3 janvier 1871.

Signé : NESSLER,
Lieutenant-adjudant.
2e bataillon.

Tout cela se passait comme nous l'avons dit au moment où les troupes partaient. Nessler, pendant la discussion de cette affaire, était à cheval et très-impatient, on le connaissait d'ailleurs dans le quartier pour sa dureté et ses exigences; le lendemain de son arrivée il avait voulu obliger M. le maire à lui chercher un logement, car celui qu'il avait pris de lui-même ne lui plaisait pas. Les habitants asistaient frémissants à cette scène, dans laquelle un officier allemand, sorti de la noblesse (à son dire), n'avait que des paroles de mépris et d'insultes grossières pour les officiers de l'armée française, et se conduisait lui-même en vrai soudard, insultant ce que partout on vénère, laissant voir une âpreté ignoble pour l'argent en même temps qu'une grossièreté révoltante, même chez le dernier des soldats; l'incident terminé, il partit au galop, rejoignit le fils Giroux à Saint-Barthélemy, le délivra des mains des soldats et le renvoya chez lui.

Dans l'après-midi arrive une compagnie, la 6e du 36e régiment de ligne qui avait été envoyée la veille à Ouzouer, cette compagnie seule à Châteauneuf, n'ayant reçu aucune nouvelle du départ des troupes, se trouvait ainsi isolée, les officiers et les soldats reprennent logement et nourriture dans les maisons qu'ils avaient habitées, et où on ne les attendait plus.

ALIMENTATION ET ENTRETIEN DES TROUPES ALLEMANDES PENDANT L'OCCUPATION, DU 20 DÉCEMBRE AU 3 JANVIER.

Quelques faits qui n'ont d'importance que par leur durée n'ont pu trouver place à aucune des dates ci-dessus; c'est pourquoi nous les inscrirons au dernier jour de l'occupation en les résumant. Ils ont principalement trait à la nourriture des troupes ennemies et à leur entretien, nous examinerons la manière dont elles ont été pourvues de vivres, de menues provisions, enfin de bois de chauffage.

Les communes de Saint-Denis et de Fay ont été fort longtemps occupées par les Allemands. Les maires de ces deux communes se sont employés d'une manière très-sérieuse, pour éviter à la population les charges trop lourdes et mal réparties des militaires se logeant eux-mêmes; toujours les troupes ont été logées par billets de logement, et ce n'est que dans des cas très-rares et lorsque les chefs ont absolument refusé les billets, que les soldats se sont casés où ils ont voulu.

Ces deux communes, pour éviter les vols et le

pillage, ont de tout temps fourni aux troupes la nourriture; si dans les premiers moments cela n'empêchait pas d'une manière complète les réquisitions directes faites aux habitants, on les diminuait considérablement et en très-peu de jours, lorsque la troupe était installée, on les empêchait à peu près complétement; malheureusement il n'en était pas de même partout, et les campagnes de Saint-Denis (Chenailles principalement) et de Fay furent ravagées par les soldats qui occupèrent Pont-aux-Moines, Chécy, Donnery et Châteauneuf dont les administrations municipales n'avaient pas jugé à propos de pourvoir à la nourriture de leur garnison. A Châteauneuf surtout, cela aurait été convenable, car si la distribution des soldats, faite dans chaque maison par les fourriers prussiens, avait l'avantage d'éviter les récriminations des habitants contre la municipalité et de les rendre inutiles vis-à-vis de l'administration prussienne, elle n'en avait pas moins de nombreux inconvénients. L'un des principaux était la mauvaise répartition des charges qui tombaient souvent sur des habitants ne pouvant pas les supporter, source de pillage pour les voisins, et de dégâts considérables, qu'on aurait évités en partie en fournissant aux soldats le nécessaire.

L'administration a reculé devant la dépense de quelques mille francs par jour, trouvant les demandes du commandant exagérées (rappelons que la garnison était de 4,500 hommes environ); le résultat fut la dévastation et la terreur portées dans la campagne de Châteauneuf et des environs, sans compter les lourdes charges que chaque habitant avait à supporter. Nous avons été à même de voir l'abus que les soldats faisaient de la viande distribuée sans contrôle, la commune en eût fourni 500 grammes par homme, répartie par eux-mêmes, tandis que la ration de chacun était de près de 1 kilogr. Le bois et le vin furent seulement en petite quantité donnés aux plus nécessiteux par la mairie. Les communes de Saint-Martin et de Germigny ne fournirent rien non plus aux troupes, elles firent seulement aux habitants les plus malheureux quelques distributions de provisions et de bois.

PAIN

Les troupes prussiennes, officiers et soldats, recevaient tous du pain de leur service de vivres, il leur était distribué à raison de 500 grammes par jour et par homme. Ce pain, fabriqué par eux, venait en grande partie de leur dépôt de Saint-Jean de-Braye près Orléans, il était noir, compacte et de médiocre qualité, aussi n'en mangeaient-ils que fort peu. Les officiers préféraient de beaucoup au leur, le pain blanc qui leur était fourni par presque tous les habitants qui les logeaient. Si les soldats ne prenaient pas celui du pays, les pillards, cavaliers et fantassins, en volaient dans les fermes et dans toutes les maisons de la campagne, les plus pauvres paysans se voyaient enlever leur fournée et tous les pains qu'ils avaient en réserve, s'ils ne prenaient la précaution de les tenir continuellement cachés. Le grain (froment et seigle) pris dans les fermes était donné en partie aux chevaux, beaucoup était gâté et le reste apporté et moulu aux moulins pour en faire de la farine.

Nous avons dit déjà que quatre des douze moulins à vent avaient été réservés pour les gens du pays, les autres pouvaient être requis par les Prussiens. Il en était de même des boulangeries : trois d'entre elles, celles de MM. Dufour, Fouqueau et Minière devaient à chaque réquisition des Allemands leur livrer fournil, pétrin et four de sept heures du matin à sept heures du soir. Les deux autres, celles de M. Papillon et de M. Bouttelotte étaient réservées entièrement pour les habitants ; une affiche manuscrite collée sur la porte d'entrée en faisait foi et servait à éloigner les soldats qui voulaient y entrer.

Les boulangeries requises ne pouvaient pas être occupées la nuit par les troupes, les boulangers avaient donc la possibilité de servir leur clientèle, c'était ce qu'ils faisaient dès le matin, à six ou sept heures.

Les soldats prussiens ouvriers boulangers ne faisaient aucune réquisition de farine, mais ils avaient bien le soin d'utiliser les levains et celle qu'on avait, les premiers jours, le tort de laisser dans les pétrins ; leur travail était très-irrégulier, car souvent ils manquaient de farine et, aussi, ils employaient toute une journée pour faire une ou deux fournées, qu'un bon ouvrier peut faire en quelques heures ; ils pétrissaient mal leur pâte et formaient un pain compacte et de mauvaise qualité. Quant à la quantité qui était ainsi fabriquée, nous ne la connaissons pas exactement, car les boulangers eux-mêmes n'ont pu nous renseigner sur ce point à cause de l'irrégularité du travail ; nous savons seulement qu'ils ont pu faire chez M. Dufour environ 10 fournées, à peu près autant chez

M. Fouqueau, un peu plus chez M. Minière, enfin quelques-unes seulement chez M. Bouttelotte. On peut estimer à 5000 kilos tout le pain qui a été fait. Il était distribué chez les boulangers à quelques compagnies et, lorsqu'il n'y en avait pas par suite du manque de farine, les officiers d'administration en faisaient livrer de celui de Saint-Jean-de-Braye. Souvent même les soldats en achetaient et payaient en monnaie allemande. Quant à ce qui concerne l'approvisionnement des habitants, les boulangers s'étaient entendus pour faire venir en commun la farine qu'ils achetaient aux meuniers de Poilly (près Gien) et la faisaient passer en barque au Mesnil près Germigny. Ils faisaient seulement le pain nécessaire à leur débit; et, plusieurs fois, la farine manquant, il en est résulté que les 24, 25 et 26 décembre, notamment, malgré la bonne volonté de quelques boulangers, surtout de M. Dufour qui s'est multiplié et servait sans récrimination, non-seulement ses clients habituels, mais aussi ceux des autres boulangers, quelques personnes ont dû se passer de pain, d'autres en ont reçu des soldats qu'ils logeaient. Les ambulances elles-mêmes n'en purent pas avoir pour leurs malades, les Prussiens leur en fournirent ainsi que de la viande.

VIANDE

La viande était distribuée comme le pain, mais avec cette différence que les soldats allemands volaient les vaches, les moutons et les veaux dans les fermes, les maisons de campagne et chez les vignerons; ils les faisaient abattre par leurs bouchers dans les boucheries du pays ou les cours de grandes maisons ; chacune de ces 8 ou 10 boucheries avait à fournir un certain nombre de compagnies et s'arrangeait en conséquence ; il était tué en moyenne, chaque jour, de 12 à 14 vaches, des moutons et des porcs.

Quelques veaux furent distribués, mais les Prussiens n'aimant guère cette viande, les réquisitionnaires n'en prenaient que fort peu. Chaque soldat recevait environ 750 grammes de viande de vache par jour ; pour donner une idée de la manière dont elle était distribuée, nous dirons qu'un mouton était divisé en quatre, et chaque partie plus ou moins grosse était la ration de 6 soldats pour un jour, c'est-à-dire un mouton entier pour 24 hommes ; ils absorbaient en outre, en moyenne, 1 kilogramme de pommes de terre qui leur étaient fournies par les habitants ; quelquefois l'intendance en faisait distribuer, c'était sans doute lorsque les soldats en avaient volé dans la campagne. Avec cela ils recevaient de copieuses rations de riz et de café.

Les intendants et les chefs de corps étaient parfaitement renseignés sur les ressources en provisions de toutes sortes que pouvait procurer chaque pays et, dès en arrivant, chaque fonctionnaire savait quelle commune devait fournir des vivres à tel ou tel bataillon.

A Saint-Denis, où le maire, M. Desbois, se plaignait à un intendant de la quantité énorme de bestiaux disparus, et au moment prochain où il ne serait plus possible de nourrir même les habitants, celui-ci répondit : *Dans mon château de Chenailles, j'ai encore 30 ou 40 vaches, 2,000 mou-*

tons, des grains, des fourrages et beaucoup de bois, nous pouvons donc encore rester longtemps ici.

VIN

Le vin était, en général, fourni par les habitants, mais nous avons connu de nombreuses exceptions ; dans beaucoup de maisons, soit qu'il n'y en eût pas, ou que l'on ait employé ce prétexte pour en refuser aux soldats, ceux-ci allaient en voler chez les voisins ou en acheter chez les débitants ; dans d'autres maisons il leur était fourni moyennant argent. Certains officiers qui avaient de l'eau-de-vie en buvaient avec de l'eau à leur repas.

ÉPICERIES ET AUTRES MENUES PROVISIONS

Le sucre fit promptement défaut, car les magasins les mieux approvisionnés d'ordinaire avaient vendu aux troupes françaises celui qu'ils avaient, en même temps que les provisions de toutes sortes au fur et à mesure de leur arrivée ; ils se trouvèrent donc complétement dépourvus lorsque vinrent les Prussiens qui, d'ailleurs, prirent sous forme de réquisition, sel, café, bougie, liqueurs, etc., etc., qui restaient. Les transports étaient devenus difficiles, et les épiciers craignant d'être réquisitionnés de nouveau ne firent aucune nouvelle provision. Ce furent les petites maisons qui alimentèrent la population ou firent de grands efforts pour y arriver ; il fallait aller soit à Bourges, soit à Nevers par la rive gauche. Le beurre avait fini par disparaître presqu'entièrement de la consommation; il était remplacé dans la cuisine par de la graisse de porc, de bœuf, et aussi par celle de cheval.

BOIS

L'occupation par les troupes prussiennes eut lieu pendant un temps excessivement froid (la température variait de 2 à 8 degrés au-dessous de 0), et la terre était couverte d'une épaisse couche de neige.

La population qui, à ce moment, avait fait sa provision de bois, la vit diminuer rapidement. Beaucoup de personnes ont dû l'augmenter; quelques-unes, vu la difficulté qu'il y avait à s'en procurer, en envoyèrent chercher dans diverses ventes voisines. Un grand nombre d'autres habitants allèrent dans la forêt d'Orléans aux endroits brûlés pour remplir leurs bûchers vides. Enfin, la commune fournit du bois pour chauffer les divers postes de la place, de la salle de danse et du port, aux maisons logeant les officiers et les ouvriers d'administration, aux habitations qui recevaient forcément un grand nombre de soldats et à divers nécessiteux.

---

§ III

DE L'OCCUPATION PERMANENTE A L'ARMISTICE DU 3 AU 30 JANVIER

Nous sommes donc enfin débarrassés d'une occupation qui pesait lourdement sur nous; mais nous ne sommes pas quittes de tous ennuis; une brigade hessoise d'infanterie, avec cavalerie et artillerie, est encore à Gien ou dans les environs, et ces troupes ne trouvent pas à l'extrémité de leur ligne les provisions nécessaires à leur alimentation, puisque les fourrageurs sont traqués par les francs-tireurs; aussi, dès aujourd'hui mercredi 4 janvier, nous avons à signaler le passage de plusieurs convois de chacun environ vingt voitures, les unes vides se rendant à Orléans, les autres pleines allant vers Gien porter aux troupes les approvisionnements qui leur manquent. Les conducteurs de ces voitures et les soldats et cavaliers de l'escorte logent dans les maisons et se font nourrir par les habitants.

Dans la journée, un poste de 56 chasseurs hessois, sous les ordres du lieutenant Flach, vient s'installer au château avec 20 dragons chargés, sous le nom de *brief-relais*, de la correspondance avec les postes voisins. L'officier demande à la commune la nourriture de ses hommes, pain, viande et vin.

A Saint-Denis, un poste de 8 hommes avec un sergent sont installés dans la maison de M. Ménagé, donnant sur la route; la commune leur fournit la nourriture, le chauffage et l'éclairage; le sergent était convenable, il tenait ses hommes, et les habitants n'eurent à déplorer aucun méfait.

Il n'en fut pas de même à Châteauneuf, car dès le lendemain matin jeudi, 5 janvier, 4 soldats dispersent, avec menaces d'user de leurs armes, un groupe de 8 ou 10 personnes causant dans la rue en face l'église; une sourde indignation ne tarde pas à s'élever contre eux. Ils font des réquisitions chez les débitants où ils se présentent en armes; les uns entrent chez des particuliers, d'autres dans le vignoble, se font ouvrir les meubles sous prétexte de chercher des armes et volent tout ce qu'ils trouvent à leur convenance; dans la campagne ce sont les vaches et les volailles qu'ils emportent; on a peur d'eux d'abord, puis on craint ensuite que ces actes n'amènent des collisions avec les habitants.

Le vendredi 6 janvier, le marché a lieu pour la première fois depuis un mois, mais il est maigrement approvisionné en volailles, lapins, œufs, beurre et fromages, le grain manque absolument. Dans la matinée, le piquet du pont empêche de passer la Loire.

Le poste du château continue, le samedi 7 janvier, à réquisitionner les provisions, les soldats volent des vaches qu'ils abattent et entrent le vin par tonneaux au château, quoique la mairie leur fournisse les vivres auxquels ils ont droit. On passe librement la Loire sous la surveillance des soldats.

Vers midi, arrive de Gien un bataillon de la landwerhr de Westphalie. Le commandant veut bien faire loger ses hommes dans tout le pays, par deux, trois ou quatre dans chaque maison, de manière à répartir les charges. Le mairie fait publier ce qui suit :

Le maire de Châteauneuf prévient les habitants que, par ordre supérieur militaire, les soldats en logement devront être nourris par eux jusqu'à demain sept heures du matin.

Châteauneuf, 7 janvier 1871.

Le maire,
E. Migneron.

La plupart de ces soldats sont mariés et pères de nombreux enfants, ils regrettent la guerre et sont fort tristes; peu parlent français mais ils savent tous demander à boire, à manger, un lit et du feu; on remarque même qu'ils sont exigeants pour la nourriture. Ces soldats ont occupé Orléans à la seconde invasion, plus tard ils sont allés d'Orléans à Montargis, puis de Montargis à Gien et Briare, ils retournent à Orléans pour se diriger, disent-ils, sur Tours. Avec les fantassins, il y a un escadron des hussards de Westphalie, dont le chef avoue avoir perdu depuis la guerre les deux tiers de ses hommes. Ces Westphaliens partent le dimanche 8 janvier dans la matinée. Les convois de vivres traditionnels arrivent l'un vers quatre heures, l'autre à dix heures du soir; à cette heure les habitants sont couchés, et les soldats frappent aux portes de manière à les briser jusqu'à ce qu'on leur ouvre, ce que l'on s'empresse de faire dans la crainte de subir de mauvais traitements.

Dans la journée la mairie fait publier au son de caisse que lorsque les officiers prussiens veulent bien y consentir, on place dans chaque maison un petit nombre de soldats afin de répartir les charges entre tous les habitants, que des personnes fermaient leurs portes et faisaient ainsi supporter à leurs voisins de plus grandes charges, que pour éviter cela, on était tenu de laisser ses portes ouvertes lors des passages de troupes et que dans le cas où elles seraient fermées, on s'exposerait à les voir défoncées par les officiers ou soldats sans que l'on ait droit à aucune réclamation.

Nous avons des nouvelles très-certaines de Paris, un marinier, M. Simon, en est parti le 27 décembre 1870 dirigeant le ballon le Tourville qui est tombé à Eymoutiers (Haute-Vienne) avec 4 sacs de dépêches et 8 pigeons. M. Simon, qui est du pays et connaît tous les mariniers, donne des renseignements exacts sur la situation et l'organisation de l'armée, de la mobile et de la garde nationale sédentaire; relativement à la nourriture, il nous apprend que chaque habitant n'a plus droit qu'à 100 grammes de viande de cheval par jour, il ne reste plus que les vaches des nourrisseurs qui fournissent du lait aux hôpitaux, aux malades et aux enfants; il y a encore des salaisons non taxées, du pain et du vin à discrétion, mais plus de haricots depuis longtemps. On n'a pas encore fait de perquisitions chez les habitants, mais on doit en faire, pensant se procurer ainsi beucoup de vivres.

Les soldats du poste du château continuent à irriter par leur conduite la population, ils entrent armés dans les maisons où ils volent impunément; le soir vers huit heures, ils arrêtent dans les rues des personnes inoffensives qui sont fouillées.

Dans la matinée du lundi 9 janvier, la municipalité fait publier l'avis suivant :

Le maire de Châteauneuf invite les habitants chez lesquels ont été laissées des voitures ou autres épaves par les troupes prussiennes à venir en faire, sans délai, la déclaration au secrétariat de la mairie.

Châteauneuf, le 9 janvier 1871.

Le Maire,

E. Migneron.

Dans la journée, une patrouille a été attaquée

à Québœuf près Bouteille (route de Tigy à Sully), par une dizaine de chasseurs de Sully postés dans un bois à 30 mètres environ de la route. Un cheval a été blessé, la patrouille vint à travers champs au bout du pont et s'en retourna sur Ouvrouer, pendant que le cavalier, démonté, était fait prisonnier à Neuvy et emmené à Sully.

Mardi 10 janvier, nous recevons le contre-coup de cette attaque. Les Prussiens du château sont inquiets, quelques coups de fusil tirés par des chasseurs dans le val éveillent leur attention, ils gardent le pont soigneusement ; dans la journée, six soldats se font passer en barque de l'autre côté de l'eau, vont sur le chemin d'Ouvrouer et de loin prenant pour des francs-tireurs quelques preneurs d'alouettes ayant un balai sur l'épaule, ils tirent sur eux plusieurs coups de fusil sans les atteindre.

Vers trois heures, arrive un détachement de 100 hommes auxquels on donne des billets de logement pour la rue des Champs. M. Perrot reçoit l'officier qui s'installe, prend un repas et va visiter ses collègues du château, vers sept heures du soir il revient en disant qu'il veut loger avec lui tous ses soldats ; il n'en donne pas le motif, mais sur le refus de M. Perrot de recevoir tous ses hommes, il insiste et dit que le voulant, ce sera. Comme il était porteur d'un billet de logement, M. le maire, appelé, vint aussitôt lui dire que lui et ses soldats ne peuvent pas loger dans une seule maison. Le Prussien renouvelant ses instances déclare qu'il n'est pas en sécurité à Châteauneuf, qu'il y a des francs-tireurs et des troupes françaises très-près et qu'il veut ses soldats avec lui. M. le maire tient bon, lui assure qu'il est en parfaite sûreté et que rien ne motivant son exigence on ne peut y faire droit. Le maître de la maison empêche autant qu'il peut les soldats d'entrer et malgré cela toutes les chambres sont remplies des sous-officiers. Deux sergents couchent avec l'officier, les sabres hors des fourreaux et posés sur le lit, et les fusils chargés rangés autour d'une table. La nuit fut tranquille et le lendemain à huit heures, ils partirent pour Montargis par Bellegarde. Ces soldats, tous jeunes, paraissaient de nouvelles recrues sans expérience. Quel bon coup de filet il y aurait eu à faire lors du passage de cette troupe dans la forêt!

Un autre petit détachement, arrivé à quatre heures, se logea sans bruit dans la grande rue; enfin à huit heures, ce fut le tour d'un convoi de vivres venant d'Orléans.

Le lendemain jeudi 12 janvier, passage d'un convoi de vivres allant à Gien, et d'un autre revenant à vide et emmenant 90 blessés à Orléans; il ne s'arrête que quelques minutes. Le même jour, M. Clément fils, instituteur à Vannes, bien connu à Châteauneuf pour y avoir été instituteur-adjoint, et sa famille, devenaient les victimes de la férocité de soldats prussiens; M. Clément père mourut des blessures qu'il reçut; madame Clément fut transportée mourante à l'hospice de Sully, et M. Clément fils eut la jambe et le pied brisés à plusieurs endroits.

Les soldats du château empêchent les personnes venant au marché du vendredi 13 janvier, de passer la Loire, mais eux-mêmes cherchent à la traverer, et n'y parviennent qu'avec de très-grandes difficultés, après avoir manœuvré pendant trois heures et cela pour voler à la Maltournée un sac d'avoine et 16 bottes de paille. Ils avaient bien essayé de faire conduire la barque par un marinier, le sieur Dollé, dit Corps-d'Acier, mais celui-ci, obligé de suivre les Prussiens, ne voulut pas leur être utile, et se servait si mal de sa bourde qu'à chaque coup il glissait dans le bateau, et sa perche tombait sur le dos des soldats qui le renvoyèrent.

Dans la journée, la mairie reçoit du commandant d'Orléans la lettre suivante :

Commandanture d'Orléans

Orléans, le janvier 1871.

Monsieur le maire de Châteauneuf

Par ceci on donne avis à M. le maire de Châteauneuf, que la commune ait à fournir 164 paires de bottes à longues tiges. Il faut que ces bottes soient faites de très-bons cuirs, les semelles épaisses et les talons doubles. Elle aura à remettre comme modèle au commandant, trois paires de bottes de différentes grandeurs, trois jours après avoir reçu cet ordre. Dans le cas de refus et de retard, la commune sera punie d'une contribution de 20 fr. par paire. Cette contribution devra être remise de suite sans que la commune soit délivrée de la dite fourniture.

On est prié par le commandant de se mettre en mesure de suite, afin qu'il ne soit pas dans la nécessité d'agir avec une plus grande sévérité.

La commandanture d'Orléans.
GITTYAU
Colonel et commandeur d'un régiment

Les ressources du pays ne permettent pas de trouver la matière ni les ouvriers nécessaires pour confectionner une aussi énorme quantité de bottes, il n'y a dans la commune que 3 cordonniers n'occupant pas d'ouvriers et totalement dépourvus de marchandises, du reste on pense généralement que les Prussiens ne demandent des bottes que pour avoir de l'or, et continuer ainsi, sous une nouvelle forme, à prélever des réquisitions.

Le maire réunit dans la soirée la commission municipale et les plus hauts imposés auxquels il soumet les faits, leur demande les moyens de sortir de cette situation, et donne connaissance d'une lettre qu'il a le projet d'adresser au commandant prussien. Dans cette lettre, il fait ressortir la situation de la commune envahie depuis longtemps et occupée seize jours consécutifs par une nombreuse garnison; il ajoute que l'on ne peut faire droit à la réquisition, la matière première manquant totalement, et le général de Wrangel, lui-même, pendant l'occupation, n'ayant pu qu'à grande peine trouver le nécessaire pour faire raccommoder les chaussures de ses soldats; que si l'administration prussienne veut bien fournir cette matière, le maire s'est entendu avec les ouvriers cordonniers du pays pour qu'ils fassent le plus promptement possible les bottes demandées. M. le maire, tout en exprimant ensuite à la réunion le désir de ne donner ni bottes ni louis, pense qu'il est prudent de prévoir le cas où la commune ne pourrait échapper à une contribution forcée, et pour savoir sur quoi il peut compter, il prie les personnes présentes de s'inscrire sur une liste de souscription; la banque, le maire, les adjoints et les plus hauts imposés souscrivent pour des sommes qui atteignent en un instant plus de 3,000 fr.

Les fantassins et cavaliers du poste de Châteauneuf allaient presque tous les jours à Germigny, soit dans le bourg, soit dans les fermes d'où ils emportaient les volailles; aujourd'hui il se sont mal conduits envers une domestique qui eut toutes les peines du monde à les éloigner, une plainte fut portée par le maire à l'officier qui répondit que ces soldats seraient punis, à partir de ce jour, on n'en revit plus à Germigny; en s'en allant, ils vendaient pour 11 fr. 2 hectolitres de blé qu'ils venaient de voler.

Le marché qui a lieu aujourd'hui est peu important, le beurre, les lapins et la volaille sont à très-bas prix dans la soirée, parce que des acheteurs étrangers font courir le bruit qu'un détachement de Prussiens arrivait, mais nous voyons apparaître un produit nouveau qui trouve des amateurs. Des gens de Troyes et de Montargis vendent du tabac et des cigares achetés à des Allemands suivant l'armée.

Les Prussiens du château sont moins intraitables aujourd'hui, samedi 14 janvier, grâce aux mariniers qui, leur faisant boire quelques bons coups, obtiennent de passer en barque plusieurs personnes.

Le dimanche matin 15 janvier, à cinq heures, devait partir sur Gien un convoi de voitures de provisions arrivé la veille, mais il y a contre-ordre; les conducteurs disent attendre 2 bataillons d'infanterie pour marcher devant eux; une heure plus tard ils parlent de leur départ pour Bellegarde; à huit heures ils doivent repartir sur Orléans, mais à neuf heures c'est vers Gien qu'ils se dirigent; les 2 bataillons attendus ne sont point venus. A neuf heures arrivent aussi 4 prisonniers français, dont 1 sous-lieutenant; ils annoncent qu'un combat, dans lequel les Prussiens ont eu 700 prisonniers et de nombreux blessés, dont 1 colonel, a eu lieu près de Briare. A onze heures passent 3 ou 4 voitures de blessés prussiens et une voiture de télégraphe avec plusieurs employés ; sans aucun doute c'est un poste télégraphique qui déménage forcément et rapidement; le tout file sur Orléans.

Dans la journée, on cherche des nouvelles sans en trouver. Le soir, vers onze heures, le convoi de vivres, parti le matin vers Gien, revient sans être allé à destination, et avec lui une trentaine de voitures de bagages des officiers hessois, avec une ambulance, escortés par quelques cavaliers et fantassins. Tous, y compris les conducteurs de voitures, au nombre de 150 ou 200 soldats, font grand bruit pour se loger, eux et leurs chevaux, vers minuit, près de l'église, dans la grande rue et sur la place. Le colonel von der Hop est emmené mort à Orléans. Un sergent-major blessé, et mort en route, est enterré à Châteauneuf, dans la soirée. Les Prussiens, en fuyant, amènent les blessés français des ambulances d'Ouzouer et les logent dans l'ambulance Thiercelin ; ceux qui s'y trouvaient auparavant, craignant d'être emmenés à leur tour, avaient passé la nuit précédente sur la rive gauche de la Loire.

Fay avait été, depuis le commencement du mois, débarrassé de toute occupation militaire, mais aujourd'hui il arrive 150 hommes d'infanterie et 8 cavaliers, pour tenir garnison; ils furent tous logés dans les habitations et nourris quelques jours par les réquisitions communales; mais bientôt, les instances du maire, M. Desbois, les décidèrent à se pourvoir de vivres à leur entrepôt de Saint-Jean-de-Braye, pourvu qu'on leur fournit une voiture pour aller les chercher.

Le bruit court, le lundi matin 16 janvier, que le mouvement de retraite du corps de la Grande-Hesse continue ; on annonce même que 4,000 hommes venant de Gien vont séjourner ici.

Un lieutenant marque en effet quelques maisons pour recevoir des officiers généraux, et demande chez madame Guérin le déjeuner d'un colonel pour onze heures. Cette nouvelle se transmet comme le feu à une traînée de poudre et chacun fait des provisions de pain et de viande ; il doit arriver, dit l'officier, un général et deux colonels. C'était un fausse alerte, car bientôt on dit que la colonne passe par Lorris ; vers midi le convoi de vivres revenu hier soir part vers Gien après avoir laissé ici quelques provisions, mais il ne va qu'à Ouzouer et nous apprenons à son retour que le convoi de bagages séjournera jusqu'à ce que des ordres contraires aient été donnés.

Un détachement de 7 à 800 hommes parti de Pont-aux-Moines pour battre la forêt dans laquelle, les jours précédents, on a tué plusieurs soldats, parcourt Fay-aux-Loges, Vitry, Combreux, le pont des Beignets, Chicamour et arrive à Châteauneuf à 6 heures du soir pour y coucher. Cette patrouille, quoique composée d'un nombre considérable de soldats, a été, elle aussi, attaquée en forêt par des gens du pays qui ont tiré plusieurs coups de feu.

Quelques dépêches très anciennes (du 12 au 18 décembre) qui étaient à Sully sont apportées dans la soirée. Elles ne contiennent rien d'intéressant, nous savons d'ailleurs par des lettres récentes datées de Vesoul, du 5 janvier, que Bourbaki est dans les Vosges. On apprend en même temps que 300 soldats prussiens sont arrivés à Sully avec l'intention d'y coucher ; mais, informés que les éclaireurs français et des francs-tireurs ne sont pas éloignés, ils demandent sur la place quelques vivres et après s'être reconfortés repartent au plus vite vers Orléans.

Le mardi 17 janvier, les 800 hommes de la patrouille arrivée la veille retournent à Pont-aux-Moines. Vers midi, un estafette venant de Dampierre annonce qu'un combat a eu lieu hier, et donne l'ordre de faire partir aussitôt des voitures d'ambulance et un convoi de vivres. Trois voitures quittent le château où elles étaient depuis leur arrivée et gagnent la croix de pierre par la rue des Champs. Le convoi de vivres se met en route vers deux heures, les auxiliaires d'abord, puis, une demi-heure après, les chariots conduits par des soldats.

Nous recevons aujourd'hui quelques détails sur l'affaire de Gien ; voici à ce sujet un extrait du rapport du général de division de Pointe de Gévigny, à Nevers :

Pour la troisième fois et sur les mêmes points, la division de la Nièvre vient d'obtenir un éclatant succès sur l'ennemi. La colonne de gauche, sous les ordres de M. le général du Temple, après avoir, deux jours de suite, battu et culbuté l'ennemi, chassé de toutes ses positions, l'a forcé à évacuer Gien, que nos bataillons occupent, tandis que, sur toute la ligne, les colonnes ennemies sont en retraite sur Montargis et Orléans.

L'ennemi a fait des pertes sérieuses ; plusieurs officiers prussiens ont été tués, entre autres le colonel baron von der Hop.

Une centaine de francs-tireurs, qui gardent la rive gauche de la Loire, viennent souvent à Sully et s'avancent sur le pont afin d'attaquer le poste prussien établi à Saint-Père, pour empêcher de passer la Loire en barque. Les Prussiens ainsi provoqués, tirent sur les personnes qu'ils aperçoivent sur la levée de Sully et même sur les mariniers qui reviennent en bateau de leur porter des provisions.

Vitry-aux-Loges n'avait plus été inquiété par les Prussiens depuis le départ de la garnison de Châteauneuf. Aujourd'hui, pour la première fois, paraît une patrouille de trois hommes allant à Bellegarde ; ils s'approchèrent de l'ambulance des sœurs pour regarder dans la cour par-dessus le mur et surprendre un cavalier qu'ils y avaient vu entrer : c'était le médecin ; ils se retirèrent aussitôt.

Quelques attaques du côté de Gien et celles de Sully rendent les soldats du poste de Châteauneuf plus attentifs ; le mardi 18 janvier, ils surveillent davantage les bords de la Loire et refusent de délivrer des laissez-passer pour la rive gauche, semblant craindre quelque chose de ce côté; mais cela ne les empêche pas de voler, ils vont dans la Bonne-Dame avec des seaux et des arrosoirs pour emporter du vin, des groupes de vignerons menaçants, quoique sans armes, les font bientôt partir.

Depuis plusieurs jours, les soldats des ambulances, dont la santé s'est améliorée, ont été transférés dans des maisons particulières par billets de logement ; on les a habillés en civil, et le soir, à huit heures, après que le poste du pont est parti, douze d'entre eux passent la Loire et sont emmenés à l'hospice de Sully dans les voitures qui conduisent les farines des boulangers. Pendant la traversée du fleuve, des hommes de bonne volonté font le guet du port au château, afin de signaler les moindres mouvements des patrouilles de nuit. Il faut dire que chaque soir, avant de quitter le pont, le poste amène la barque à un endroit déterminé et l'enchaîne, de sorte que, quand on fait des passages de nuit, il faut la reconduire au même endroit pour que les Prussiens ne s'aperçoivent de rien.

Le jeudi 19 janvier, on remarque un redoublement de surveillance. Toute communication avec la rive gauche est interdite ; les soldats défoncent les barques qui sont sur les deux rives et n'en conservent qu'une sur laquelle ils apportent une pièce de vin ; dans la journée, ils passent eux-mêmes les farines et diverses personnes ; l'officier craint une surprise ; une patrouille de 100 hommes arrive de Pont-aux-Moines, séjourne quelques instants sur la place et repart. Le convoi de vivres venant d'Orléans ne s'arrête pas comme d'habitude, il reçoit par le télégraphe l'ordre de filer de suite sur Gien ; outre son escorte d'infanterie, il en a une de 50 cavaliers. Dans la journée, vers midi, le convoi de voitures de bagages de l'infanterie hessoise repart aussi pour Gien. Cela signifie pour nous que les Prussiens se sont réinstallés assez solidement à Ouzouer ou Dampierre, peut-être même à Gien. Il ne reste donc plus à Châteauneuf que les 36 soldats du château, renforcés de 20 cavaliers. La mairie leur a donné, hier soir, un quart de vin; ils en ont amené une pièce, et cela n'empêche pas qu'ils vont chez les vignerons en chercher à pleins seaux.

Quelques journaux qui arrivent nous donnent des nouvelles du mois de janvier; un *Moniteur* du 13 nous apprend la bataille du Mans, où Chanzy luttait contre 180,000 Prussiens; une dépêche de Bourbaki dit qu'il déloge l'ennemi de Dijon, Gray, Vesoul, Villersexel et d'Arcey; mais Paris est toujours bombardé; quelques obus sont tombés près du Panthéon et rue de Babylone.

Le vendredi 20 janvier, les convois de vivres marchent plus rapidement, nous avons la certitude que les Prussiens sont entre Ouzouer et Dampierre, et tellement nombreux dans les maisons d'Ouzouer que les conducteurs et escortes de ces convois ne peuvent trouver à s'y reposer, ni même de quoi manger, ce n'est qu'aux Bordes que le pain devient moins rare. Le marché amène beaucoup de paysans, toutes les marchandises sont chères. Des marchands allemands, sans doute, à en juger par la facilité de leur circulation dans les lignes prussiennes, sont venus avec trois voitures de provisions : sucre, tabac, etc.; ils vendent le sucre 3 fr. 50 et le tabac 5 fr. le kilog.

Dès le matin le poste du pont veut empêcher les gens de Sigloy de traverser la Loire, dans la journée on passe facilement d'une rive à l'autre pour se procurer des provisions, c'est sous ce prétexte que se font passer par les Prussiens eux-mêmes des personnes portant des dépêches arrivées pour Pont-aux-Moines et Saint-Benoît, lesquelles reportent ensuite celles de Châteauneuf au facteur de Tigy qui les attend, caché à la Maltournée, ferme voisine du pont. Dans l'après-midi, un nouveau piquet veut s'opposer à la libre circulation sur la Loire, mais les soldats se rendent d'autant mieux aux observations qu'on leur fait que leur chef est à Ouzouer.

Le matin du samedi 21 janvier, une pièce de vin prise chez M. Popelin est conduite à Ouzouer pour les soldats. Dans la journée 8 Prussiens armés vont chez les vignerons pour emporter du vin, une vingtaine de femmes se réunissent et leur refusent ce qu'ils demandent ou plutôt ce qu'ils veulent prendre, elles opposent à ces voleurs la plus vive résistance et quoiqu'ils chargent leurs armes devant elles, l'une prend une bèche et menace de mort celui qui avancera et forcera l'entrée de sa demeure. Devant cette persistance les 8 voleurs s'en vont sans rien emporter ; un seul soldat armé osa retourner rue Poterie, mais ici encore les femmes résistent, et l'une s'avançant, lui dit à peu près ces paroles : « Nous n'allons pas te voler dans ton pays et nous ne nous laisserons pas piller par vous plus longtemps ; si tu entres dans ma maison je te tue. » Comme elle joignait le geste à la parole, le soldat crut prudent de s'éloigner.

Un autre incident s'est également passé aujourd'hui : on connaît la rapacité des Prussiens pour voler tout ce qu'ils peuvent et nous avons déjà dit comment ils se nourrissaient. Après avoir consommé les confitures et autres provisions renfermées dans les armoires du château, ils trouvent une petite boîte sur laquelle était écrit :

Ingrédient pour faire mourir les rats, elle contenait une poudre blanche qui leur semble douce au goûter et dont ils sucrent leurs aliments. Une chambrée de 4 soldats en mangèrent, et éprouvèrent aussitôt tous les symptômes d'un violent empoisonnement. M. Chipault, appelé, leur administra du contre-poison qui les rappela à la vie ; aucun d'eux n'en mourut, quoique plusieurs furent fort malades des suites de cet empoisonnement.

Le même jour, des chasseurs hessois du poste de Fay vont à Vitry et se présentent à l'ambulance des sœurs pour chercher les convalescents ; les religieuses, quoique surprises, ne manquèrent pas de présence d'esprit, et pendant que la supérieure reçoit l'officier, cause avec lui, l'occupe quelques minutes, les autres réunissent les blessés, déguisent les mieux portants et les font sortir par une porte de derrière, tandis que les autres se mettent au lit. A l'ambulance de l'école des garçons où l'on avait été prévenu, les soldats ne trouvèrent que des malades au lit ; l'officier, du reste fort convenable, causa longuement avec un blessé alsacien et distribua des cigares aux malades. Mais, faute de prisonniers, les Prussiens voulaient emporter les sacs, ce ne fut qu'après force explications que le secrétaire de la mairie, M. Jousset, parvint à leur faire croire qu'ils appartenaient aux pompiers. En désespoir de cause ils prirent un drapeau en lambeau qu'ils promenèrent dans le pays et le rendirent au maire en partant, après s'être fait servir à manger sur la place publique.

Dimanche 22 janvier, des ordres sévères sont

encore donnés à Châteauneuf pour qu'on ne passe pas sur le pont. Presque chaque jour on reçoit quelques lettres venant par Sully, Bourges, etc.

Dans la soirée, des soldats ivres portant divers instruments trouvés au château : tambour, violon, et un bouche-four servant de grosse caisse, font du tapage dans le quartier de la place, frappent aux portes et effrayent tous les habitants qui ne savent ce que cela veut dire. Cette soirée a été, dit-on, funeste au mobilier du château et s'est terminée par des orgies dont les soldats eux-mêmes semblent honteux, car le matin du lundi 23 janvier, ils ne laissent personne pénétrer dans leur chambre, pas même le médecin qui est obligé alors de visiter les malades dans la cour; on nous assure même qu'ils ont reçu quelques filles du pays et que cette soirée de débauche s'est terminé par un bal.

On annonce vers deux heures l'arrivée de soldats, c'est l'officier du poste qui fait répandre ce bruit, mais on sait bientôt qu'il n'y a qu'un convoi de vivres, son escorte habituelle et environ 100 soldats hessois, anciens blessés de Metz qui vont à Ouzouer rejoindre leur régiment.

Beaucoup de personnes sont allées à la foire de Sully, comme il est défendu de passer la Loire, les unes l'ont traversée le matin de très-bonne heure à Châteauneuf, les autres à Saint-Benoît. A Sully, vers trois heures, une compagnie de francs-tireurs, abritée par une petite levée du côté de Saint-Germain, tire sur le poste prussien de Saint-Père; cette attaque met tout le monde en émoi et les gens de la campagne quittent la foire en désordre. Un nommé Massicard, qui va sur la levée malgré la défense du capitaine de francs-tireurs, reçoit une balle en pleine poitrine : il tombe mort sur place. Ce grave événement ne contribue qu'à faire craindre les francs-tireurs autant que les Prussiens; les francs-tireurs n'ont jamais réussi à blesser un seul ennemi et à chaque instant les deux communes dans lesquelles se passent ces faits sont menacées dans leurs habitants et dans leurs propriétés de redoutables représailles.

Une personne du pays apporte aujourd'hui, 24 janvier, quelques minces paquets de dépêches qui étaient à Châtillon depuis longtemps; on a aussi des journaux du 20 donnant les dépêches télégraphiques de Chanzy et de Bourbaki datées du 17 janvier, et des nouvelles de Paris du 13.

Dans la journée, le maire reçoit l'ordre de se rendre demain à la préfecture prussienne à Orléans avec les renseignements financiers relatifs aux communes du canton. Une réunion à laquelle sont présents les maires d'Orléans, d'Artenay, de Beaugency, de Châteauneuf, d'Olivet, de Chécy, de Neuville, de Cléry, etc., etc., a lieu le 25 janvier. M. Migneron, maire de Châteauneuf, avec le talent qu'on lui connaît et l'énergie dont nous lui avons vu si souvent faire preuve, prit la parole au nom de ses collègues comme le plus autorisé par la science de bien dire. Mais à quoi servent la raison et le savoir devant un ennemi qui se fait une vertu de l'inflexibilité et un mérite de voir sa rapacité couronnée de succès. Les Prussiens ont demandé une contribution de 50 francs par habitant aux communes de Châteauneuf et d'Artenay, parcequ'elles sont considérées comme villes, et de 25 francs pour toutes les autres communes. L'officier supérieur, représentant la commandanture, déclare qu'il ne lui est permis de faire aucune concession, les ordres venant de haut; que pour ce qui concerne Châteauneuf, il se souvient de ce pays pour y avoir passé et certifie que c'est bien une ville et une jolie ville.

Quand les maires furent interrogés sur les réquisitions d'argent déjà faites, M. Migneron présenta le reçu laissé à M. Jules Giroux-Minière, imposé comme on l'a vu à la somme de 100 thalers; le commandant se mit à rire en disant qu'il connaissait cette histoire, qu'on avait voulu punir le refus de donner à boire à un soldat.

La demande verbale doit être faite par écrit et adressée à M. le maire. On ajoute que la ville d'Orléans ne veut rien donner.

Depuis une semaine, le fil télégraphique est coupé chaque jour dans la forêt sur la route de Bellegarde, tantôt à un endroit, tantôt à un autre, cette nuit, c'est à l'entrée vers Châteauneuf; chaque fois les Prussiens partent pour le réparer, heureusement jusqu'ici le pays n'a pas eu à en souffrir.

Nous apprenons que les soldats français ont abandonné Gien et se sont retirés au loin, la ville a été occupée de nouveau hier soir par les Prussiens. Les habitants d'Ouzouer, qui ont eu 4 à 5,000 ennemis depuis 12 jours, sont dans la plus grande détresse sous le rapport du bois et des vivres, les meubles et les instruments de travail ont été brûlés, la population a longtemps manqué de pain, personne ne pouvant circuler d'aucun côté, ni vers Gien ; ni par Châteauneuf, ni du côté de la Loire et de la forêt.

Les chasseur hessois du château devaient partir ce matin, jeudi 26 janvier, avec un convoi de vivres arrivé hier soir, mais on apporte l'ordre au convoi d'aller à Ouzouer et à l'escorte d'attendre à midi l'arrivée d'un autre poste. Ce nouveau poste se compose de 36 chasseurs hessois commandés par le lieutenant Hermann, ils s'installent au château que l'officier fait nettoyer, car ses prédécesseurs l'ont laissé inhabitable sous tous rapports. Neuf cavaliers du *Brief-Relais* doivent faire la correspondance. Le poste du pont est installé en face dans la maison Brière-Feuillâtre, les soldats n'empêchent pas de passer la Loire en barque.

Le vendredi 28 janvier, un voyageur arrivant de Bourges apporte des journaux récents.

Le *Moniteur officiel* du 24 nous apprend que le ministre de la guerre, le général Le Flô, est gouverneur de Paris en l'absence du général Trochu présentement à la tête des troupes, et qu'une grande sortie a eu lieu le jeudi 19 janvier, partant du Mont-Valérien. Le général Vinoy à gauche a occupé Montretout ; les généraux de Bellemare au centre et Ducrot à droite enlèvent la Bergerie et le village de Buzenval ; mais dans la soirée après avoir occupé une deuxième fois la crête, *les chefs militaires résolurent d'abandonner ces positions à cause de l'impossibilité d'amener de l'artillerie pour constituer un établissement solide sur des terrains déformés.* Cet effort tardif n'aboutit qu'à un échec, on pourrait dire à un véritable désastre, car bientôt, au lieu des renforts qu'elles attendaient, les troupes recevaient l'ordre de battre en retraite.

L'état des pertes de l'armée de Paris n'a pas été publié, mais le général Trochu a fait demander un armistice de vingt-quatre heures pour enlever les blessés et enterrer les morts; une dépêche prussienne du 24 annonce que leurs pertes ont été *tant en morts qu'en blessés de* 390 *officiers et* 616 *hommes; ils évaluent les nôtres à* 6,000 *hommes.*

Le rapport militaire français sur cette journée nous apprend que pendant que l'infanterie et les compagnies de marche de la garde nationale se faisaient décimer par la mitraille prussienne, une colonne d'artillerie perdit son chemin et retarda la marche des troupes du général Ducrot de plusieurs heures. Un retard semblable avait eu lieu pour passer la Marne à Champigny le 28 novembre, parce que les ponts de bateaux avaient quelques mètres de moins que la largeur de la rivière.

Le gouvernement de la défense nationale doit supporter toute la responsabilité dans les événements militaires accomplis à Paris. Nous laissons à d'autres plus autorisés que nous, de porter un jugement sur le triste rôle qu'a joué l'armée de Paris pendant le siége.

Mais il faut qu'on sache que le patriotisme de la population entière ne connaissait pas de bornes, lorsqu'il s'agissait de marcher à l'ennemi, et les plus grands résultats eussent été obtenus, si au lieu de l'entretenir dans des idées de méfiance vis-à-vis de l'armée et de la garde mobile, les chefs eussent voulu l'instruire et utiliser tous les éléments dont ils disposaient à la défense de la capitale.

Le gouvernement lui-même, non convaincu de l'utilité des efforts qu'il aurait pu faire, *prenait sa défense pour une héroïque folie!!!* Bien dirigée, la garde nationale entière se fut montrée valeureuse. On sait que ses compagnies de marche, exposées au feu violent de l'ennemi retranché dans le parc de Buzenval, soutinrent un combat meurtrier sans artillerie et n'ont pas reculé d'une semelle.

Les services civils organisés par le ministre des travaux publics, M. Dorian, qui croyait de bonne foi à la défense, ont fait l'impossible pour l'armement, ils avaient pourvu plus de 500,000 combattants de fusils, de canons et de mitrailleuses. Qu'on juge de ce qu'ils auraient pu faire encore avec le bon vouloir des chefs militaires.

A côté de ces faits, en voici un autre peu connu et fort honorable pour ceux qui en ont été les auteurs; il nous a été appris par le médecin en chef du 5e corps qui a passé à Châteauneuf pendant l'évacuation. A la retraite de Buzenval, on laissa dans une maison isolée une compagnie de mobiles, elle fut aussitôt cernée par les Prussiens; mais ils ne voulurent pas se rendre et répondirent aux parlementaires ennemis qu'ils se défendraient jusqu'au dernier. Ce ne fut que deux jours après et sous la menace d'être brûlés vifs qu'ils furent faits prisonniers après avoir épuisé leurs vivres et leurs munitions.

En même temps que nous recevions les nouvelles de Paris, nous apprenions que nos troupes avaient livré d'heureux combats à Dijon et enlevé un drapeau à l'ennemi.

Le journal *la France*, résumant la situation de

notre défense, dit qu'en somme nos trois armées de l'Est (Bourbaki), du Nord (Faidherbe) et de la Loire (Chanzy), sont arrêtées court, ayant chacune devant elle des forces prussiennes plus considérables.

Les employés du télégraphe savent que M. Jules Favre et M. de Bismarck ont eu deux jours de conférences et qu'ils se rapprochent.

Dans la soirée on apporte d'Orléans la demande suivante :

Par ordre supérieur, à la commune de Châteauneuf-sur-Loire, est imposée une contribution de 163,200 francs, laquelle est à payer sans délai à la commandature prussienne de la place d'Orléans.

Orléans, le 26 janvier 1871.

Signature illisible ***.

Koniglich-Preussich
Commandantur
in
Orléans.

Le maire de Châteauneuf est chargé de transmestre aux autres communes du canton des demandes analogues.

Voici les sommes demandées à chacune d'elles :

Saint-Denis	26,075 fr.
Fay-aux-Loges	44,425 —
Vitry	36,000 —
Seichebrières	4,050 —
Combreux	9,175 —
Sury-aux-Bois	25,125 —
Chatenoy	13,350 —
Bouzy	19,850 —
Saint-Aignan	3,725 —
Saint-Martin	25,550 —
Germigny	15,450 —

Fay est toujours occupé par une compagnie d'infanterie. Un incident, qui aurait pu devenir fort grave, eut lieu aujourd'hui. Deux individus, qu'on a des raisons pour croire étrangers au pays, avaient enlevé d'une voiture 24 couvertures et un sac d'avoine, 2 litres de cognac et un chassepot. Il est difficile de se faire une idée du tapage que firent les soldats, leur conclusion fut de rendre la commune responsable; heureusement, le capitaine, dont on avait déjà remarqué la générosité, donnant aux pauvres de l'argent et des vivres, abandonna ce qui lui appartenait et ne demanda que la restitution des effets militaires, on retrouva la plus grande partie du butin et la commune compléta ce qui manquait en achetant 8 vieilles couvertures. C'était le jour de leur départ, mais il furent remplacés par une autre compagnie qui resta deux jours.

Vitry reçut la visite d'un détachement assez considérable dont les soldats se répandirent dans les cafés et auberges où ils se firent servir à boire et à manger.

Le village de Combreux ne vit pas souvent d'ennemis, mais les fermes et les maisons isolées n'en étaient pas moins maltraitées par les patrouilles, les réquisitionnaires et les pillards.

Bouzy était dans le même cas, le village dut à son tour loger et nourrir des hommes et des chevaux.

Saint-Aignan-des-Gués, Saint-Martin, Germigny même, furent souvent visités par des soldats isolés qui emportaient les provisions qu'ils trouvaient.

Hier soir, un convoi de vivres venait d'arriver

d'Orléans, à peine les soldats de l'escorte avaient-ils eu le temps de s'installer dans les maisons près de la halle et dans la grande rue, que des troupes d'infanterie, 2 escadrons de cavalerie et une batterie d'artillerie formant en tout 1,200 ou 1,500 hommes viennent de Pont-aux-Moines, traversent Châteauneuf, se dirigeant vers Ouzouer pour, disent-ils, battre la forêt d'Ouzouer à Gien. Le chef de ce détachement donna l'ordre au convoi de partir aussitôt avec eux.

Deux des soldats de l'escorte du convoi logés chez M. Bourgogne restèrent ici et passèrent leur journée à aller sans armes, ni bagages, dans diverses maisons demander à dîner, disant qu'ils étaient de patrouille. A quatre heures, ils tinrent parole à M. Bourgogne en y dînant ; à cinq heures ils prirent un deuxième repas chez M. Godin ; à six heures, un troisième chez madame Pasquet, puis se rendirent chez M. Billard, où ils ne purent prendre que le potage, il y avait impossibilité matérielle d'en absorber davantage. Il est vrai qu'ayant demandé de bon vin vieux, du bordeaux et du champagne, ils considéraient ce quatrième dîner comme le dessert des autres. Ils avaient encore commandé à dîner chez M. Théodore Issert et à l'hôtel Dupuis, mais ils n'y sont point allés, ayant accepté une chambre chez M. Billard, où ils ont passé la nuit laissant madame Pasquet les attendre jusqu'à onze heures du soir, ne pouvant, avaient-ils dit, revenir plus tôt de leur patrouille.

Le lendemain matin ils commandèrent leur déjeuner chez mademoiselle Maupin désirant de la viande avec sauce piquante comme celle que leur avait servie madame Pasquet. On sut alors que ces Hessois avaient dîné hier quatre fois ; parmi eux se trouvait le fils d'un négociant de Mayence parlant français ; on apprit en même temps qu'ils avaient oublié de suivre le convoi de vivres dont ils étaient les gardiens.

Cela nous remet en mémoire un fait que nous avons entendu raconter par le Français qui en fut l'auteur. Il était, en 1806, lieutenant d'infanterie et détaché avec cinquante hommes dans un petit pays de l'Allemagne. Ses bonnes relations, sans doute, le firent inviter par le maire de la commune à la noce de sa fille, il accepta volontiers, mais ce sur quoi on ne comptait pas, et ce qui n'était pas drôle du tout, c'est qu'il amena toute sa compagnie présenter ses hommages aux nouveaux époux et assister au repas de noce.

Une centaine de soldats d'infanterie arrivent de Fay, ce matin 28 janvier, et attendent une heure environ à la Bonne-Dame 6 à 700 autres fantassins qui viennent de Saint-Denis, ces 800 hommes traversent le pays et se dirigent encore vers Gien.

Le poste de 8 hommes qui occupe Saint-Denis est levé et non remplacé, à la grande satisfaction des habitants, quoique son départ ne mette pas le pays à l'abri des visites incessantes des patrouilles et des passages de l'ennemi.

Le même jour, 3 des 4 canonnières abandonnées par les Français, le 4 décembre, furent amenées à Saint-Denis montées par 30 marins prussiens ; les 6 officiers se firent servir à dîner par la commune dans la salle de la mairie et l'équipage dîna et coucha dans le bateau-lavoir. Le lendemain, en retournant à Orléans, les trois canonnières s'ensablèrent en face Latingy, tous les marins s'installèrent au château de M. de Beauregard et vinrent en promenade à Saint-Denis, mais par la route.

Un officier prétendant avoir laissé son épée à la mairie ou dans le lavoir la fit réclamer par le billet ci-dessous.

A Monsieur le maire Desbois,

Veuillez envoyer l'épée de M. le comte de Ranzow, lieutenant de la marine prussienne, à l'hôtel du *Loiret*, à Orléans.

C. Grankau,
Sous-officier.

Ce sous-officier apporta lui-même sa réclamation pour emporter la réponse de M. le maire qui fut simple, car après avoir cherché partout, et tout bouleversé, l'épée ne fut pas retrouvée ; il était supposable qu'elle n'avait pas été laissée à Saint-Denis; malgré les menaces de la faire retrouver et de faire une perquisition dans toutes les maisons, on ne s'inquiéta pas davantage, prenant cela pour une *querelle d'Allemand*, et l'on n'entendit plus parler de rien.

Les employés de la station télégraphique disent que les conférences entre M. Jules Favre et M. de Bismarck continuent.

Une réunion de la commission municipale, relative à la contribution, a lieu à deux heures; il n'est rien décidé, sinon que demain une réunion beaucoup plus nombreuse aura lieu à la même heure.

Aujourd'hui dimanche 29 janvier, à deux heures, la commission municipale, présidée par M. le maire de Châteauneuf, est réunie et les invités remplissent la salle de la mairie.

M. le maire ouvre la séance en annonçant qu'il croyait certain qu'une suspension d'armes avait été décidée entre M. Jules Favre et M. de Bismarck. Pour ce qui concerne la demande spéciale faite à la commune de 50 fr. par habitant, soit la somme totale de 163,200 fr. à payer dans le plus bref délai possible, il pense que cette somme exorbitante ne pourrait pas être trouvée dans le pays déjà fort éprouvé par la guerre et propose que, sans refuser catégoriquement de payer cette contribution, on adresse au commandant prussien une lettre lui faisant connaître la situation du pays et les dépenses considérables dont il est grevé depuis le commencement de l'occupation.

Voici le projet de cette lettre :

Châteauneuf, le 29 janvier 1871.

Monsieur le Commandant,

Nous avons reçu la communication que vous nous adressez le 27 courant. Nous la transmettons, aujourd'hui, aux communes environnantes.

Cela fait, permettez-nous, au nom de la justice et de l'humanité, de vous faire observer qu'exigeant une somme immense d'un pays pauvre et ruiné comme Châteauneuf par quatre mois d'occupation, c'est lui demander quelque chose d'impossible.

Qu'a donc fait notre population pour être traitée ainsi ? Aucun mal. Elle a satisfait à toutes les réquisitions, et de plus, le bourg et la campagne ont été *fouillés* de fond en comble.

Aujourd'hui encore, avec le peu qui lui a été laissé par pitié, elle nourrit une garnison et subit, sans se plaindre, des passages de troupes continuels.

Où trouver de l'argent, Monsieur ?

Notre maigre récolte a été consommée par vos soldats, point de fermages à recevoir.

Il n'y a ici ni commerce important, ni industrie. Châteauneuf n'est pas une *ville* : c'est une agglomération de petits cultivateurs sur un sol peu fertile. Huit cent cinquante habitants seulement peuvent payer un impôt : le reste se compose de femmes, d'enfants et *d'indigents*.

Quels capitalistes viendraient nous offrir du *crédit* lorsqu'ils sauront que dans les temps prospères le budget de la commune ne s'élève pas au delà de 25,000 francs.

Que les dépenses *obligatoires* payées, elle n'a pas, à sa disposition, plus de 4 à 5,000 francs pour solder ses dettes anciennes; et qu'enfin, elle se trouve aujourd'hui grevée d'une dette d'environ 80,000 fr. par les réquisitions de l'armée allemande.

De quel côté que l'on se tourne on ne rencontre que la misère. Nos pauvres concitoyens se demandent avec consternation, s'ils sont réellement condamnés *à mort*, et quel est leur crime?

Ce n'est pas à dire, Monsieur, que nous refusions d'obéir.

Au contraire, nous avons convoqué de suite les moins malheureux d'entre nous pour les engager à faire tous leurs efforts.

Mais la conscience de notre devoir nous obligeait, en même temps, à vous faire connaître une situation misérable que vous ignorez certainement, et à faire appel à votre justice.

Les membres de la commission municipale provisoire soussignés.

Le maire,
E. Migneron.

La réunion applaudit à ces paroles et décide à l'unanimité que l'on fera remettre demain cette lettre à M. le commandant à Orléans. Mais comme on sait par expérience qu'il ne faut pas compter sur le désintéressement des Prussiens lorsqu'il s'agit de semblables demandes, M. le maire pense qu'il est utile d'ouvrir une liste de souscription sur laquelle chacun s'inscrira pour la somme qu'il jugera convenable de verser (comme prêt); cela lui permettra de discuter avec les Prussiens la somme à donner dans le cas où ils n'abandonneraient pas tout à fait leur demande, et à leur montrer qu'on a mis de la bonne volonté à les satisfaire, mais qu'il y a impossibilité matérielle à le faire dans une large mesure. Au moment où la réunion se disperse, vers quatre heures, l'officier Hermann vient à la mairie et annonce que : « *Paris a capitulé dans la nuit et qu'un armistice de 21 jours est conclu.* »

Dans la soirée, les soldats, sans doute pour fêter l'armistice, font grand tapage dans les rues avec tambour, violon et autres instruments bruyants. Ils frappent aux portes et vont chez M. le maire continuer leur vacarme dans sa cour, danser et demander du vin.

Les communes du canton ont les yeux sur Châteauneuf et pensent qu'en raison de l'importance même de la somme demandée, il faut attendre; on ne peut répondre à des demandes aussi exagérées que par le silence.

Dans la soirée, un ordre d'un général est apporté pour que la commune ait à fournir 4 beaux chevaux qui devront être envoyés demain à Orléans. On s'arrangea de manière à n'en pas trouver. Les Prussiens durent considérer leur demande comme nulle.

Le lundi 30 janvier, aucune nouvelle officielle n'est encore parvenue du gouvernement, mais on regarde comme vrai, sinon la capitulation de Paris, au moins des pourparlers d'armistice tendant à faire la paix. Enfin, vers quatre heures du soir, arrivent un officier et deux soldats qu'on loge par billets de logements; l'officier prussien se dit le neveu de M. de Bismarck, chargé de mission pour la délimitation du terrain occupé par les armées, et doit rencontrer à Ouzouer un officier français qui l'accompagnera jusqu'à la rencontre d'un général. Il prétend arriver de Versailles d'où il serait parti dimanche matin, et aurait assisté aux dernières conférences relatives à la capitulation de Paris dont il donne les nouvelles suivantes: L'armée de Paris tout entière est sortie pendant 5 jours consécutifs par 5 côtés différents sans pouvoir arriver à percer les lignes prussiennes. L'une des journées surtout a été très-meurtrière, il y aurait eu 30,000 hommes hors de combat de chaque côté, le général Trochu aurait été tué ou serait mort des suites de blessures. M. Jules Favre, le général Le Flô et M. Gambetta, qui était à Lille et qu'on aurait fait venir, auraient signé la capitulation de Paris avec armistice. L'armée de Paris serait prisonnière de guerre; la garde mobile désarmée et renvoyée dans ses foyers; la garde nationale désarmée resterait à Paris. L'armée prussienne n'entrerait pas dans Paris, mais occuperait tous les forts. Les conditions de paix seraient, encore d'après l'officier allemand, une indemnité de 2 milliards et la cession du territoire entre la Moselle et l'Allemagne, y compris l'Alsace entière; un armistice de 21 jours à partir du 29 janvier, midi, serait convenu afin de donner le temps nécessaire à l'élection d'une Chambre de députés ayant pour mission la ratification des préliminaires de paix. Si la Chambre accepte la paix, les armées allemandes resteront encore en France 4 semaines, puis rentreront dans leur pays et rendront les prisonniers (rien n'est stipulé pour le matériel de guerre). Si la Chambre ne ratifie pas ces conditions, la capitulation de Paris est définitive, mais la guerre continuera avec les provinces non-occupées.

Telles sont les désastreuses nouvelles que nous recevons et que reçoivent avec peine tous les véritables Français, ceux qui songent encore à l'honneur du pays; nous ne savons pas si elles sont vraies ou fausses, dans quelques jours sans doute nous aurons des détails précis et moins mauvais.

Le lendemain, une personne, qui est allée à Orléans, n'y apprend encore rien de nouveau, mais M. Desbois, adjoint, apporte de Sully une dépêche officielle venue de Bourges par estafette, on l'annonce en ces termes :

Le maire de Châteauneuf fait savoir aux habitants que la dépêche suivante a été affichée dans une ville voisine :

Monsieur Jules Favre à la délégation de Bordeaux.

Nous signons aujourd'hui un traité avec M. de Bismarck. Un armistice de 21 jours est convenu. Une assemblée est convoquée à Bordeaux pour le 15 février. Faites connaître cette nouvelle à toute la France, faites exécuter l'armistice et convoquez les électeurs pour le 8 février. Un membre du gouvernement va partir pour Bordeaux.

Versailles, 25 janvier 1871.

Signé : Jules FAVRE.

Ainsi :

Les nouvelles désastreuses ne sont pas confirmées encore et d'Orléans il ne nous est rien parvenu d'officiel. Mais l'armistice est certain. Les élections sont probables : il faut s'y préparer.

Le maire,

MIGNERON.

Il a donc fallu 5 jours au gouvernement pour nous envoyer ces quelques lignes.

---

§ IV

DU COMMENCEMENT DE L'ARMISTICE A L'ÉVACUATION DES TROUPES ALLEMANDES
DU 30 JANVIER AU 6 MARS

Le mercredi 1er février, par mesure de sûreté, on conduit quelques blessés à Sully ; les Prussiens se promènent davantage sans arme et on continue à passer facilement la Loire.

Ce dont nous ne nous doutions pas encore, c'est que nous étions soumis à une autorité civile prussienne et qu'un préfet du Loiret, nommé par l'empereur et roi Guillaume, était en fonction à Orléans. Nous l'apprenons par les deux affiches suivantes que l'administration municipale fait placarder :

PROCLAMATION

Aux habitants du département Loiret.

Appelé à remplir les fonctions de préfet du Loiret pendant la guerre, je viens de prendre possession de ce poste.

J'ai le désir d'alléger les fardeaux que la guerre impose aux habitants du département, autant qu'il est en mon pouvoir, et que les intérêts des troupes allemandes le permettent, par une répartition égale : ce but, cependant, ne peut être atteint sans le concours des habitants.

J'espère donc que ces derniers, ainsi que les autorités municipales et toutes celles qui fonctionnent encore, m'aideront à l'accomplissement de cette tâche.

Orléans, le 27 janvier 1871.

Le préfet du Loiret,
Signé : Baron DE KŒNNERITZ.

DÉCRETS ET ORDONNANCES

Le préfet du Loiret porte à la connaissance des habitants du département les décrets, ordonnances et proclamations qui suivent :

DÉCRET ROYAL

Vu votre rapport du 15 courant, je veux autoriser la formation d'un nouveau gouvernement général, en réunissant les pays occupés, situés au nord de la France.

Le département de Seine-et-Oise, faisant jusqu'alors partie de la division territoriale de Reims, sera réuni au gouvernement général nouvellement formé, dont je délègue l'administration au ministre de la guerre de Saxe royale, le lieutenant général de Fabrice, en lui assignant Versailles comme résidence provisoire.

Versailles, le 16 décembre 1870.

Signé : GUILLAUME.

Contresigné :
BISMARCK.
ROON.

Au chancelier fédéral et au ministre de la guerre.

PROCLAMATION

Sa Majesté le Roi de Prusse, général en chef des armées allemandes, du consentement de Sa Majesté le roi de Saxe, mon auguste maître, a daigné me nommer gouverneur général du département de Seine-et-Oise, ainsi que des départements du nord de la France, occupés récemment par les troupes alliées et ne faisant pas partie du gouvernement général de Reims, savoir : les départements de la Somme, de l'Oise, de la Seine-Inférieure, d Eure-et-Loir et du Loiret.

En portant cette nomination royale à la connaissance des départements sus-nommés, je suis en droit d'attendre de la part de leurs populations, ce qui est d'ailleurs dans leur propre intérêt, une conduite calme et prévenante. J'ai aussi le ferme espoir que chacun s'abstiendra, soit directement, soit indirectement, de tout acte hostile ou contraire aux intérêts des armées allemandes.

J'ordonne principalement aux autorités gouvernementales et municipales de suivre strictement les ordres que le gouvernement général leur fera parvenir par ses organes, et les invite à me prêter leurs concours pour subvenir, sans trop de difficultés, aux exigences de la situation actuelle.

Résolu de maintenir et de protéger, autant que possible, chacun dans sa propriété, de répartir équitablement les charges, et de veiller à la sécurite publique, j'espère que je ne serai pas contraint d'user des sévérités résultant des droits de la guerre.

Versailles, ce 6 janvier 1871.

Le Gouverneur général en résidence à Versailles,
Lieutenant-Général, DE FABRICE,
Ministre d'État.

—

DÉCRET ROYAL

Ordonnant l'abolition de la conscription

Nous, Guillaume, Roi de Prusse, avons arrêté et arrêtons ce qui suit :

Art. 1er. — La conscription est abolie dans toute l'étendue du territoire français occupé par les troupes allemandes.

Art. 2. — Les agents des autorités civiles qui contreviendraient à la disposition contenue dans l'article précédent, soit en opérant ou en facilitant le tirage des conscrits, soit en les engageant à s'y soumettre ou en leur délivrant des ordres de départ, ou par tout autre moyen, quel qu'il soit, seront destitués de leurs fonctions et détenus en Allemagne, jusqu'à ce qu'il soit statué ultérieurement sur leur mise en liberté.

Art. 3. — Les généraux commandant les différents corps des armées allemandes sont chargés de veiller à l'exécution du présent décret, qui acquerra force de loi pour chaque département occupé par les troupes allemandes, aussitôt qu'il sera affiché dans une des localités qui en font partie.

Donné à notre quartier général de Saint-Avold, le 13 août 1870.

Signé : GUILLAUME.

—

ORDONNANCE

Concernant la conscription.

Nous, Gouverneur général des départements du nord de la France, avons ordonné et ordonnons ce qui suit :

1° Les maires dresseront immédiatement la liste des personnes appartenant à leurs communes, et qui y étant présentes, sont, d'après les lois françaises, sujettes à la conscription, tant pour l'armée que pour la garde nationale mobile ;

2° Les maires dresseront en même temps une liste des hommes de la commune qui n'ont pas dépassé leur quarante-sixième année, qu'ils aient été ou non sujets à la conscription ;

3° Les maires présenteront une copie de ces listes, d'aujourd'hui en huit jours, à MM. les Préfets, Sous-Préfets, ou aux fonctionnaires suppléants (militaires ou civils) ;

4° En cas de départ clandestin ou d'absence non motivée d'un individu porté sur les listes ci-dessus mentionnées, les parents et tuteurs ou les familles seront frappés d'une amende de 50 fr. pour chaque individu absent et pour chaque jour d'absence ;

5° Nos autorités civiles et militaires seront chargées de faire des perquisitions domiciliaires chez les individus inscrits sur les listes, afin de s'assurer de la stricte exécution ci-dessus publiée.

Versailles, le 16 janvier 1871.

Le Gouverneur général,
Signé : De Fabrice.

ORDONNANCE

Concernant la responsabilité des communes en cas d'attaque contre les soldats allemands ou des transports.

Toutes les fois que des individus, ne faisant pas partie de l'armée française, causeront des dégâts sur les routes, les chemins de fer, aux télégraphes et dans les rues, ou bien attaqueront des troupes, des détachements ou des convois, ces malfaiteurs passeront par un conseil de guerre, et les communes dans le district desquelles les dégâts auront été commis en seront responsables.

Si une commune est condamnée à des dommages-intérêts, l'amende sera proportionnée au nombre des habitants, à leurs moyens et à la gravité du crime.

Chaque dégât commis sur un chemin de fer entraînera une amende de 2,000 francs, et chaque dégât commis sur un télégraphe une amende de 300 francs au moins.

D'ordinaire, c'est le commandant général qui fixe la peine portée par la loi, mais en cas d'urgence, chaque commandant a le droit d'en connaître et de mettre la sentence à exécution.

Versailles, le 16 janvier 1871.

Le Gouverneur général,
Signé : De Fabrice.

—

AVIS

Le chef de l'État-Major général au quartier général de Sa Majesté le Roi a fait publier l'avis suivant :

Dans le cas où des dégradations préméditées auraient endommagé des lignes de chemins de fer et occasionné quelques accidents aux voyageurs, messieurs les gouverneurs généraux et les inspecteurs généraux d'étape chargeront les autorités subalternes de dresser procès-verbal, et de faire un rapport de concert avec les employés de chemins de fer. Elles feront obtenir une indemnité conforme à celles qui sont payées en temps de paix et dans les circonstances analogues, soit aux individus blessés, soit à leurs familles. Cette indemnité sera levée dans les districts où l'accident s'est produit, et en dehors de l'amende ultérieure.

Versailles, le 16 janvier 1871.

Le Gouverneur général,
Signé : De Fabrice.

ORDONNANCE

Concernant les prisonniers de guerre et la défense de porter des armes.

Par ordre du Roi, commandant en chef les armées allemandes, tout prisonnier de guerre, pour être traité comme tel, doit justifier de sa qualité de soldat français, en établissant que, par un ordre émanant de l'autorité légale et adressé à sa personne, il a été appelé sous les drapeaux et porté sur les rôles d'un corps militairement organisé par le gouvernement français ; en même temps, sa qualité de soldat faisant partie de l'armée active doit être indiquée par des insignes militaires et uniformes inséparables de sa tenue, et reconnaissables à l'œil nu et à portée de fusil.

Les individus qui auront pris les armes en dehors d'une des conditions ci-dessus indiquées ne seront pas considérés comme prisonniers de guerre. Ceux-ci, ainsi que tout individu portant une arme, seront jugés par un conseil de guerre, et s'ils ne se sont pas rendus coupables d'une action qui entraîne une punition plus sévère, condamnés à dix années de travaux forcés en Allemagne.

Versailles, le 16 janvier 1871.

Le Gouverneur général,
Signé : De Fadrice.

DÉCRET

Défense est faite à tout habitant des départements dont est formé le gouvernement général du nord de la France, de payer ou de déléguer d'une manière directe ou indirecte au gouvernement français, à l'armée, à des détachements de troupes ou à des administrations autres que les nôtres, des sommes quelconques provenant des recettes publiques, sous quelque prétexte que ce soit.

Les receveurs et percepteurs des contributions, les administrateurs de caisses publiques, toutes personnes autorisées à recevoir des sommes revenant à l'État ou à des caisses publiques quelconques, toute autre personne enfin contrevenant à la présente défense seront mis à l'amende; laquelle pourra monter au double des sommes soustraites, et devront en outre s'attendre à être poursuivis, le cas échéant, selon les lois de la guerre.

La perception des contributions et autres droits d'après les lois françaises étant suspendue par la guerre, le gouvernement général en réglera le mode de perception d'après les circonstances actuelles, et se réserve de porter à la connaissance du public les mesures prises à ce sujet.

Versailles, le 17 janvier 1871.

Le Gouverneur général,
Signé : De Fabrice.

—

DÉCRET

Le Gouverneur général du nord de la France arrête au sujet de la presse périodique ce qui suit :

1° Les rédactions des journaux qui paraissent dans les départements faisant partie du gouvernement général du nord de la France sont tenues d'insérer textuellement et gratis les ordonnances et communiqués des autorités allemandes dans la prochaine édition du journal.

2° L'insertion de nouvelles relatives aux mouvements de troupes allemandes, à l'exception des nouvelles contenues dans le *Moniteur officiel* du gouvernement général du nord de la France ou communiquées directement par les autorités allemandes, est interdite.

3° Il est défendu de publier des écrits d'une tendance hostile à l'armée allemande ou des critiques contre les mesures des autorités allemandes.

En cas de contravention, la continuation du journal sera prohibée, et le rédacteur, aussi bien que l'éditeur, sera mis à l'amende ou puni d'emprisonnement.

Versailles, le 18 janvier 1871.

Le Gouverneur général,
Signé : De Fabrick.

Orléans, le 27 janvier 1871.

Le Préfet du Loiret,
Signé : Baron De Kœnneritz.

Le maire du chef-lieu de canton est chargé de faire parvenir à ceux des autres communes deux affiches semblables, fort heureusement l'armistice nous a soustraits aux rigueurs de l'administration prussienne.

Le jeudi 2 février, les soldats prussiens passent la Loire et vont se promener à Sigloy. Mais bientôt l'officier, qui a sans doute reçu des ordres, ne veut plus la laisser traverser aux habitants sans des laissez-passer qu'il délivre tout exprès.

Les 1,800 hommes (infanterie, cavalerie et artillerie) passés il y a quelques jours, allant vers Gien, reviennent vers cinq heures du soir, se logent dans les maisons marquées par les fourriers, et sont nourris entièrement par les habitants; ils repartent vendredi 3 février, à huit heures du matin en même temps que le poste du château, qui est remplacé par un autre non moins nombreux, commandé par l'officier Zibes, de la landwher hessoise ; cet officier avant la guerre était en France faisant des achats pour son commerce de conserves alimentaires ; il sait sans doute mieux que tous les autres à quelles dures contributions on oblige les habitants en les forçant de nourrir les soldats allemands, aussi recommande-t-il à tous ceux qui passent de se bien conduire, de ne pas être exigeants et de ne pas demander plus d'un demi-litre de vin par homme.

Il n'y a plus de poste au pont, on passe donc librement ; un maigre marché a lieu, les denrées sont d'un prix ordinaire.

Dans la journée, un voyageur venu de Paris apprend que la capitulation est bien réelle ; on pense que dans les négociations relatives à l'armistice, il n'a pas été question de propositions de paix qui sont laissées à l'appréciation d'une chambre des députés, les élections à Paris paraissent avoir un intérêt secondaire.

Dans la soirée, nous avions encore 250 soldats de passage à loger et à nourrir.

Le service des postes est repris ; le dimanche 5 février, pour la première fois depuis le 6 décembre, on transporte à Orléans toutes les dépêches accumulées ici au moment de l'invasion et qui avaient été soustraites à l'ennemi par Mlle Lanoix, directrice du bureau de Châteauneuf, il n'y en a pas moins de 5 à 600 kilogrammes.

On peut jeter des lettres à la boîte même pour Paris, et le facteur en distribue aux habitants de fort anciennes venues de Gien et celles plus nouvelles arrivant par les courriers.

Dans l'après-midi, passage de 40 soldats allant d'Orléans à Gien.

On publie et l'on affiche, dans la journée, la proclamation suivante de M. le maire relative aux élections à l'Assemblée législative.

AVIS

Voteront à Châteauneuf : les habitants de Châteauneuf, Saint-Denis, Fay-aux-Loges, Saint-Martin-d'Abbat et Germigny-des-Prés.

Proclamation.

Le maire de Châteauneuf invite ses concitoyens à user de leurs droits pour l'élection des représentants à l'Assemblée. Dans les circonstances extrêmement graves où se trouve notre cher pays, il est regrettable qu'un plus long délai ne soit pas possible pour nous renseigner sur les candidatures ; malgré cela, il importe de ne pas voter en aveugles, et sans s'assurer par des réunions publiques et la consultation des personnes en qui nous avons confiance, que les choix à faire répondront à nos propres idées et à nos sentiments.

Point de pression autoritaire d'aucune part, nul ne sera ni recherché ni reprochable pour les opinions qu'il aura émises pourvu qu'il sache, à son tour, respecter les opinions des autres et se déclarer prêt à obéir aux lois de la majorité, ainsi le veut la liberté.

Le maire de Châteauneuf se permettra seulement un conseil, sachons nous tenir à égale distance des extrêmes, point de retour à un passé funeste; point d'entraînement à des rêves irréalisables.

Patriotisme, liberté, modération. Ces mots peuvent nous servir de boussole et nous conduire à de bons choix; que cette recommandation demeure présente à tous les cœurs.

Le maire,
E. MIGNERON.

La journée du samedi 6 février est encore signalée par le passage de 200 hommes que la mairie loge par billets de logement.

Les journaux d'Orléans paraissent depuis quelques jours, mais sans avoir pu, faute de moyens de transport, parvenir jusqu'à nous. Aujourd'hui, mardi 7 février, pour la première fois, nous recevons *l'Impartial du Loiret*, nous entrons dans une nouvelle vie.

La décision suivante, que l'on porte à la connaissance des habitants, intéresse particulièrement la campagne :

S. E. M. le général de Mannstein, commandant en chef du 9e corps allemand, a bien voulu donner l'ordre que pendant la durée de l'armistice, aucune réquisition de chevaux et de grains destinés à la semence ne soit faite par les troupes mises sous son commandement.

Le préfet du Loiret,
Baron DE KŒNNERITZ.

Le même jour le préfet du Loiret, au nom de S. M. Guillaume, prévient aussi le public que :

S. E. le général de Mannstein, commandant en chef du 9e corps allemand, pour faciliter les élections, a bien voulu donner l'ordre qu'aucune réquisition ne soit faite les 7 et 8 février par les troupes allemandes sous son commandement.

Dans la soirée, passage et arrêt d'un convoi escorté par des cavaliers.

On reçoit aujourd'hui, mercredi 8 février, *le Loiret* et *l'Impartial du Loiret*. Chacun d'eux donne sa liste de candidats à la députation, il est grandement temps, car c'est aujourd'hui qu'ont lieu les élections ; nous voilà donc réduits à voter sans connaître la valeur et l'opinion de plusieurs des candidats qui se présentent; mais il est juste de dire, à l'honneur de notre municipalité, que jamais élections ne furent plus libres.

On peut regretter cependant la décision prise par le gouvernement de la Défense nationale de transporter le vote au canton au lieu de le conserver à la commune, car dans les pays envahis, surtout, un certain nombre de citoyens dont les maisons sont occupées par les soldats allemands, s'abstiendront d'aller déposer leur vote, en des circonstances cependant si graves, et desquelles dépend la paix et peut-être l'avenir de la France.

Le département nomme pour ses députés :

MM.

Cochery.	58,839 voix.
Robert de Massy. . . .	54,101
Thiers.	43,590
Petau	35,872
Crespin	35,445
D'Aboville.	32,706
Dupanloup	28.596

Nous n'avons à signaler, le jeudi 9 février, que le passage de 160 Hessois auxquels les habitants donnent le logement et la nourriture. Le vendredi 10 février, passage de plusieurs convois de vivres. Le marché attire de nombreux cultivateurs; des marchands étrangers payent les provisions fort cher, sans doute dans l'intention de les expédier à Paris. Le beurre vaut 4 fr. le kilog.; les œufs la douzaine, 1 fr. 50 et les poulets 6 fr. la paire.

Le service des postes françaises est très-lent à s'organiser, les chevaux manquent partout. Le service prussien est nécessairement incomplet et se borne aux pays occupés, de sorte que les dépêches n'arrivent que tardivement.

Le dimanche 12 février, M. le maire de la ville d'Orléans informe les maires des communes de l'arrondissement, que toutes les lettres de cet arrondissement sont déposées à la mairie et qu'ils peuvent les faire retirer par un homme de confiance chargé d'en acquitter la taxe.

Le samedi 13 février, une ambulance prussienne allant à Orléans et composée de 80 médecins et infirmiers passe la nuit à Châteauneuf.

Chaque jour amène de nouveaux passages de troupes, aujourd'hui mardi 14 février, les habitants ont encore à loger et à nourrir 1,500 soldats hessois, qui disent venir d'Auxerre et aller les uns à Vendôme, les autres à Tours et à Cléry. Ces soldats se placent eux-mêmes dans les maisons, et comme on doit les nourrir, la mairie, afin de soulager les familles pauvres qui ont à faire des dépenses au-dessus de leurs ressources, leur donne, pour chaque soldat auquel elles ont à préparer le repas du soir, des bons de 500 grammes de viande et de pain.

Un escadron de cavalerie qui accompagnait cette troupe couche à Saint-Denis.

Saint-Martin est également obligé de nourrir et de loger 208 hommes et 130 chevaux.

Ces divers détachements partent le lendemain sur Orléans.

Sury-aux-Bois, que les Prussiens n'ont pas pris l'habitude de fréquenter, reçoit aujourd'hui une patrouille de 150 dragons bleus, qui se logent chez les habitants et se font nourrir par eux jusqu'au lendemain matin.

Le jeudi 16 février, le poste hessois quitte Châteauneuf et n'est pas remplacé, les derniers employés du télégraphe déménagent leurs appareils, mais il arrive une quarantaine de dragons bleus pour faire le service des dépêches et correspondances, le lieutenant qui les commande ne voulant pas loger au château, se fait recevoir par les habitants.

Nouvelles troupes en passage le vendredi 17 février : 50 hommes venant d'Orléans allant à Gien et 200 suivant la route inverse. Les soldats et officiers ont des vivres, mais ils demandent à la mairie de leur fournir du foin et de la paille pour leurs chevaux, on leur dit qu'il était impossible d'en trouver, que tout ce que possédait le pays avait été requis par les troupes qui ont passé ou séjourné ici depuis 4 mois ; non satisfaits de cette réponse, ils réclamèrent une somme de 300 fr. qu'on leur refusa également.

Le samedi 18 février, passage et séjour d'un convoi de vivres allant sur Gien.

Le dimanche 19 février, nouveau passage et séjour de 200 soldats et d'un convoi de vivres allant à Orléans.

Ce serait une erreur de croire que depuis l'armistice les soldats allemands sont moins exigeants ; nos populations croyaient que l'armistice signé, les vols, le pillage, les brutalités auraient une fin ; elles se trompaient étrangement, l'Allemand est toujours le souverain maître chez nous, les mouvements de troupes qui ont eu lieu sont une préparation de l'ennemi pour reprendre l'offensive, dans le cas où les préliminaires de la paix ne seraient pas signés.

Il y a quelques jours, la commandature d'Orléans avait prévenu que le dernier délai accordé aux communes du canton pour le payement de la contribution expirerait le samedi 18 février. On ne semble pas s'en préoccuper beaucoup à Châteauneuf.

Mais le lundi 20 février, vers dix heures du matin, arrivent d'Orléans deux compagnie d'infanterie et un peloton de cavalerie ; les soldats forment les faisceaux dans la grande rue, pendant que le commandant se présente à la mairie et réclame la contribution. On répond à l'officier que M. le maire est à Paris depuis plusieurs jours, que l'un des adjoints est à Sully et que l'autre est allé à Orléans pour y voir le général et s'entendre avec lui, qu'en ce moment, où personne ne représente l'administration municipale, on ne saurait s'occuper utilement de cette question ; l'officier répond qu'il désire qu'à deux heures, on réunisse la commission municipale et les plus hauts imposés.

En l'absence de tous les membres de l'administration, M. le curé est prié de présider la réunion.

L'officier prussien y assiste et déclare, par la voix d'un sergent lui servant d'interprète, qu'il est chargé de la pénible mission de venir réclamer à la commune la contribution qu'elle devait payer hier à l'autorité allemande ; il sait qu'elle a été longtemps occupée et qu'un rapport sur sa situation a été adressé par le maire; que pour ces raisons, il est autorisée à diminuer de moitié la somme demandée, qu'ainsi au lieu de 163,200 fr. il n'exigera que 81,600 fr., mais qu'il ne peut donner qu'une heure pour les payer, sans quoi, il a l'ordre de faire visiter toutes les maisons par ses soldats.

On lui répond qu'on est certain qu'un adjoint s'est rendu dans la matinée à Orléans pour y verser une somme et demander une notable réduction sur le reste, on ne saura qu'à son retour dans la soirée ce qui aura été décidé; il est donc juste d'attendre le résultat de cette démarche avant de discuter cette question ici.

Le commandant prussien dit que vis-à-vis de ces affirmations il attendra jusqu'au lendemain, mais qu'à neuf heures du matin la même réunion aurait lieu pour prendre un parti définitif. On dépêche aussitôt deux citoyens pour prévenir de ces faits M. l'adjoint.

Les soldats, restés dans la rue jusqu'à deux heures de l'après-midi, se logent dans les maisons de la grande rue et de la rue des Champs. Des postes sont placés à toutes les issues du pays; les factionnaires laissent entrer, mais ils empêchent de sortir sans laissez-passer. Vers trois heures arrive un colonel qui, après avoir conféré avec le commandant, envoie à cinq heures à la mairie un adjudant annoncer que son désir est que les honorables habitants de la commune soient internés dans une salle de la mairie, pour y passer la nuit gardés à vue par des soldats, et qu'il donne l'ordre de faire *interner* (sic) tous les bestiaux dans une grande cour.

La mairie fait aussitôt le publicat suivant :

L'autorité allemande siégeant à Châteauneuf, donne l'ordre à tous les habitants qui possèdent des chevaux et des vaches, qu'ils doivent, sous les peines les plus rigoureuses, les amener dans la cour du château. L'autorité allemande n'a pas l'intention de s'emparer des bestiaux, mais pour servir de garantie du payement de la contribution, elle ordonne que le bétail soit rassemblé. Ceux qui ayant des chevaux et des vaches ne les amèneront pas avant sept heures ce soir, s'exposeraient à de grands embarras.

L'adjoint :
BILLARD.

L'administration municipale réunit aussitôt la commission et les plus hauts imposés, sans en donner le motif. Le colonel se présente à la séance et dit seulement qu'il remarque que l'on met de la bonne volonté à venir, quoique en moins grand nombre que le matin, qu'en raison de cette exactitude, la réunion serait de nouveau tenue comme il avait été convenu, demain matin à neuf heures et qu'il fallait qu'il y vint au moins 32 personnes comme ce matin. Sur quelques observations présentées par des membres de la réunion, l'officier veut bien autoriser les propriétaires de bestiaux à les garder la nuit dans les étables, mais il demande qu'ils soient tous amenés demain matin, à huit heures, dans la cour du château.

Le lendemain mardi 21 février, dès sept heures du matin, une réunion préparatoire de la commission municipale et des plus hauts imposés a lieu à la mairie. M. l'adjoint rend compte de son voyage, il était parti avec une somme de 3,000 fr. pour traiter avec l'autorité militaire prussienne à Orléans. Arrivé vers dix heures du matin à Saint-Denis, il ne put sortir du pays qui était entouré par des soldats venant également réclamer une contribution; il eut beau exposer le motif qui le conduisait à Orléans, on ne voulut lui donner un sauf-conduit que contre un versement de 1,000 fr. à compte sur le payement qu'il allait faire. A Orléans, on ne reçut pas ses observations relativement à la réduction de la somme demandée, sous prétexte que des instructions avaient été données à l'officier qui était parti pour Châteauneuf, mais on voulut bien recevoir à-compte les 2,000 fr. qu'il proposait et qu'il versa immédiatement.

Trompé par des bruits erronés sur la conduite des communes voisines en cette affaire, on décida, avant de se séparer, que l'on offrirait au colonel la plus petite somme possible, en posant comme maximum celle de 7,000 fr., qui avec les 3,000 fr. déjà versés font 10,000 fr.

Vers huit heures on publie ce qui suit :

Les propriétaires de chevaux et de vaches reçoivent l'ordre des autorités militaires allemandes, de venir immédiatement et avant neuf heures du matin, en déclarer le nombre au secrétariat de la mairie.

Châteauneuf le 21 février 1871.

Cinquante personnes environ se présentèrent pour déclarer leurs vaches et 10 chevaux, et de huit heures du matin à deux heures environ, 1 officier, 1 sous-officier et 2 soldats armés, accompagnés d'une personne de la mairie, visitèrent les bestiaux inscrits, et entrèrent dans les maisons dont l'apparence pouvait faire supposer qu'elles en renfermaient qui n'avaient pas été déclarés.

A neuf heures, réunion officielle de la commission municipale et des plus hauts imposés. Un capitaine vient annoncer que le colonel recevra chez M. Henry Desbois, où il demeure, une délégation de cinq membres qui lui apporteront le résultat de la délibération de l'assemblée. Séance tenante on délègue cinq membres qui partent aussitôt pour discuter le chiffre de la contribution, et reviennent bientôt annoncer à la réunion, restée en permanence, que M. le colonel a déclaré qu'il n'avait pas mission pour accepter une somme autre que celle de 82,000 francs, qu'à trois heures du soir il recevrait les 7,000 offerts, mais qu'il devait en référer à Orléans pour le surplus et qu'en réunissant de nouveau la commission municipale à sept heures du soir, il serait en mesure de lui donner la réponse qu'il aurait reçue. Comme on lui faisait observer ce que cette demande avait d'arbitraire, le colonel répondit que le pays occupé n'avait pas pu fournir la nourriture des soldats allemands et que les sommes demandées étaient destinées à solder les dépenses faites pour achats de vivres.

Quel misérable prétexte donner à des gens auxquels on a tout pris. Restait à choisir le moyen pour obtenir la somme promise. On décide que l'on appellera les habitants à souscrire par un publicat dont voici le libellé :

La commission municipale prévient les habitants de la commune de Chateauneuf qui n'auraient pas déjà souscrit à la mairie pour la contribution imposée par l'armée allemande, de vouloir bien se présenter avant deux heures au secrétariat poar y verser le montant de leur souscription.

La commission municipale croit devoir compter sur le patriotisme de chacun pour parfaire la somme qu'elle a été obligée de promettre au commandant de place et dont le versement doit s'opérer à trois heures de l'après-midi ; c'est le seul moyen d'éviter les extrémités dont toute la commune est menacée.

Châteauneuf, le 21 février 1871.

Les habitants allèrent en foule s'inscrire et vers trois heures la souscription s'élevait à 13,000 fr., à quatre heures le commandant se rendait à la mairie pour recevoir la somme promise, on lui dit que la souscription n'était pas couverte et qu'elle n'atteignait que le chiffre de 6,700 francs qu'on lui versa.

Nouvelle réunion à sept heures du soir, à laquelle le colonel se présente pour dire qu'il n'a pas encore reçu de réponse d'Orléans et qu'il désire avoir le complément de la somme promise le matin ; on l'informe que la somme n'est pas complète, qu'il manque encore 300 francs qu'on a l'intention de lui payer demain matin ; sur ses instances on réunit immédiatement les 300 francs qu'il reçoit ; puis il annonce que, bien qu'il n'ait encore aucune réponse, il pense que celle qu'il attend, si elle n'est pas entièrement conforme à ce que l'on désire, ne sera pas très-sévère, que dès à présent on peut rassurer la population et dire aux habitants qu'il n'arrivera rien de grave, qu'aussitôt que la dépêche lui sera parvenue, il s'empressera de la communiquer.

Un peu plus tard les 7,000 francs versés étaient expédiés à Orléans ; le lendemain mercredi 22 février, aucune nouvelle n'est arrivée au colonel, toutes les issues du pays sont encore gardées, de sorte que l'on ne peut pas sortir sans laissez-passer.

Dans la soirée, arrivent 200 soldats qui sont logés et nourris dans le port. Le jeudi 23 février, à six heures et demie un coup de trompette réunit en un instant tout ce qu'il y a de soldats allemands à Châteauneuf, les postes sont abandonnés au même moment et le détachement part vers Orléans. Ainsi se termine le séjour de la troupe allemande pour l'obtention de la contribution imposée.

Sans vouloir en quoi que ce soit critiquer les moyens employés dans cette affaire par l'administration municipale, sur laquelle pesait une lourde responsabilité, et qui n'était guère, en fin de compte, que le pouvoir exécutif d'une réunion nombreuse d'habitants, nous pensons qu'on aurait pu en être quitte à meilleur marché avec messieurs les Prussiens en se pressant un peu moins.

L'administration allemande, qui avait obligé la mairie de Châteauneuf à transmettre les demandes de contributions aux communes du canton, ne pouvait pas la contraindre à payer pour toutes; elle se chargea donc de régler cette affaire avec chacune d'elles.

Nous dirons, en quelques mots, comment les choses se sont passées et quels incidents particuliers ont eu lieu par suite du recouvrement de cette contribution.

Sauf quelques exceptions, les communes n'avaient pas connu la date du dernier délai accordé par les Prussiens pour payer. Ainsi à Saint-Denis une compagnie d'infanterie vient, sans qu'on s'y attende, réclamer la somme de 26,075 fr. M. le maire répond à l'officier que n'ayant pas été prévenu il est pris au dépourvu, mais qu'il va faire son possible et donnera la somme qu'il recueillera chez les habitants; toutefois il prévient le capitaine qu'il ne doit pas s'attendre à beaucoup. En peu de temps cependant une somme assez élevée fut réunie et M. Desbois offrit à l'officier 2,000 francs qu'il accepta, demandant encore 2,000 fr. pour donner quittance et partir. Après discussion on tomba d'accord à 1,000 francs que M. le maire veut bien essayer de réunir. Ce n'était pas difficile il avait l'argent en poche, aussi une demi-heure après il faisait son deuxième versement contre une quittance de 3,000 francs. A quatre heures la troupe retire ses sentinelles et part dans la direction de Châteauneuf. Ce capitaine n'avait pas fait une trop mauvaise journée, en comptant les 1,000 francs qu'il avait extorqués à M. Billard à son passage.

Plusieurs autres maires qui avaient pris la voiture publique pour aller à Orléans n'avaient point été inquiétés, le conducteur de cette voiture ayant un laissez-passer pour les voyageurs et les dépêches.

Le lendemain 21, M. Desbois se rendit à la préfecture où il apprit que son reçu était en bonne et due forme et qu'on ne lui réclamerait plus rien. Le 22, il fallut recevoir des soldats venant de recouvrer la contribution. M. Dubois, adjoint, offrit au lieutenant du détachement de loger ses hommes par billets de logement, comme on le faisait habituellement, l'officier refusa. M. Dubois insista vivement en donnant d'excellentes raisons, mais le lieutenant n'étant pas sans doute d'humeur à entendre ces explications, asséna sur la tête de l'adjoint un coup de sabre qui fit jaillir le sang, fort heureusement la blessure n'eut pas de suites graves et comme conclusion les soldats se sont logés comme ils l'ont voulu.

La commune de Fay-aux-Loges avait reçu officieusement avis de Châteauneuf, le dimanche, que le dernier délai pour le payement était expiré le samedi soir. M. le maire réunit aussitôt le conseil municipal, qui décida d'offrir une somme de 2,000 fr., que le maire portera à Orléans le lendemain lundi 20 février, en demandant la remise du reste; on comptait sans une compagnie du 46e régiment de Silésie qui arriva dans la matinée du lendemain avant le départ de M. Desbois; son capitaine réclame le payement intégral de la somme demandée.

Des faits analogues se passaient en même temps à Vitry-aux-Loges et à Combreux, où les maires, n'ayant reçu aucun avertissement, se trouvaient on ne peut plus surpris. Le premier soin de la troupe, pendant que l'officier allait à la mairie réclamer la contribution, était de cerner le pays; les factionnaires laissaient entrer mais non sortir; et lorsque la réponse du maire, qui ne pouvait être satisfaisante, était connue, l'officier ordonnait de réunir tous les bestiaux ou les faisait enlever des étables par les soldats pour servir de garantie. Comme généralement l'officier n'avait pas ordre de diminuer la somme, les maires prenaient aussitôt le moyen d'en référer à Orléans; c'est ainsi que M. de Beauregard et M. le duc d'Estissac arrivèrent à Fay, d'où ils ne purent sortir; mais comme M. Desbois avait à faire le même voyage, il se joignit à ces messieurs, et tous ensemble obtinrent de partir, non comme à Saint-Denis, au prix d'une somme d'argent, mais à la condition d'être accompagnés partout où ils iraient par un sous-officier et trois hommes.

A Orléans, l'un des soldats garde la voiture pendant que les trois autres, l'arme au bras, suivent tranquillement à travers les rues les trois maires. Enfin, après avoir obtenu la même réponse de la commandature, c'est-à-dire qu'on voulait bien recevoir la somme offerte, mais que des ordres ayant été donnés aux officiers chargés de percevoir la contribution, eux seuls pouvaient donner quittance définitive, ils revinrent avec leur escorte dans la soirée.

Voici ce qui s'était passé dans la journée :

A Fay-aux-Loges, l'officier avait fait réunir 150 bestiaux et pris note de la farine que renfermaient les moulins à vent; les habitants avaient été invités à ne pas sortir de leurs maisons le soir, sous peine d'être arrêtés; enfin, le capitaine avait aussi décidé de faire passer la nuit aux conseillers municipaux à la mairie, mais il voulut bien se contenter de M. le maire et des conseillers, qui vinrent librement à l'auberge où il était.

M. Desbois, qui avait versé à Orléans 2,000 fr., ne fut pas tenu quitte de tout par l'officier qui voulait encore 2,000 fr., disant qu'il garderait les bestiaux jusqu'à ce qu'on les lui donne et il part pour Vitry. Pendant son absence, le lieutenant réduit le chiffre à 1,500 fr., qui lui sont refusés; on lui offre 1,000 fr. contre une quittance définitive. Au retour du capitaine, le conseil municipal lui affirma ne pouvoir le satisfaire; enfin, le lendemain mercredi 22, il se contente de 1,000 fr. en argent, plus un cheval et une voiture, qu'il abandonna plus tard à la frontière en faisant prévenir le maire; comme on lui avait donné la plus mauvaise voiture et le cheval de moindre valeur, on ne jugea pas à propos de les faire revenir. Ainsi se termina cette affaire; les soldats ne partirent que le jeudi matin.

A Vitry-aux-Loges, le pays et le château du Plessis, résidence de M. le maire, furent cernés, et l'officier fait publier que personne ne doit quitter le pays sous peine d'être arrêté par les factionnaires; aucun habitant ne peut sortir de sa demeure de 7 heures du soir à 6 heures du matin; enfin, les propriétaires de bestiaux doivent les amener et les nourrir; défense est faite d'injurier les soldats.

La population n'obéit point à ces injonctions; les 90 fantassins et les 3 cavaliers prussiens ne l'effrayent pas, elle reste calme. Les soldats reçoivent alors l'ordre de visiter les maisons et d'emmener eux-mêmes les bestiaux dans la cour du château de la Motte et dans celle de l'auberge de la Croix-Rouge. Les habitants ne virent pas exécuter cette mesure d'un œil indifférent, et furent plusieurs fois sur le point de se jeter sur les soldats qu'ils auraient égorgés jusqu'au dernier, mais ceux-ci comprenaient bien que leur situation devenait difficile, dangereuse même, et un chef arrivé vers 4 heures fit cesser l'enlèvement des bestiaux, tout en conservant ceux qui avaient été pris déjà. M. le maire, rentré chez lui le soir, fut retenu prisonnier, et un factionnaire fut mis à sa porte.

De 36,000 fr., la demande fut réduite à 3,000 fr., plus un fort cheval de trait au choix des officiers. On était d'accord; mais le lieutenant ne voulant rendre les bestiaux que sur l'ordre d'un officier supérieur qui était à Châteauneuf, le maire refusa de verser la somme, jusqu'à ce que deux cavaliers envoyés avec une dépêche fussent revenus apportant une réponse favorable; la somme fut alors versée contre un reçu et les bestiaux rendus. Il n'était que temps, et grand temps, car il eût été difficile de contenir la population, qui étouffait de rage de ne pouvoir se venger. Le lieutenant prussien fut lui-même très-effrayé de cette attitude menaçante des habitants; il vint trouver le maire, le priant de veiller à ce qu'il n'arrivât rien, lui demandant seulement une demi-heure pour partir. M. de Beauregard, pouvant être débordé d'une minute à l'autre, engagea l'officier à faire passer immédiatement ses soldats de l'autre côté du pont du canal, lui promettant de faire son possible pour retenir dans le village les habitants irrités.

Tout cela se passait le mercredi 22 février; le matin, à quatre heures, était parti vers Seichebrières un petit détachement qui se rencontra avec un autre venu d'Ingrannes. Comme on se doutait de ce qui devait arriver, la commune avait fait annoncer la veille qu'elle ne répondrait pas des bestiaux amenés des autres communes, aussi les propriétaires les avaient-ils cachés dans les fourrés de la forêt pendant la nuit. Les soldats parcoururent les fermes et réunirent environ quinze bestiaux avec des chevaux de Combreux et de Vitry qu'ils rendirent aussitôt, car ils n'étaient pas trop rassurés, ces hardis pillards de Guillaume, dans ce petit pays entouré de bois, et il faut le dire à leur *honte*, ce n'est qu'à la faveur de l'armistice qu'ils ont pu pénétrer jusqu'au village de Seichebrières pour l'obliger à verser une somme d'argent ; jusque-là leurs batteurs d'estrades s'étaient arrêtés à l'entrée de la forêt soigneusement gardée par les gens du pays. Ainsi pendant l'armistice nous étions désarmés et les Prussiens en profitaient pour obliger par la force les populations à subir leurs demandes; sans l'armistice ils n'auraient pas levé une contribution de 300 fr. sur la commune de Seichebrières, il est probable qu'ils n'auraient même pas pu y faire parvenir leur première réquisition.

A Combreux, M. le maire ne put se débarrasser de son détachement que contre un versement de 500 fr., outre pareille somme payée déjà par M. le duc d'Estissac à Orléans.

Sury-aux-Bois est la seule commune du canton de Châteauneuf qui, grâce à l'énergie dont fit preuve son maire en cette circonstance, et à la fermeté de la population, ne paya point la contribution demandée s'élevant à la somme de 25,125 francs.

Comme dans les autres communes arriva une compagnie de deux cents fantassins, le capitaine ne trouva ni maire ni adjoint, mais il y avait l'instituteur secrétaire de la mairie, et c'était *tout égal* pour lui, mais l'instituteur l'informe qu'il n'a pas qualité pour répondre, et que M. le maire étant allé à Orléans pour cette affaire, il le priait de vouloir bien attendre son retour; l'officier accepte, mais il faut loger ses soldats et leur donner de la nourriture et du vin. Il se retire en souhaitant que les nouvelles qu'apportera M. le maire soient bonnes, sans cela il a des ordres sévères à faire exécuter, et commence par placer des sentinelles sur toutes les routes et les chemins. Le lendémain M. le maire arriva à neuf heures et va trouver le capitaine auquel il assura que la commune était très-pauvre, qu'elle ne peut rien payer du tout, que dans le cas où il ne pourrait pas prendre sur lui de l'exonérer complétement, il désirait en référer à M. le préfet, et il ajoutait que cependant pour montrer une extrême bonne volonté, il offrait de verser 1,000 fr.; l'officier n'accepta pas, n'ayant pas d'ordre pour transiger et engagea M. Pothain à écrire au préfet une lettre que l'instituteur, qu'il fera escorter par des soldats, portera à destination. Tout alla bien jusqu'à Châteauneuf, mais là, force leur fut de rebrousser chemin et de revenir à Sury-aux-Bois. M. le maire affirme de nouveau au capitaine que la commune ne peut rien payer, et qu'elle ne payera rien, qu'on peut faire tout ce que l'on voudra mais que cela ne donnera pas l'argent demandé puisqu'il n'y en a pas; en attendant une solution ou de nouveaux ordres, M. le maire, l'adjoint et deux autres personnes sont retenus prisonniers dans la salle de la mairie, des sentinelles sont placées autour de la maison et les bestiaux sont enlevés des fermes et réunis dans la cour de la mairie et à Chicamour. Enfin, le 22, dans la matinée, le maire et les autres personnes retenus à la mairie furent rendus à la liberté; les habitants purent emmener leurs animaux et la troupe partit à neuf heures du matin sans emporter un centime. Ce fait prouve qu'il ne fallait pas se laisser intimider par les menaces des autorités allemandes, comme cela eut lieu dans plusieurs communes.

A Châtenoy, il n'en fut pas ainsi, l'officier réclamait 13,350 fr. qu'après force discussion il réduisit à 2,000 fr., puis à 1,500 fr. A ce prix, les conseillers municipaux qui hésitent encore, sont mis sous clef dans le cabaret Renard; enfin, le lendemain matin ils se décidèrent à offrir 1,400 fr. dont 1,000 fr. de suite et 400 fr. à payer plus tard. L'officier accepte les 1,000 fr., puis tout aussitôt renouvelle ses menaces si on ne verse pas les 400 fr. restants. Comme le soir il n'a rien reçu, il fait saisir les bestiaux et les réunit sur la place. Le lendemain matin, pour sortir de cette situation difficile, on verse les 400 fr. promis et la troupe part.

La commune de Bouzy ne put se débarrasser de sa garnison qu'après avoir fait à l'officier un versement de 700 francs.

Saint-Aignan était imposé pour la somme de 3,225 fr. que vinrent chercher le 20 février cinquante hommes d'infanterie. Le maire versa 300 fr. le 21, mais l'officier réclamait en outre 500 fr. pour le 22 à onze heures du matin ; on était peu disposé à les donner, quand arriva l'ordre de quitter le pays à huit heures du matin.

La commune de Saint-Martin, bien que prévenue que le dernier délai expirait le samedi 18 février pour le payement de la somme de 25,550 fr. que lui demandaient les Prussiens, espérait que la conclusion de la paix enterrerait cette affaire;

mais comme il n'en fut rien, on se décida à réunir, le dimanche 19, le conseil municipal pour lui soumettre la question ; il fut convenu, dans cette séance, qu'on donnerait au maximum 2,000 fr. qui furent souscrits immédiatement, et que le maire irait à Orléans offrir une somme très-minime en attendant les événements, et pour gagner du temps. On avait compté aussi sans l'arrivée de cent hommes d'infanterie, on expliqua la situation au chef qui voulut bien attendre que M. le maire revienne, pourvu qu'on loge ses soldats chez les habitants, et qu'on leur donne des vivres. Pendant ce temps M. Garnier versait à la commandature d'Orléans 700 fr. pour lesquels on lui remit un reçu à valoir, il revint le lendemain matin ; le lieutenant réclame d'abord le surplus de la somme, puis il consent à abaisser la somme à 10,000 fr. Après de nouvelles explications il abaisse encore son chiffre, mais le maire ne s'engagea à rien, promettant seulement de recueillir la plus grosse somme possible, bientôt il offre 600 fr. que l'officier lui conseille de porter à Châteauneuf au commandant. Là, il est très-bien accueilli, et on lui demande encore d'autre argent, il répond qu'il ne peut plus en obtenir des habitants et revient. La population, en voyant que les soldats ne s'en vont pas, craint qu'on ne lui enlève ses bestiaux, et insiste pour que le maire verse une nouvelle somme de 700 fr. qui complétera les 2,000 fr.

Le lendemain matin, mercredi 22 février, les soldats partent sans rien demander ; malgré cela, M. Garnier, pour être agréable aux peureux du pays, va, bien contre sa volonté, à Châteauneuf, faire, entre les mains du colonel stupéfait, un troisième versement de 700 fr.

A Germigny, on ne s'était pas plus pressé qu'à Saint-Martin, et le dimanche 19 février, le conseil municipal décida que le maire irait à Orléans offrir 500 fr., ce qui fut fait; mais, en revenant, M. Houdré trouva le pays occupé par la troupe prussienne, et le chef installé chez lui, attendant son retour pour lui réclamer encore 14,950 fr. Le mardi matin, le Conseil, réuni de nouveau, arrête qu'un appel va être fait aux habitants, et que chacun versera une somme de 20 fr., de 12 fr. ou de 6 fr., suivant que son nom sera inscrit sur la 1re, la 2e ou la 3e liste; on réunit ainsi à la mairie 1,500 fr. en deux heures, sans aucun dérangement. Les demandes de l'officier étaient pressantes et très-élevées, on lui offrit 700 fr. que le maire alla porter à Châteauneuf au colonel, mais sans obtenir une quittance définitive; au retour il dut encore promettre 300 fr. pour le lendemain à midi, sous prétexte qu'il lui fallait bien ce temps-là pour se les procurer. Mais, à huit heures du matin, arriva l'ordre de partir de suite, et, grâce à cette heureuse circonstance, le maire fut dispensé de verser ce supplément.

Dans la journée du 21, nous avons reçu la nouvelle que l'armistice, expirant aujourd'hui à midi, était prorogé jusqu'au 24, sauf renouvellement ultérieur aux mêmes conditions que précédemment.

Le mercredi 22 février, des cavaliers du *brief-relais* vont dans les fermes pour voler de l'avoine; au Caillou, en l'absence du maître, ils commençaient à charger une voiture, lorsque celui-ci arrivant avec le fermier du Sausseux, s'oppose à l'enlèvement de la paille, mais l'un des soldats arrache son sabre et est prêt à frapper M. Rousseau, qui s'arme aussitôt d'une fourche en fer placée près de lui; le soldat remet alors son sabre au fourreau, et part avec la troupe, emportant 4 hectolitres d'avoine, 4 hectolitres de blé, et donnant des poignées de main à tout le monde, signe qu'ils n'étaient pas trop rassurés.

L'armistice devait prendre fin vendredi 24 février, à midi, mais une nouvelle dépêche du gouvernement de Bordeaux nous annonce qu'il est prorogé jusqu'au 26, à minuit.

Depuis plus d'une semaine le service des postes est presque suspendu ; à peine recevons-nous quelques lettres des pays non envahis ; les correspondances de Paris sont retenues par les Allemands, un conflit s'étant élevé entre les postes françaises et l'office des postes allemandes, relativement à l'encaissement de la taxe des lettres. A partir d'aujourd'hui, le malentendu cesse, et l'administration des postes françaises publie l'avis suivant :

Le public est prévenu que, de concert avec l'office des postes allemandes, des lettres seront reçues dans les bureaux des départements, aux guichets seulement, moyennant affranchissement ordinaire, plus une surtaxe en numéraire de 20 centimes, pour les lettres à destination de Paris et des départements non occupés, et de 10 centimes pour les départements occupés.

Des journaux pourront être également expédiés, moyennant une surtaxe de 04 centimes en numéraire.

Les convois et les détachements de troupes ne cessent de passer ; encore aujourd'hui, vendredi 24 février, un convoi de chariots de farine et d'avoine arrive d'Orléans. Vers dix heures, 3 cavaliers du *brief-relais* et 4 soldats avec une voiture vont à la ferme du Sausseux, d'où ils emmènent 10 hectolitres de blé et 2 hectolitres d'avoine, malgré les protestations de M. Rousseau, qui, comme beaucoup d'autres personnes, pensant que, pendant l'armistice, les Prussiens ne devaient pas continuer le pillage, vint à la mairie où il trouva, en l'absence du maire, l'adjoint, M. Billard, auquel il raconta ce qui s'était passé chez lui. M. l'adjoint protesta aussitôt contre ces vols par la lettre suivante :

Mairie de Châteauneuf, 24 février 1871.

A Monsieur l'officier commandant la place de Châteauneuf.

Des soldats sont allés aujourd'hui chez un sieur Rousseau, de cette commune, où ils ont pris deux poches d'avoine et dix sacs de blé et seigle de semences.

En ce qui concerne l'avoine, il n'y a rien à dire, il faut bien nourrir les chevaux ; mais, en ce qui regarde le blé, c'est une autre affaire : les instructions de M. le baron de Kœnneritz, préfet du Loiret, défendant d'enlever le grain destiné aux ensemencements.

Si M. le commandant ne croit pas devoir ordonner la restitution immédiate du blé, la municipalité en référera à M. le Préfet.

La municipalité de Châteauneuf-sur-Loire a toujours fait et fera toujours tout ce qui sera en son pouvoir pour satisfaire aux demandes et aux réquisitions de l'autorité militaire allemande ; mais elle ne peut tolérer le pillage, et si les soldats continuaient à enlever, pour la nourriture des chevaux, les grains destinés aux semailles, elle engagerait les habitants à résister à toute réquisition de cette nature n'émanant pas de la mairie.

Recevez, etc.

L'adjoint, BILLARD.

Cette lettre fut portée par M. Rousseau lui-même au lieutenant du poste, qui, après l'avoir lue, n'en comprenant sans doute pas bien les termes, vint à la mairie pour se la faire expliquer. Il convint de rendre tout le blé, moyennant qu'on lui donnerait les quelques sacs d'avoine qui étaient sur le marché. Ce fut accepté par M. Rousseau, qui acheta, au prix de 18 fr. l'un, les deux hectolitres d'avoine, et les fit aussitôt livrer au poste. Mais l'officier, contrairement à ce qu'il avait promis, ne voulut rendre que sac pour sac, et conserva ainsi les huit autres hectolitres de blé volé. Il envoya à Orléans la lettre de M. Billard, et un rapport constatant que, depuis plusieurs jours, la population, encouragée par l'administration communale, résiste par menaces et voies de faits aux soldats qui vont faire des réquisitions pour la nourriture de leurs chevaux. La dernière phrase de la lettre municipale donnait d'ailleurs, au rapport de l'officier prussien, une certaine vraisemblance, bien qu'elle ne fût que comminatoire.

Le samedi 25 février, quelques convois d'Orléans et de Gien ont traversé le pays ; le fait le plus important de cette journée est l'arrestation de M. Billard, adjoint, dans les circonstances suivantes : Vers neuf heures du soir, l'officier du poste, accompagné de quelques soldats armés, se présenta chez lui, demandant à le voir ; il vint à eux, et apprit qu'ils avaient l'ordre de l'arrêter ; puis l'officier lui ordonna de le suivre immédiatement pour être mis entre les mains des soldats qui doivent le conduire à pied à Gien.

Sur la demande de M. Billard, le départ ne pouvant être remis au lendemain matin, on lui trouva une voiture et ils arrivèrent à quatre heures du matin à Gien, où il fut conduit au poste de la mairie ; là il apprit par M. le maire que le général était intraitable, et qu'il n'avait rien de bon à en attendre.

Le lendemain dimanche 26 février, madame Billard se fit conduire à Gien, où, dès en arrivant, grâce à de bons amis, elle fut mise en rapport avec l'interprète de l'armée hessoise, et, par cet homme fort obligeant, put savoir ce que devenait son mari. Les premières nouvelles ne furent pas bonnes, il avait à craindre de passer en conseil de guerre, et pour le moins, d'être envoyé prisonnier en Prusse, pour avoir résisté et engagé à la résistance la population de Châteauneuf. Madame Billard fut reçue très-durement par le général, qui, sans explications, lui ordonna de se retirer ; mais dans la journée, prévoyant sans doute la signature de la paix, il lui fit demander, pour rendre la liberté à son mari le lendemain lundi, une somme de 10,000 francs, qu'il réduisit ensuite à 5,000 francs. M. Billard, apprenant cela, fit refuser, et vers minuit, l'interprète, qui avait fait toute la journée de nombreuses démarches, vint lui dire que sa situation devenait meilleure.

Dans cette même journée, les habitants de Châteauneuf n'étaient point restés inactifs ; deux délégués, M. Leuret et M. le curé, s'étaient rendus à Orléans, près du préfet, mais ils ne rencontrèrent que le colonel, qui était venu ici, quelques jours auparavant, chercher la contribution et qui les rassura de son mieux. Ces messieurs rapportèrent d'Orléans une mauvaise nouvelle, le bruit y courait que la paix ne serait pas signée, et l'armistice finissait à minuit. Ces craintes ne sont pas fondées, heureusement, et les préliminaires de la paix sont signés; des soldats prussiens, venant d'Orléans le lundi 27 février, nous affirment que l'avis en a été affiché le matin dans cette ville.

En raison de cet heureux événement et des démarches faites par l'interprète hessois, M. Billard, mis en liberté, arrive à Châteauneuf vers quatre heures du soir. Bien qu'il n'ait pas eu à souffrir beaucoup physiquement de sa captivité, il faut dire qu'il est resté à peu près deux jours sans prendre de nourriture, car celle qui lui était apportée au poste par plusieurs personnes de la ville était dévorée par les soldats avant d'arriver jusqu'à lui.

Le lendemain mardi 28 février, dès que les journaux eurent apporter la nouvelle de la signature de la paix, on publia l'avis qui suit :

La municipalité de Châteauneuf a l'honneur de faire savoir à ses concitoyens que les préliminaires de paix ont été signés à Versailles le 26 février.

La municipalité ignore complétement les conditions de cette paix; aussitôt qu'elles lui seront officiellement communiquées, elle s'empressera de les porter à la connaissance des habitants.

En mairie de Châteauneuf,
Le 28 février 1871.

L'adjoint,
BILLARD.

Cette nouvelle fut reçue avec bonheur par tous les habitants, car, dans notre commune, il n'est personne, riche ou pauvre, qui n'ait eu à souffrir de l'occupation.

Quoique la paix soit signée, l'ennemi est toujours le même. Le journal du *Loiret* et l'*Impartial* ont continué timidement leur publication sous la férule prussienne. Aujourd'hui mercredi 1er mars, le premier est supprimé par l'administration allemande qui lui adresse la lettre suivante :

Monsieur le rédacteur,

La tendance offensante et hostile à l'armée allemande, du numéro 22 du journal du *Loiret*, me force à prohiber la continuation de ce journal, en vertu de l'article 3 du décret du gouverneur général du Nord de la France.

Agréez, etc.,

Le préfet du Loiret,
Baron DE KŒNNERITZ.

Le jeudi 2 mars, un convoi part pour Gien en même temps qu'un autre se dirige sur Orléans.

Dans la soirée, nous recevons quelques journaux ; *le Moniteur de Bordeaux* contient les conditions de la paix et *l'Impartial du Loiret* annonce l'approbation par l'Assemblée nationale des préliminaires de la paix, par 546 voix contre 107.

L'administration municipale fait publier et afficher une dépêche qu'elle reçoit du ministre de l'intérieur, ainsi conçue :

A la séance du 1er mars, un député ayant essayé de défendre le gouvernement impérial a provoqué une vive agitation dans la salle. Un grand nombre de membres ont proposé et l'Assemblée a adopté avec acclamation l'ordre du jour dont la teneur suit :

L'Assemblée nationale clot l'incident et, dans les circonstances douloureuses que traverse la patrie et en face de protestations et de réserves inattendues, confirme la déchéance de Napoléon et de sa dynastie déja prononcée par le suffrage universel et le déclare responsable de la ruine, de l'invasion et du démembrement de la France.

Six députés seulement se sont levés à la contre-épreuve.

Signé : J. SIMON.

Le vendredi 3 mars, dès le matin, M. le maire, qui est revenu, porte à la connaissance des habitants les conditions des préliminaires de la paix.

Ordre du jour.

Habitants de Châteauneuf! les préliminaires de la paix, signés depuis quelques jours, ont été ratifiés par l'Assemblée nationale à la majorité de 546 voix contre 107. Cette paix, devenue absolument nécessaire à la suite de malheurs inouïs, est une paix désastreuse.

La France perd l'Alsace et une partie de la Lorraine, on lui prend Metz ; on lui laisse l'héroïque Belfort. La France payera 5 milliards à l'empereur d'Allemagne dans l'espace de trois ans; le premier milliard, en 1871. Le territoire français sera évacué au fur et à mesure de l'acquittement de la dette, toutefois le Loiret et douze autres départements seront dès à présent libérés.

Il ne faut pas se le dissimuler, ces conditions de

paix dictées par un vainqueur sans générosité qui, maître de Paris, tient toutes nos armées prisonnières, ces conditions sont presque une ruine pour nous; la France n'a qu'un moyen de se relever, c'est d'imiter la forte organisation militaire de l'Allemagne.

Tout le monde soldat, sans distinction, mais pour peu de temps; les grades donnés, non plus à la faveur, mais aux plus dignes.

Un gouvernement fort, dont la loi soit universellement respectée parce qu'elle sera l'émanation libre des volontés de la France.

Les prodigalités bannies, le travail en honneur, une sévère économie dans les dépenses, en un mot la discipline partout.

Châteauneuf, 3 mars 1871.

Le maire,
E. Migneron.

La population écoute avec calme le récit de nos malheurs; les voix s'unissent pour plaindre les populations alsaciennes et lorraines, qui seront obligées de supporter le joug prussien jusqu'au jour où la France sera redevenue assez forte pour oser tenter une revanche.

On commence à se sentir un peu plus libre, les journaux nous arrivent, aujourd'hui samedi 4 mars, par la poste; l'Allemand s'apprête à déménager, on dit même que le premier passage de l'évacuation aura lieu demain.

§ V

ÉVACUATION DES TROUPES ALLEMANDES DU 6 AU 18 MARS.

Le mouvement d'évacuation est déjà commencé

dans les pays les plus éloignés de la basse Loire. Les troupes depuis quelques jours se concentrent à Orléans et dans les environs pour commencer leur marche rétrograde régulière vers la Bourgogne et la Champagne; elles sont dirigées par colonne de 6 à 10,000 hommes, suivant une grande route, et chaque jour s'arrêtant dans les communes les plus rapprochées de l'étape principale.

Châteauneuf étant un centre, eût, en cette qualité, la plus grosse part de la troupe; Saint-Denis, Fay, Vitry, Combreux, Sury-aux-Bois, Saint-Martin et Germigny en furent aussi encombrés, tandis que Seichebrières, Châtenoy, Bouzy et Saint-Aignan furent plus épargnés. Quelques colonnes seulement sont passées par Gien dans les premiers jours; toutes les autres ne dépassèrent pas Saint-Aignan où elles prenaient la route de Lorris.

Chacun de ces pays avait à recevoir, chaque jour, à peu près la même quantité de soldats variant de la moitié aux deux tiers de la population totale, il en est résulté que dans les campagnes où il y a très-peu de maisons réunies autour du clocher et beaucoup de fermes éloignées, les habitants des bourgs étaient écrasés.

La troupe, quoique pourvue de vivres, ainsi que nous avons pu le constater plusieurs fois par les distributions qui furent faites, demandait à chaque pays sa nourriture, et dans un grand nombre de communes les mairies fournissaient le pain, la viande et le vin, afin de soulager les habitants et d'éviter le gaspillage inévitable de leurs provisions et de leurs denrées. Les mêmes faits s'étant produits partout, nous ne donnerons pas le détail du séjour des troupes allemandes dans chaque commune pendant l'évacuation, nous bornant à décrire rapidement les incidents qui méritent une mention spéciale.

Le lundi 6 mars, vers dix heures du matin, viennent à Châteauneuf, un lieutenant d'état-major et de nombreux fourriers d'infanterie et de cavalerie, annonçant à la mairie, pour demain midi, l'arrivée de 2,500 hommes à loger chez les habitants et à nourrir avec grande abondance, tabac ou cigares en plus. Devant de semblables exigences, M. le maire, ne sachant pas à quoi les soldats ont droit, se récria vivement; mais le lieutenant, nullement désappointé, écrivit lui-même trois affiches qu'il placarda dans le pays. Elles étaient ainsi rédigées :

Les *soldats allemands* qui logeront demain ici ont droit à :

1 livre de viande,

1/3 livre de légumes (c'est-à-dire, riz, semouille, macaroni, etc.),

2 1/2 onces de cafés,

1 1/2 livre de pain,

1 1/2 once de sel,

5/8 litre de vin,

3 onces de tabac ou six (6) cigares.

Les *officiers* auront droit à un déjeuner à leur arrivée avec une bouteille de vin, et à un dîner, aussi avec une bouteille de vin, à l'heure qu'ils fixeront.

Châteauneuf, le 6 mars 1871.

Par ordre de Son Excellence le général en chef du 5e corps,

FR. VON IVERNOIS,
Lieutenant.

Pendant toute l'après-midi, les fourriers cherchent et marquent les logements des officiers, des soldats et des chevaux; le soir, chacun connaît son triste sort pour demain, et, trop instruit par l'expérience, s'empresse de faire ses provisions.

Les communes de Saint-Martin et de Germigny doivent aussi recevoir, loger et nourrir, chacune 1,000 hommes.

Dans la soirée, arriva d'Orléans un convoi de vingt voitures de vivres accompagné par quelques soldats d'infanterie répartis aussitôt dans les habitations. Le bruit court que c'est le dernier. D'ailleurs, on peut maintenant circuler librement, les Prussiens n'exigent plus de laissez-passer pour traverser leurs lignes; même pour Paris il en est ainsi.

Les postes allemandes quittent leur service dans le département. L'administration française porte cette nouvelle à la connaissance du public en ces termes:

A partir d'aujourd'hui les postes françaises reprennent librement leur service à Orléans et dans le département.

On peut jeter dans toutes les boîtes des lettres affranchies ou non affranchies.

Quelques détonations entendues sur la commune de Saint-Aignan, près de la maison du maire, font croire que des soldats ivres déchargeaient leurs fusils, mais vers huit heures du soir, sous le prétexte que l'on a tiré sur eux, les Allemands font prisonnier M. Fallot et le retiennent jusqu'au mercredi à minuit.

Le mardi 7 mars, vers dix heures, le tambour de ville publie l'avis suivant :

Les habitants de Châteauneuf sont prévenus qu'un passage de 2,000 hommes environ de l'armée allemande est annoncé pour aujourd'hui midi.

Le maire et la commission municipale, après s'être assurés que ces troupes auraient droit à être nourries :

Considérant qu'il serait impossible au milieu d une occupation aussi considérable de pourvoir à tous les besoins et d'empêcher la pression injuste sur ceux qui auraient plus de soldats à nourrir les uns que les autres, ont décidé : que le pain, la viande et le vin seront fournis directement aux commandants des troupes par la mairie sur des bons remis par eux à la commune.

Aux termes de l'article IV du traité de paix préliminaire, ces bons seront à la charge du gouvernement français.

Quant à MM. les officiers, ils seront nourris, comme à l'ordinaire, par ceux des habitants qui les auront en logement.

Châteauneuf, 7 mars 1871.

Le Maire,

E. MIGNERON.

Les soldats annoncés hier arrivent à une heure prenant immédiatement possession des logements marqués. Il y a environ 2,000 hommes d'infanterie et tout l'état-major pouvant former en tout, y compris ceux restés de la veille, 2,400 hommes et 200 chevaux. Le général est logé chez madame Guérin ; toutes les maisons ont des officiers ou des soldats qui, à leur arrivée, demandent comme d'habitude à goûter. Presque partout on les sert immédiatement, mais bon nombre d'habitants vont, escortés de soldats, à la mairie pour leur faire délivrer les rations promises par la commune ; là, on leur apprend que la distribution ne se fera qu'à deux heures par les officiers de chaque compagnie. On fut donc obligé de leur donner le premier repas.

La mairie livra aux commandants des bataillons, et sur leurs bons, des vivres à raison, pour chaque homme, de 500 grammes de pain, soit environ 2 tiers de ration, 250 grammes de viande, soit une demi-ration et un demi-litre de vin.

Ces distributions, commencées vers trois heures, finirent à cinq ou six heures. Pour être utile et éviter des frais aux habitants, il aurait fallu qu'elles fussent faites avant l'installation des soldats, afin que personne n'eût rien à fournir, autrement on ne pouvait éviter ni la confusion ni le double emploi ; la dépense en vin, notamment, est souvent plus importante pour le premier repas que pour celui du soir. Les officiers ne recevant pas de vivres sont à la charge des habitants.

Ces troupes partent, mercredi 8 mars, pour Courtenay, où elles quitteront le département en passant par Lorris. Les 36 dragons bleus du brief-relais les suivent, il n'y a donc plus de poste et l'on espère que c'est le dernier passage ; mais cet espoir est bientôt déçu, car dans la journée arrivent les fourriers devant préparer des logements pour demain.

Seichebrières est aujourd'hui encombré de troupes, 210 hommes dans ce village de 162 habitants.

Le jeudi 9 mars, vers midi, les premiers soldats arrivent ; ces troupes ne voyagent plus maintenant en colonne, mais par détachement, dont chaque chef règle le départ et la marche. L'état-major du 5e corps fixe la route au séjour qui a lieu tous les quatre jours. Les détachements qui vont à Germigny (une batterie d'artillerie) et celui qui va à Saint-Benoît (2 batteries et 3 escadrons de cavalerie) traversent le pays. Ceux qui restent ici arrivent successivement et forment un nombre de 3,300 hommes et 250 chevaux. La commune ne prévient pas les habitants pour les vivres, mais on finit par savoir qu'elle ne fournit rien; pourtant dans la soirée, on distribue du pain et du vin aux plus nécessiteux qui ont des soldats en logement.

Cependant les raisons qui existaient hier sont les mêmes aujourd'hui, et si l'intendance française ne remplit pas ses engagements, c'est-à-dire, ne subvient pas à la nourriture des troupes allemandes aux frais de l'état, les communes pourraient facilement se faire rembourser par le gouvernement des sommes avancées par elles, tandis que la dépense faite par les habitants ne peut être pour chacun d'eux ni évaluée ni remboursée, c'est donc une nouvelle perte à enregistrer et une somme de moins à prendre sur le trésor public.

Le 5e corps est formé en grande partie de Polonais, qui n'ont pas l'air d'excellents soldats, beaucoup ne savent ni lire ni écrire; ils étaient à Versailles depuis longtemps, on les a envoyés à Blois et ils se rendent actuellement à Dijon.

Le passage des troupes a été à Fay, aujourd'hui, la cause d'un fait regrettable. Chaque jour la commune eût à recevoir un détachement d'environ 1,000 hommes et 300 chevaux, les soldats étaient presque toujours logés par billets et, pour épargner ceux qui avaient encore de la paille ou des fourrages, la cavalerie séjournait dans un quartier où il n'y avait rien à prendre. Ces mesures atténuaient certainement le mal qui aurait pu être fait, mais elles n'empêchaient pas les vexations, les vols et le pillage que devaient encore supporter les habitants de ce pays. M. Paris Venon eut une côte brisée d'un coup de crosse de fusil reçu d'un soldat du 71e régiment d'infanterie, qui voulait s'emparer de provisions que le maître refusait de lui abandonner.

Nous apprenons que l'administration française reprend ses fonctions dans le département, *car M. de Kœnneritz quitte aujourd'hui la préfecture et la ville d'Orléans.*

Le vendredi matin 10 mars, les soldats partent tous ; ils vont à Ouzouer et de là à la Bussière, où ils doivent séjourner après-demain dimanche. Au moment de leur départ arrive un accident bien regrettable. Un soldat tout équipé, avec son sac et son manteau roulé, portant son fusil à peu près horizontalement, la bretelle passée par-dessus l'épaule, se trouvant en retard suivait rapidement la rue de la Poterie, lorsqu'au détour, il se trouva en face de madame Hurisse qui, elle-même, sortait en courant de sa demeure pour aller entendre ce que publiait le tambour de ville. Ni l'un ni l'autre ne put arrêter son élan, et le soldat, ne pouvant ni relever ni abaisser son arme trop assujettie, la dérangea vivement à droite, mais non assez rapidement encore pour ne pas blesser la malheureuse femme ; la baïonnette, à cause du coude qu'elle fait avec le fusil, traversa ses vêtements en effleurant la peau, le canon de fusil arracha les chairs et attaqua le foie. Elle tomba sans prononcer une seule parole et, cinq minutes après, rendait le dernier soupir. Il est probable que l'effroi, joint à la blessure, furent causes ensemble de la mort de cette malheureuse femme.

Vers onze heures du matin, les troupes qui avaient séjourné à Saint-Denis traversent la rue de la Bonne-Dame et se dirigent vers Bellegarde. Dans l'après-midi, il ne reste plus dans le pays un seul soldat allemand ; par contre, arrivent nos mobiles qui étaient à Paris. Le marché a lieu, mais il n'est pas très-considérable, sans doute à cause de l'occupation de plusieurs villages voisins.

Le lendemain samedi, 11 mars, nous apprenons qu'Orléans est encombré de soldats, et qu'il en est de même sur toute la route jusqu'à Saint-Denis. Cette commune a toujours été assez maltraitée ; chaque jour elle a eu des soldats, mais avec de l'ordre et de la volonté on arrivait à répartir la charge du logement ; moitié de la troupe était logée dans le bourg et recevait des vivres de la mairie, et l'autre moitié était disséminée dans les maisons de la campagne, où elle se faisait nourrir par les habitants. Il est arrivé qu'à certains moments les ordres donnés à quelques corps détachés ne permirent pas de distribuer les troupes aussi convenablement. C'est ainsi qu'un jour M. Desbois, maire de Saint-Denis, après avoir reçu, à son château de Chevenière, sa part d'infanterie, vit arriver un escadron entier de uhlans venant loger chez lui; puis, lorsqu'ils furent tant bien que mal installés à Chevenière et dans les environs, ce fut le tour d'une batterie d'artillerie arrivant avec un ordre semblable, mais les premiers officiers prouvèrent aux artilleurs qu'il n'y avait pas de place et qu'il leur fallait chercher gîte et nourriture ailleurs. Ils se rendirent chez M. Bobée, qui, comme bien d'autres fois, supporta à lui seul cette grosse charge. Deux jours après Chenailles dut recevoir encore une batterie d'artillerie toute entière, et les jours suivants des ambulances nombreuses.

Dans la journée la mairie fait publier ce qui suit :

En vertu d'une dépêche de M. le ministre des finances en date du 7 mars courant, le maire de Châteauneuf invite les habitants de la commune, tant du bourg que de la campagne, à présenter à la mairie dans un délai de 8 jours un état des réquisitions qui leur ont été faites pour l'armée allemande, tant par la commune que par les officiers eux-mêmes, en même temps ceux qui n'auraient pas fait la déclaration des dommages ou pillages soufferts par eux et résultant de la guerre devront la faire à la mairie de une heure à quatre heures jusqu'au 18 mars inclusivement.

Châteauneuf, le 11 mars 1871.

E. MIGNERON.

Le dimanche 12 mars, vers dix heures, quelques escadrons de cavalerie traversent le pays pour aller à Saint-Aignan, Bray et Bouzy. Ils sont suivis de voitures de vivres et de diverses provisions qui donnent lieu à un vol prouvant une fois de plus que les Prussiens ne tiennent aucun compte de la signature de la paix. L'un des conducteurs allemands détela le cheval de devant d'une voiture de pierres appartenant à un habitant de Châteauneuf et l'emmena au galop, sans que les protestations du charretier pussent l'arrêter.

Les fourriers des compagnies qui doivent arriver vont réclamer à la mairie les billets de logement suivant qu'il avait été convenu la veille, ils visitent les maisons auxquelles on destine des officiers et marquent leurs noms sur les portes ; de là tous vont au bout du pays attendre leurs compagnies respectives pour les guider dans les divers quartiers qu'elles doivent habiter.

Vers deux heures, les soldats sont installés chez les habitants; les chasseurs, après s'être débarrassés de leurs sacs et sans exiger de nourriture, vont aux provisions qui leur sont distribuées par leurs officiers; c'est ainsi que cela devrait toujours se passer ; on ne leur fournit que des légumes frais et du vin qu'on leur fait payer quelquefois. Seuls les officiers sont nourris complétement par les habitants. Quant au reste de la troupe, ce n'est que le soir qu'elle reçoit une boîte de bœuf conservé pour deux hommes, et se fait fournir le surplus par l'habitant. Nous apprenons avec peu de plaisir que nos hôtes feront demain séjour ici et ne repartiront que mardi matin pour aller à Lorris et de là à Montargis.

Le lendemain, lundi 13 mars, dans la matinée, le pasteur protestant, redoutant le mauvais temps, exige, de la manière la plus impolie, l'église pour y célébrer un office ; mais, vu le beau temps, la cérémonie eut lieu en plein air, au château.

Tous les officiers de chasseurs dînent ensemble à l'hôtel Dupuis, si bien, sans doute, que quelques-uns se trompent de portes et brisent celles des voisins, qui, au milieu de la nuit, ne se lèvent pas assez vite pour leur faire remarquer leur erreur.

Les habitations qui ont jusqu'ici logé les généraux sont trouvées trop petites par les officiers d'ordonnance précédant le général von Wittich, qui doit, demain, arriver ici; le château est en trop mauvais état, on pense au château de l'Étang; enfin on cherche.

Le mardi 14, vers midi, commencent à arriver les soldats destinés à Châteauneuf; d'abord une batterie d'artillerie; on distribue aussitôt pain et viande à ces soldats, qui gagnent leur logis chez les habitants. Viennent ensuite des généraux et leur état-major; les uns forment l'arrière-garde du 5e corps de Hanovriens, qui passe depuis plusieurs jours; l'autre est le général de division von Wittich et son état-major. Le général est un peu boiteux, paraît avoir une soixantaine d'années et est doué d'un physique assez ingrat; il est logé chez madame Guérin et prend ses repas avec son état-major à l'hôtel Desnoyers-Coulon. Les frais de repas n'ont pas grevé la commune d'une trop lourde somme, le déjeuner et le dîner de quatorze personnes ne figurent sur la note du maître d'hôtel que pour 84 francs. Il est bon de faire remarquer que la mairie avait eu soin d'avertir M. Desnoyers de modérer les frais autant que possible.

Vers deux heures arrivent 2 bataillons du 57e de ligne qui s'éparpillent dans les maisons, et nous voilà de nouveau envahis, mais un peu moins durement que certains jours où les soldats n'ont pas reçu de vivres. Ici, ils détruisent les pieds de vigne avec leurs sabres; là, ils coupent les cordes des bateaux et coulent à fond les barques; dans la rue des Champs, ils maltraitent plusieurs citoyens, entre autres M. Dupuis, vétérinaire, et frappent à coups de chaise M. Appart (Barthélemy), qui est blessé à la tête en voulant soustraire à leurs coups un malheureux charretier dont on prenait le cheval.

A Saint-Denis, les soldats au moment du départ veulent exiger du maire cinq sacs de farine, celui-ci refuse bien qu'on le menace de la prendre de force, sous le prétexte que le détachement allait le lendemain séjourner dans un petit pays de la forêt où il ne trouverait pas de vivres ; elle fut enlevée et le bon, que laissa l'officier, en mettait la moitié à la charge de la commune de Saint-Denis et l'autre moitié à celle de Châteauneuf.

Le mercredi 15 mars, à 7 heures du matin, l'artillerie et l'infanterie du 5e corps se dirigent sur Bellegarde et vers huit heures le général von Wittich prend la route de Lorris.

On rencontre dans les rues des fourriers qui, hier, avaient commencé à marquer. Pour rendre leur tâche plus facile, le maire invite ses concitoyens à effacer sur leurs portes les marques à la craie qui y auraient été mises précédemment. La précaution n'était pas inutile, mais les fourriers, arrivés de la veille et ayant passé tout leur temps à boire, ne purent faire qu'un travail aussi mauvais qu'incomplet ; de là des explications orageuses, des discussions entre les habitants et les soldats qui finissent par avoir la dernière raison en s'imposant par la force.

Il arrive successivement deux compagnies du 16e, un bataillon du 57e, un convoi de provisions, un convoi considérable de voitures auxiliaires, deux généraux et leur escorte et les fourriers des compagnies qui logeront demain. Enfin à 7 heures du soir, deux autres compagnies du 16e qui, venues à la nuit ne pouvant reconnaître leurs logements, font un vacarme épouvantable pour se caser. Tous ces soldats réunis ne font pas moins de 2350 hommes avec 680 chevaux et 160 voitures.

La rue des Champs fut le théâtre d'un nouvel acte de brutalité ; un aubergiste, M. Baudin, avait ses écuries marquées pour recevoir des chevaux de dragons ; dans la journée viennent des hussards et des cuirassiers blancs qui, malgré ses protestations, veulent y mettre leurs chevaux ; il insista pour ne pas voir sa maison envahie au delà du possible, alors ils le frappèrent et le menèrent au poste sous prétexte de violences exercées sur eux. On fit des démarches près du général qui en rit et ne tint compte que des rapports de ses soldats. On obtint qu'avec peine de lui porter un peu de nourriture, mais sans pouvoir lui épargner les mauvais traitements, les coups de pieds et de plats de sabres. La liberté ne lui fut rendue que le matin du jeudi 16 mars, quand partit le détachement qui encore aujourd'hui va être remplacé par un autre, car déjà les fourriers se partagent le pays. On annonce même un fort passage, seulement nous avons la certitude complète que ce sera le *dernier*. Orléans a été évacué complétement ce matin à 10 heures.

Les troupes arrivant vers une heure, resteront aujourd'hui, séjourneront demain et partiront samedi matin 18 mars, nous ne serons délivrés que ce jour-là. Le nombre des soldats est considérable et se compose d'un général de division d'infanterie, de 2 bataillons du 91e (Hanovriens et Westphaliens), d'un convoi de 30 voitures de vivres, d'un convoi de 50 voitures auxiliaires, de 2 batteries d'artillerie et d'un escadron de uhlans formant un total de 2,450 hommes, 740 chevaux et 122 voitures.

La répartition est aussi disproportionnée que les autres jours. Rien ici, encombrement là, des soldats de tous corps, et les réclamations étaient inutiles aussi bien à la mairie que près des chefs. Les voitures contiennent de nombreuses provisions, mais on n'en fait qu'une maigre distribution se composant d'une boîte de conserves ou d'un morceau de bœuf frais. La plupart des habitants leur fournissent donc pain, vin et le reste.

Un incident troubla aujourd'hui la paisible commune de Sury-au-Bois, qui eut sa bonne part de troupe pendant l'évacuation.

Environ 600 soldats d'infanterie et 200 cavaliers logent chez les habitants et se font nourrir par eux. Pendant le souper de 4 cavaliers dans une maison éloignée de 2 kilomètres du bourg, quelqu'un qui, bien entendu, n'a pas laissé son nom, emmena un cheval des cavaliers du 9e dragons; après le repas, les soldats constatèrent le vol qui venait de leur être fait et s'en prirent au maître de la maison qu'ils frappèrent à coups de plat de sabre en lui réclamant leur cheval. Le lendemain matin, continuant de le frapper, ils le conduisirent chez l'instituteur où était logé le capitaine; celui-ci se fit expliquer le fait et n'infligea aucun mauvais traitement, se contentant d'envoyer à Combreux prévenir son commandant, lequel arriva bientôt, et, s'adressant d'abord aux soldats, leur fit une forte semonce accompagnée de violents coups de poings; furieux et écumant de rage, il se tourna alors contre l'instituteur, le prenant sans doute pour le maire, le poussa, le frappa en criant : *Cherchez le cheval, cherchez le cheval.* Quand cet officier eut un peu passé sa colère, le capitaine lui fit remarquer que ce n'était pas le maire ; au même moment l'adjoint arrivait entre 4 soldats, nouvelle fureur du commandant qui le frappe, le maltraite et le fait conduire devant lui chez l'individu où l'on avait volé le cheval. Celui-ci est absent, sa petite fille, gardant la maison et questionnée, dit qu'un habitant nommé Leseur a volé un cheval bavarois à Orléans. On l'emmena prisonnier à Combreux avec la petite fille, pendant ce temps la maison fut pillée, les effets jetés au vent, les soldats prirent 100 francs d'argent et emmenèrent les 4 vaches. Le soir, les Prussiens ont renvoyé de Combreux la petite fille et M. Leseur en disant à ce dernier : « Demain nous passerons chez vous, » mais la maison était vide. On croyait les vaches perdues, lorsque 5 jours après le maire reçut de celui de la Selle-en-Hermois, près de Courtenay, une lettre l'engageant à faire prendre 4 vaches laissées dans sa commune par les Prussiens (qui ne pouvaient les faire marcher davantage) et appartenant à un habitant de Sury-aux-Bois. Il y avait à payer 38 francs pour frais de nourriture.

L'aubergiste de Sury-aux-Bois fut également frappé par les cavaliers et enfermé dans un toit à porc ; rien ne semblait motiver ces rigueurs, on croit pouvoir les attribuer à un vol commis au préjudice d'une compagnie d'infanterie. Dans la nuit on avait volé la voiture des bagages des officiers, dans la cour de l'auberge, à côté du poste et sous les yeux du factionnaire. En apprenant cela, les soldats ne firent pas trop de bruit, on put d'ailleurs, en suivant la trace des roues sur la terre sèche, retrouver cette voiture dans le bois à 2 kilomètres du pays.

Le vendredi 17 mars, le pasteur protestant, profitant du séjour, fait un office à l'église de Châteauneuf pour les soldats de cette religion, mais la moitié étant catholiques, un aumônier de leur armée dit une messe à laquelle assistèrent une partie d'entre eux. Chaque fois qu'il y eût séjour, on remarqua que les soldats et officiers étaient fortement adonnés au jeu et que souvent l'enjeu était considérable et les pertes exorbitantes.

Dans cette dernière journée comme dans les précédentes, les habitants ne cachèrent pas aux Prussiens leur joie de les voir s'éloigner, les sentiments de haine qu'ils conserveraient de la présence des Allemands dans nos pays, ni le désir qu'une guerre prochaine et terrible vint nous venger des tourments qu'ils nous ont fait endurer. Aussi, afin de leur en donner une preuve certaine et mémorable, le samedi 18 mars, leur rassemblement et leur départ se firent, si l'on peut dire ainsi, au son de toutes les cloches mises en branle par les jeunes gens du pays réunis dans le clocher. A neuf heures, tout rentrait dans un calme inconnu depuis 6 mois. Ce n'était pas encore l'ordre et la tranquillité nécessaires pour la reprise des occupations journalières des habitants, mais enfin on respirait. Le reste de la journée fut employé à commencer le nettoyage de ces nouvelles écuries d'Augias et à se féliciter mutuellement du départ si vivement souhaité de ces affreux hommes du Nord.

CHAPITRE V

Notes complémentaires — Ambulances

NOTES COMPLÉMENTAIRES

Nous avons, dans ce qui précède, rapporté à leur date les faits les plus importants relatifs à l'occupation prussienne, mais il y a eu, en outre, dans le cours des passages successifs de troupes de nombreux vols et pillages accomplis dans diverses maisons de la ville et de la campagne, et qui représentent ensemble pour chacune des sommes importantes. Nous ne pouvions les réunir sans faire quelques répétitions qu'on voudra bien nous pardonner.

§ I — *Ville de Châteauneuf.*

Depuis le 4 décembre jusqu'au 18 mars, il ne s'est pas écoulé un seul jour sans que le pays n'ait eu de passages de troupes, de patrouilles ou de convois de vivres, et par conséquent des soldats à loger et à nourrir, indépendamment de la garnison ou des postes qui ont successivement occupé le pays.

Les maisons qui ont été pour ainsi dire volées et pillées chaque jour, sont : le château, la poste aux chevaux, les hôtels, cafés et auberges, etc.

Le château de Châteauneuf n'a, sous aucun rapport, été épargné par l'invasion ; laissé, comme chaque année à cette époque, aux soins de quelques personnes, pendant l'absence de M. Rigollot, il a reçu de nombreux Prussiens. Dès le 28 octobre 1870, le capitaine de hussards rouges qui s'y était installé pour trois jours emporta, en s'en allant, une pendule ; c'est le seul méfait qu'on ait à lui reprocher, car, au milieu des vols et des brigandages, l'abus exagéré de la cave ne paraît qu'une peccadille. Lors de la deuxième invasion d'Orléans, à chaque passage important, le chef du grade le plus élevé logeait au château ; c'était d'ordinaire un général, mais comme il n'y séjournait qu'une nuit et ne commettait pas de déprédations sérieuses, le lendemain un bon nettoyage remettait les choses en état. Cependant le linge diminuait et le vin aussi. Le 20 décembre, le général de division de Wrangel et son état-major vinrent s'y installer ; pendant leur séjour du 20 décembre au 3 janvier, ils n'endommagèrent gravement que les provisions et la cave. Quant à la galerie de tableaux, elle ne subit aucun outrage ; les appartements et le mobilier furent soignés, nettoyés et entretenus et l'on peut dire que tout fut laissé dans un état relativement propre, en tout cas, il n'y avait pas été commis de vols importants jusque-là, sauf le linge qui diminuait toujours.

Le 5 janvier, après le départ du général de Wrangel, arriva le poste de 56 chasseurs hessois commandé par le lieutenant Flach ; il n'était pas brave, mais méchant, insolent et peureux, aussi son premier soin fut de s'installer avec ses soldats dans les appartements qui venaient d'être quittés. La commune leur fournissait les vivres réglementaires qui ne leur suffirent jamais, ils volaient le reste; 5, 6 ou 8 soldats, occupant chaque pièce, prenaient à la cuisine et dans les meubles ce qu'il leur fallait pour préparer leur nourriture. Les meubles à linge, ouverts depuis longtemps, furent mis de nouveau à contribution, tout fut dérangé : les meubles du salon et de plusieurs autres pièces défraîchis, les fauteuils percés à coups de baïonnettes, au lieu d'un lit il y en avait deux ou trois dans chaque chambre, sans compter la paille répandue partout. Les casseroles, cafetières, chaudrons, assiettes, cuillères et fourchettes se promenaient sur les tapis de parquet, de table et sur les cheminées, c'était le comble du désordre et de la saleté. La cave avait continué à subir de graves dommages, mais les meubles n'avaient pas été maltraités autrement que par l'ouverture forcée des serrures.

Ce détachement partit le 26 janvier, après avoir occupé les appartements pendant 22 jours sans qu'on y fît aucun nettoyage ; on peut juger par là de l'état dans lequel ils se trouvaient. Ce poste fut remplacé par un autre composé aussi de 36 Hessois sous les ordres du lieutenant Hermann. Cet officier en arrivant parut faire le difficile, trouva les chambres trop malpropres pour les habiter ; mais il s'y installa néanmoins avec tous ses soldats, et s'il était moins dur pour la population et ceux-là moins grossiers envers les habitants, ils étaient non moins malpropres et certainement beaucoup plus pillards; aussi le reste des vins fins et des liqueurs disparut, de la batterie de cuisine et de la vaisselle il n'en resta plus rien; la salle à manger ménagée jusque-là fut mise à sac, les tiroirs de buffets brûlés, etc.

Dans un petit salon qui suit on distribuait des vivres et une fort belle commode, ayant jadis appartenu au duc de Penthièvre, servait de billot pour découper la viande, tous les tiroirs ayant été préalablement dévalisés, et les armoires à linge complétement vidées. Les portes de placards et les planches furent brulées, quoique pourtant les gens du château fournirent aux soldats le bois dont ils ont eu besoin, et dont on estime la dépense à plus de 200 mètres cubes.

La galerie porte aussi de nombreuses mutilations, aucune statue ne reste sans dommages : aux unes, ils ont cassé le nez, aux autres les bras et les jambes; peu de tableaux ont souffert, mais une dizaine des plus petits ont disparu ; quant aux meubles antiques, il manque à tous ou des portes ou des tiroirs; ce sont des pertes irréparables.

Au premier étage, le musée d'art a été examiné, fouillé avec des soins minutieux et dévalisé de ses objets les plus précieux, parmi lesquels se trouvaient 50 tableaux, bas-reliefs, en bois sculpté. Ce qui ne pouvait être emporté ou donné était dispersé de tous côtés jusque dans le jardin. Le donjon lui-même, la charmante habitation préférée de Florian lorsqu'il venait visiter le duc de Penthièvre, n'a pas été ménagé, tout y est resté pêle-mêle : une caisse de piano défoncé servait de lit, les siéges sont en lambeaux, de nombreuses gravures ont été retirées des cadres et le peu qui en reste est dans un état affreux.

Dans le vaste grenier tout est ravagé : là comme partout, de pleines malles de linge, tentures et vêtements qui y avaient été cachées, ont été trouvées et dévalisées par les soldats du lieutenant Hermann. Vinrent ensuite les 36 chasseurs hessois, avec le lieutenant Zibes, qui quittèrent le château après 15 jours sans avoir fait de déprédations. Les dégâts matériels sont estimés à un chiffre considérable.

Nous ne terminerons pas ce récit consacré au château sans dire quelques mots des dépendances.

L'orangerie, les serres et les communs n'ont pas eu à souffrir, mais la ferme a payé pour tous. La seconde invasion a été si soudaine que c'est à peine si, à l'arrivée des Prussiens, nous connaissions les désastres de notre armée à Orléans.

M. Moreau, chef de culture de la ferme, n'eut pas le temps d'emmener les produits encombrant qui remplissaient les greniers, et pensa d'abord à sauver les chevaux et les vaches; tout le reste a disparu de chez lui, les murs seuls sont restés. On jugera du dégât quand nous aurons dit que dans les différents séjours les écuries, la bergerie, les deux granges et plusieurs appartements ont abrité 5,000 *chevaux* et environ 4,000 *hommes*. Les chevaux ont absorbé plus de 30,000 kilos de paille, 20,000 kilos de foin, 120 hectolitres d'avoine, 50 hectolitres de blé, et les soldats 75 hectolitres de pommes de terre, sans compter tout ce qui a été emporté. Nulle part peut-être le pillage n'a été aussi complet.

La poste aux chevaux, de M. Henri Feyaubois, a aussi cruellement souffert des vols prussiens : 29 chevaux, tous les harnais, une grande quantité de paille et de foin, plus de 100 hectolitres d'avoine, beaucoup de blé et de menus objets, qu'on ne saurait détailler, ont été pris. Comme logements de chevaux et de soldats il n'est guère d'habitation qui ait dû en recevoir autant : la perte est considérable.

Chez MM. Boutroux père et fils, il a été volé 5 chevaux, 500 bottes de paille, une très-grande quantité de foin, 135 hectolitres d'avoine et une voiture. Tous les meubles de M. Boutroux fils ont été brisés et en partie brûlés, enfin le linge et les vêtements du maître et des domestiques ont été emportés.

L'hôtel d'*Orléans*, tenu par M. Menault, a été, du 6 décembre 1870 au 18 mars 1871, habité continuellement par des troupes de passage, et pendant l'occupation il y avait environ 50 soldats et 50 chevaux. L'intérieur des appartements offre l'aspect le plus délabré ; de la vaisselle et du ménage, il n'en reste plus rien. Sur le billard, les soldats hachaient leur viande. Tout le vin bouché, 8 pièces de vin ordinaire, un fût de cognac et bien d'autres provisions ont disparu, ainsi qu'un lit de plumes, 5 couvertures, 8 draps, 10 paillasses, beaucoup de serviettes, des harnais, etc., etc. Bref, M. Menault dut quitter la maison ; il ne lui restait pas même une chambre, la seule qu'il eût pu réserver à sa famille avait eu ses serrures crochetées et sa porte enfoncée ; la maîtresse de la maison et la domestique durent même sortir par une fenêtre afin d'échapper aux poursuites de plusieurs soldats.

A l'hôtel du *Grand Monarque*, l'avoine, le foin, la paille ont été pillés ainsi qu'une grande quantité de liqueurs et de vins fins, des volailles ; enfin, dans les chambres, du linge, des couvertures et une foule de menus objets furent volés. Chez M. Desnoyers-Coulon, à l'hôtel des *Trois-Rois*, la paille, le foin et l'avoine ont disparu également dès le premier jour; du vin de Bordeaux, du porc salé, un fût de vermouth et un fût d'eau-de-vie ont eu le même sort, ainsi qu'un grand nombre de volailles. Une cachette avait été faite dans le jardin, les Prussiens y ont pris un fût de cognac, un panier de vin de Champagne et un autre de liqueurs. Ces deux hôtels avaient, en outre, dans tous les passages, de nombreux officiers et soldats à loger et à nourrir, les écuries étaient toujours remplies de chevaux.

M. Giroux Minière a dû livrer aux pillards prussiens une grande quantité de vins (ils l'avaient adopté pour leur fournisseur *gratuit*), sans compter 28 hectolitres qui lui ont été volés dans unevoiture, sur la route d'Orléans, près de Chécy; sa perte en liquide emporté hors de chez lui est de 35 hectolitres de vin et 8 hectolitres d'eau-de-vie. C'est peut-être ici le lieu de remarquer que chaque corps, en quittant un pays, avait soin de faire connaître à ceux qui devaient les remplacer, les maisons dont ils prétendaient avoir eu à se plaindre afin que leurs successeurs s'y conduisissent en conséquence.

M. Paul Blanluet, aubergiste sur la place du Marché, a été aussi victime de vols d'une quantité considérable de vin.

M. Issert-Annet, M. Issert Théodore et M. Métais, marchands de bois, ont été dévalisés de tout leur bois de chauffage, de bourrées et de bois d'industrie emportés chez des voisins; en outre de ce qu'ils ont pu fournir pour le chauffage des soldats qu'ils avaient à loger, la perte s'élève pour chacun à plusieurs mille francs.

Pour compléter la liste déjà trop longue des vols commis chez les particuliers, nous ajouterons les noms de ceux qui ont le plus souffert; ce sont : MM. Godin père, Imbault, Desbois-Desgardes, Papillon fils, Brière et Ce, Dumain, Desnoyers-Fouqueau, Gouache, etc., etc.

§ II — *Campagne de Châteauneuf.*

Renfermés dans la ville par les postes prussiens que l'on ne pouvait franchir sans laissez-passer, on restait chez soi sans nouvelles de ce qui se passait au delà de sa porte. Il était dangereux de s'aventurer dans la campagne, car, comme nous l'avons déjà dit, les attaques continuelles dont les patrouilles étaient l'objet laissaient croire à nos ennemis qu'il y avait des francs-tireurs dans les bois où ils faisaient souvent des battues et maltraitaient ou assassinaient des gens inoffensifs. Puis, il n'est que fort rarement arrivé que les pillards aient dévalisé complétement une ferme en un seul jour; au contraire, ils y laissaient toujours quelque chose à prendre pour plus tard. Aucune ferme ou maison de maître et de cultivateur des environs n'a été épargnée par les Allemands ; beaucoup ont été pillées et quelques-unes saccagées entièrement. C'était donc la guerre aux habitants, la ruine des populations et le ravage des propriétés.

Le château de l'Étang fut l'une des propriétés les plus ravagées ; M. Thérond, son propriétaire, qui, paraît-il, devait venir l'habiter, se trouva enfermé dans Paris par l'investissement ; pensant revenir, il n'avait donné aucun ordre à ses domestiques ; rien n'avait été enlevé ou caché. La maison était donc bien pourvue. Le jardinier avait les clefs des appartements, celles des meubles qui étaient cachées furent trouvées plus tard. Avant l'arrivée des Bavarois, dans les premiers jours d'octobre, le cocher (un Berrichon) avait jugé prudent de partir pour son pays avec les quatre chevaux de luxe dont il avait les soins.

Le 6 décembre, les Allemands vinrent à travers la forêt au nombre de 300 environ, visitèrent les appartements, cherchant des francs-tireurs ou des soldats cachés et des armes, puis repartirent ; mais le lendemain, 35 soldats et un officier arrivent le matin, s'installent et se font parfaitement nourrir jusqu'au jour suivant ; ils purent absorber 8 pains, 12 poulets, 12 kilos de jambon, 6 kilos de viande, des confitures et 3 kilos de beurre fait par eux-mêmes.

Trois jours après, ce fut le tour de 50 hommes de l'armée de Frédéric-Charles, qui s'en allèrent laissant cette habitation dans un tel état, qu'on pouvait croire à une répétition de ce qui se passait au château de M. Rigollot.

Le lendemain de l'occupation de Châteauneuf,

le 21 décembre, un nouveau détachement d'un même nombre d'hommes, avec des officiers, emmenait deux vaches et une grande provision de pain, de jambon, de sucre et de café. Quatre jours plus tard, le 25 décembre, plus de 30 hommes s'installent dans les appartements, descendent la nuit à la cave, boivent à leur gré des vins qui s'y trouvent, et avant de partir chargent dans leurs voitures une grande quantité de bouteilles. Ce ne fut cependant qu'à partir du 26 décembre que le pillage fut exercé sur une grande échelle, et son premier auteur fut le capitaine Charles...., chef du service télégraphique de Châteauneuf, qui, accompagné de quatre hommes, vint annoncer qu'il voulait visiter le château, parce que le prince Frédéric-Charles devait venir l'habiter dans la nuit. Pendant qu'il donnait quelques explications aux gardiens, les soldats ouvraient, au 1er et au 2e étage, tous les meubles, les armoires et les placards qu'ils commençaient à vider lorsque le jardinier alla voir ce qui se passait; l'officier, le trouvant par trop curieux, lui mit la lame de son sabre sur la gorge en lui disant : « Je ne viens pas pour piller, mais pour visiter les appartements que le prince Frédéric-Charles va occuper; allez montrer le vin aux soldats. » Et pendant que cet ordre était exécuté, il faisait mettre dans sa voiture douze couvertures de lits et tous les effets de M. et madame Thérond, un matelas, une pendule (celle qui avait le moins de valeur, ce qui prouve le peu de goût des pillards pour les choses d'art), dix-huit volailles et deux paniers de vins et liqueurs. Il va sans dire que du prince Frédéric-Charles il n'en a jamais été question.

Le 28 décembre, ce même officier, avec quelques soldats, emmenèrent le cheval et la voiture du fermier chargée de volailles et de linge ; objets de lingerie, de toilette, vêtements d'enfants, tout fut retiré des meubles, emporté ou dispersé dans les escaliers et dans les allées du parc. On a également constaté la disparition de pièces d'argenterie de valeur. Ce même jour, 14 soldats avec 7 chevaux s'installaient jusqu'au lendemain. Après leur départ, nouvelle visite des pillards qui continuent à vider les meubles. Le jardinier les voyant arriver, courut à Châteauneuf trouver le colonel Schramm, du 36e de ligne, commandant la place, et lui raconta que tous les jours les soldats allemands venaient piller le château de ses maîtres et emportaient tout, jusqu'aux effets d'habillement des enfants. Le colonel quitta son cabinet et se rendit aussitôt sur les lieux, où, trouvant encore les coupables, il les chassa, et dit au jardinier de faire une note de ce qui avait été pris, espérant que tout serait retrouvé. La note fut donnée au colonel, qui n'a jamais rien rendu. Le soir même, 40 soldats revenaient et brisaient une dernière commode que sa solidité avait fait respecter jusque-là, et en emportaient le contenu ; pour n'être pas dérangés, ils avaient renfermé le jardinier et sa femme dans la cuisine, dont la porte était gardée par un soldat.

Après le départ des troupes du général de Wrangel, le capitaine Charles alla à l'Etang avec le lieutenant Flach. Pendant l'armistice, ce fut le lieutenant Hermann, du même régiment, en même temps que les cavaliers du brief-relais. Autant de voyages, autant de vols jusqu'à ce qu'il ne resta plus ni une seule bouteille à la cave, ni un seul objet dans les meubles. Comme dernier acte de vandalisme, une armoire renfermant encore un peu de linge fut fracturée et son contenu brûlé.

Le château de Belair, qui se trouve sur la route d'Orléans à Châteauneuf, eut, à cause de cette position, presque continuellement de la cavalerie prussienne; tout un état-major l'habita longtemps, et sans le fermier qui parlait allemand, la propriétaire et sa propriété auraient été fortement maltraitées. Madame Cronier ayant, pendant une nuit, refusé aux officiers du vin de Champagne, qu'elle n'avait pas dans sa cave, fut menacée d'être tuée par le colonel, elle ne s'échappa des mains de ce forcené qu'en quittant sa maison.

Pendant l'occupation et les nombreux passages de troupes, il y eût à loger et nourrir plus de 1100 soldats et 300 chevaux. C'est dans le jardin du Petit-Belair que, pour faire croire sans doute aux rares voyageurs passant sur la route qu'il y avait de l'artillerie, les soldats avaient placé un train de charrue renversé avec un tuyau de poêle figurant un canon. Les vols ont eu, là comme ailleurs, une certaine importance : 3 chevaux, 11 harnachements complets, tous les vêtements de cocher, 5 couvertures et tous les habits du jardinier, même les plus inutiles.

Au Grand-Gabereau, occupé par 7 locataires, les Prussiens ont pris 7 vaches sur 9, 2 porcs gras, 150 kilog. de porc salé, une grande quantité de paille et de foin, et ces 7 ménages ont logé et nourri plus de 1,650 soldats et 800 chevaux.

Au Petit-Gabereau, les 3 locataires ont vu leurs

meubles jetés dehors et leurs chambres servir d'écurie ; le peu qu'ils possédaient a été perdu ; les couvertures, tout le linge et une montre en argent ont été emportés par les cavaliers et des conducteurs civils des voitures auxiliaires.

Au Sausseux, ils ont pris 8 vaches, 2 veaux, de la paille, 17 hectolitres d'avoine, beaucoup de blé et une grande quantité de volailles. Pendant l'armistice, le vendredi 24 février, des cavaliers hessois enlevaient de cette ferme 10 hectolitres de froment de semence, et 2 hectolitres d'avoine.

L'Oison a été dévalisé entièrement, tout a été emmené, sauf 4 juments qu'un capitaine a bien voulu rendre.

La ferme de Nevers a perdu 3 vaches, 2 veaux, 2 porcs, du foin, 10 hectolitres de blé, un grand nombre de volailles et 80 hectolitres de pommes de terre. Les habitants ont eu en outre à loger, en diverses fois, 330 soldats et 80 chevaux.

A La Noue, les 5 plus belles vaches ont été prises, 2 porcs, de la paille, 10 hectolitres d'avoine, du blé et plus de 300 volailles, tout ce qu'il y avait de pain, des mouchoirs, des rasoirs et une foule de menus objets.

La Goierie doit être placée au nombre des fermes les plus dévastées, les Allemands ont emmené 12 vaches, 1 cheval et une voiture, de la paille, 28 hectolitres d'avoine, du blé, plus de 200 volailles, 40 kilogr. de porc salé, tous les harnais, plus 150 fromages, une couverture de laine et des chemises d'hommes ; c'était un pillage complet auquel il faut ajouter les vols et dégâts faits dans l'appartement de Mme Bassemont, propriétaire, situé dans la cour de la ferme. Il y a été pris, dans un petit meuble dont le dessus fut brisé, 1.000 fr. et 6 couverts d'argent, ainsi que tout le linge; enfin, le fermier a logé et nourri 80 chevaux et 132 hommes.

La ferme du Colombier a été visitée aussi un grand nombre de fois; la perte est considérable, comme on pourra juger par le détail ci-dessous.

Les 6 meilleures vaches sur 10 ont été emmenées, 2 veaux, 72 moutons, 1,000 bottes de paille, 52 hectol. d'avoine et beaucoup de blé, les volailles, le porc salé, 22 hectol. de pommes de terre, des harnais, couvertures en laine, chemises d'homme, pantalons, mouchoirs, etc. Le fermier a eu encore à nourrir 70 hommes et autant de chevaux.

Dans le château et la ferme de Lintry, il a été pris 6 vaches, 2 chevaux, la paille et le foin, 17 hectol. d'avoine, une voiture, du blé, les volailles, la cave, les harnais, des couvertures de laine, des armes de luxe et quelques menus objets.

Château et ferme de Pierre-Blanche : le fermier a, pour sa part, perdu 7 vaches, 1 porc, sa paille, son foin, de l'avoine, 10 hectol. de blé, les volailles et 25 kilogr. de porc salé, sacs à blé, vaisselle, etc. La maison de maître a reçu 50 soldats qui, par une révélation du ciel ou d'ailleurs, ont découvert une vieille caisse qui avait été montée au grenier et masquée par un faux plancher, ils l'ont pillée bien entendu et ont emporté, en outre, tout ce qui leur a convenu en tapis, couvertures, porcelaines et objets de sellerie.

La Fontaine a fait aussi des pertes considérables, 9 vaches sur 10 ont été enlevées, 2 veaux, 38 moutons, la paille et le foin, 20 hectol. d'avoine, une voiture, 20 hect. de blé, toute la basse-cour et ce qui était susceptible d'être emporté.

Il serait trop long de citer toutes les maisons, situées sur la commune de Châteauneuf, qui ont souffert de l'invasion. Cependant, nous devons nommer encore celles des Guérines, Chêne-Vert, Tirepaine, le Bongy, la Blondellière, Pochy et les maisons de Gaudin ; partout ailleurs les Allemands y sont allés et ont causé un peu moins de dommages; mais ce que nous pouvons affirmer, c'est qu'ils ne sont pas entrés une seule fois dans une maison de campagne, hutte, chaumière, ferme ou château sans y prendre quelque chose.

§ III. *Ambulances.*

Nous avons eu déjà l'occasion de parler des ambulances, mais comme nous ne l'avons fait qu'incidemment, nous reviendrons sur ce sujet pour en indiquer mieux l'organisation, le nombre, l'importance, les services qu'elles ont rendus pendant plus de six mois.

Dès la fin de septembre et les premiers jours d'octobre, les passages de troupes françaises laissaient chaque jour des malades que recevait l'hospice en attendant qu'ils fussent dirigés sur Orléans.

Dans la deuxième quinzaine de novembre les soldats étant en très-grand nombre dans la forêt, celui des malades devint considérable, les moins souffrants étaient conduits à Orléans, mais dans chaque convoi il s'en trouvait qui ne pouvaient aller plus loin. L'hospice fut bientôt rempli et l'on dut installer le 8 novembre, jour du passage du corps d'armée du général Martin des Pallières, une ambulance communale dans la maison de M. Thiercelin ; les lits, la literie et le linge furent prêtés par les habitants sur la demande de l'administration municipale et une quête faite à domicile produisit environ 1,000 francs. La charpie et le linge pour pansement furent donnés gratuitement. Le surplus du matériel, placé dans les dépendances du château, permit d'y installer quelques jours après, le 28 novembre, une seconde ambulance devenue nécessaire.

Les combats de Beaune et des environs donnaient de nombreux blessés, beaucoup ne faisaient qu'y passer une nuit, mais les plus maltraités restèrent ici, de sorte que bientôt une troisième ambulance étant indispensable, elle fut organisée au presbytère par M. le curé.

Les soins furent donnés aux blessés par les deux médecins du pays, MM. Chipault et Viger ; notons, pour leur rendre hommage, que c'était une rude besogne et qu'aucune des nombreuses ambulances volantes qui passèrent ici n'offrit de s'arrêter pour aider les deux médecins du pays. Dans les premiers jours de décembre seulement, quelques médecins prussiens s'employèrent largement pour soigner leurs blessés et les nôtres qui remplissaient les ambulances.

L'ambulance de la maison Thiercelin était tout entière aux frais de la commune, elle fut tenue d'abord par madame Alibran-Lemaire, puis, par madame Garreau qui s'y est dévouée et ne l'a pas laissée seule un instant ; quelques dames du pays l'ont visitée fréquemment et y aidaient même au pansement des blessés, surtout avant l'arrivée des Prussiens.

Nous ne devons pas omettre le nom de M. Henri Glatard qui, pendant 6 mois, prodigua aux blessés les soins les plus assidus. Entré à l'ambulance pour s'y rétablir, il n'avait pu, au moment de l'arrivée de l'ennemi, rejoindre le bataillon des mobiles de Roanne, dont il faisait partie; c'est alors qu'il quitta l'habit militaire et devint infirmier. On ne saurait dire tout ce qu'il montra d'abnégation et de dévouement dans ce service rendu plus difficile encore par l'exigence de malades aigris souvent par les souffrances. Cette ambulance reçut du 8 novembre au 27 février environ 600 malades ou blessés qui y séjournèrent 3,500 journées.

L'ambulance, dite du château, était tenue par des personnes de bonne volonté, parmi lesquelles on doit nommer mademoiselle Herbelin. Elle a eu constamment des malades jusqu'au 16 mars. Du 28 novembre au 12 janvier elle fut entretenue aux frais de la commune et de M. Rigollot, qui fournissait cinq hommes occupés à monter et à descendre les blessés, puis le chauffage, l'éclairage, le vin, les légumes, etc.; les gens du château étaient, en outre, occupés soit au pansement, soit à la cuisine.

L'ambulance proprement dite contenait 48 lits dans 6 salles. Au moment des nombreux passages de blessés de Beaune, la galerie et les autres appartements du château étaient remplis; la cuisine dans laquelle on préparait le bouillon destiné aux arrivants a fourni jusqu'à 400 soupes par journée. A partir du 12 janvier, tous les frais furent faits par M. Rigollot; plus de 1,000 soldats sont entrés à l'ambulance du château et y ont séjourné environ 4,500 journées ; le nombre des morts a été de 12 seulement, dont 1 Prussien.

La troisième ambulance organisée, comme nous l'avons dit, chez M. le curé et par ses seuls soins, a rendu de nombreux services ; elle a eu des malades pendant près de 100 jours, en nombre tantôt grand, tantôt petit, et dont le séjour arrive au chiffre de 518 journées. Enfin l'hospice, outre ses vieillards, ses malades ordinaires et ses écoles, a reçu 80 militaires donnant ensemble 648 jours et a fait tous les frais nécessaires pour les recevoir. Les sœurs, qui ont seules soigné tous ces malades et satisfait en même temps aux autres exigences d'une situation difficile, ont eu à déployer un zèle qui a passé trop inaperçu ; il nous semble juste de mentionner ces faits d'une manière toute spéciale, leur modestie dût-elle en souffrir.

Outre ces 4 ambulances, de nombreux habitants recevaient chez eux, aux jours de grands passages de malades et de blessés, 1, 2, 4 et jusqu'à 10 soldats.

Enfin, nous devons mentionner ici les services rendus par l'ambulance organisée par les soins de M. Bobée dans les communs de son château de Chenailles. Le 4 décembre, M. Bobée envoyait ses voitures à Bellegarde chercher des blessés ; elles revinrent le soir, ramenant des débris des derniers combats, tous amputés ou criblés de balles ; dans le nombre, deux seulement, atteints gravement de fluxion de poitrine, sont morts le lendemain, mais tous les blessés et les amputés ont été sauvés. C'est le meilleur éloge que nous puissions faire des soins assidus et des pansements intelligents que M. Bobée prodiguait lui-même à ses chers blessés. M. Chipault, qui avait promis dès longtemps ses visites gratuites à l'ambulance, tint largement sa parole, car il ne passa guère de jour, même dans les temps les plus difficiles, sans se rendre à Chenailles; un médecin prussien logé chez M. Bobée donna également ses soins avec désintéressement; quant aux soldats prussiens qui avaient été amenés, ils furent évacués sur Orléans dès le premier jour. Les derniers amputés ont quitté Chenailles le 8 mai 1871 en parfaite santé.

En résumé, les ambulances de Châteauneuf n'ont pas reçu moins de 2,200 malades ou blessés français, donnant ensemble 12,000 journées, et moyennant une dépense d'environ 5,000 fr. pour la commune, sans compter les frais pris à leur charge par plusieurs généreux habitants.

CHAPITRE VI

Notes statistiques et évaluations des pertes et dommages

RENSEIGNEMENTS STATISTIQUES

En terminant nous résumerons les renseignements statistiques que nous avons recueillis pendant six mois sur les passages des soldats allemands à Châteauneuf et sur les dépenses de diverses natures dont ils ont été la cause.

Nos éléments résultent d'observations que nous avons faites le plus souvent, soit à l'arrivée, soit au départ des troupes, et des notes qui nous ont été fournies par les personnes les mieux renseignées.

Enfin nous avons ramené à une unité, c'est-à-dire à une journée, les séjours plus ou moins prolongés que les Prussiens ont faits dans le pays. C'était utile pour arriver à l'évaluation de la dépense de nourriture, d'éclairage, de chauffage, etc., qui ont été le plus généralement aux frais des habitants.

1° Journées de soldats allemands logés et nourris complétement par les habitants lors des passages, principalement. 31,560

2° Journées de soldats logés et nourris en partie seulement par les habitants. Ils avaient viande, pain, café, riz, etc. Occupation de quinze jours et divers passages 78,800

3° Journées de soldats nourris complétement ou en partie seulement par l'administration municipale (les divers postes qui ont succédé à la grande occupation, et journée du 7 mars). 7,380

Ensemble des journées d'hommes reçus et nourris pendant un temps plus ou moins long. 117,740

Total des chevaux. 21,798

Total des voitures ayant séjourné . . 3,304

Passage de troupes, chevaux et voitures n'ayant pas séjourné.

Hommes ayant traversé le pays du 12 octobre au 9 novembre et du 6 décembre au 18 mars 1871. 68,250

Chevaux id. id. 12,222

Voitures id. id. 1,720

Troupes qui ont été logées et nourries dans les fermes et les maisons de campagne.

Officiers et soldats.. 8,450

Chevaux 4,435

Voitures. 500

Et, en total, Châteauneuf a vu passer ou séjourner :

194,450 soldats allemands.
38,455 chevaux.
5,524 voitures ou chariots.

Évaluation de la dépense de nourriture.

L'estimation de la dépense occasionnée aux habitants pour la nourriture des troupes allemandes est difficile à faire avec quelque exactitude, car beaucoup d'objets pillés, tels qu'une partie des vins, étant entrés dans la nourriture des hommes, n'ont pu être comptés au pillage pour leur valeur entière.

Nous avons compté les officiers à raison de 4 pour 100 du nombre total des soldats, à cause des nombreux états-majors et officiers détachés qui ont séjourné.

Toutes compensations faites, nous admettrons que la nourriture d'un officier, compris blanchissage de linge et lumière, peut être en moyenne évaluée au prix de. 3 70

Et pour un soldat. 1 35

Pendant l'occupation de quinze jours, où les officiers avaient, comme les soldats, pain, viande, café, riz, etc., le prix ci-dessus doit être réduit à 2 55

Et pour les soldats, prix moyen.. . . . . 0 55

Enfin, l'administration municipale a fourni aux frais de la commune des vivres aux officiers et soldats des divers postes qui ont occupé le pays du 4 janvier à l'évacuation.

Le 7 mars, elle a également fourni le

pain, la viande et le vin aux soldats de passage, la dépense peut être évaluée en moyenne par homme, y compris l'éclairage, à 1 00

Dans ce dernier passage, la nourriture des officiers est restée à la charge des habitants chez lesquels ils étaient logés.

La campagne eut aussi à loger et à nourrir des soldats et des officiers dont la dépense de nourriture peut être évaluée en moyenne par homme à 1 50

État des dépenses de nourriture occasionnées par les troupes allemandes aux habitants de la commune de Châteauneuf.

INDICATIONS.	Nombre de SOLDATS.	PRIX	TOTAL.
1° Officiers nourris complétement par les habitants..............	1.860	3.70	6.882 00
2° Soldats id..........	29.700	1.35	40.095,00
3° Officiers et soldats logés et nourris dans la campagne..........	8.450	1.50	12.675 00
4° Officiers nourris en partie par les habitants	2.580	2.55	6.579 00
5° Soldats id..........	76.220	0,55	41.921 00
6° Officiers et soldats qui ont reçu des vivres de la commune.........	7.380	1.00	7.380 00
7° Général Wittich et son état-major, deux repas à l'hôtel Desnoyers - Coulon aux frais de la commune.	»		84 00
Totaux.......	126.200		115.616 00

Dans cet état, la consommation du pain entre pour une somme de . .	7,800 fr.	00
Celle de la viande s'élève à . . .	26,570	00
Enfin la dépense en vin y est représentée par 1,242 hectol. ou 540 pièces, pour une somme approximative (compris vins fins) de	33,250	00

Dépense de bois faite par les habitants pour chauffer les Allemands pendant touts la durée de l'occupation.

Pour arriver à déterminer la quantité de bois brûlé, nous avons reconnu que pendant l'occupation de 15 jours, la moyenne des soldats et officiers par chambre et par feu a été de 6. Le nombre total des feux a donc été pendant le même temps pour les 4,300 hommes de 716. En moyenne, chaque feu a pu brûler 3 mètres cubes de bois de régale valant 8 fr. le mètre cube, soit en tout 2,150 mètres cubes pour la somme de 17,200 fr., et par soldat et par jour pour 0 fr. 266.

Si l'on admet que cette règle peut, comme nous le pensons, être appliquée d'une manière générale, on trouvera que, pour la ville, 117,743 hommes ont brûlé 3,920 mètres cubes de bois d'une valeur de 31,360 fr., et pour la campagne 8,457 hommes en ont brûlé 282 mètres cubes pour la somme de 2,256 fr.

Et, en total, il a été consommé sur la commune environ 4,202 mètres cubes (1) de bois de régale ou son équivalent, pour une somme de 33,616 fr.

(1) Cette quantité peut ainsi se décomposer :

Réquisitions faites à la mairie pour le compte de la commune.

Outre les vols et le pillage commis au préjudice des habitants de la ville et de la campagne de Châteauneuf, la commune, représentée par l'administration municipale, eut aussi à livrer aux troupes prussiennes de nombreuses réquisitions.

Les premières furent faites par les Bavarois occupant Saint-Denis; plus tard vint l'armée de Frédéric-Charles qui, aux vols, joignait les réquisitions sur toutes espèces de provisions pour nourrir les hommes et les chevaux, et encore sur tout ce qui pouvait servir à l'entretien de leur matériel; enfin, les médecins demandaient aussi des médicaments les plus coûteux et en quantités considérables; on jugera de leur nouvelle manière de voler les gens quand nous aurons dit qu'on les a vus une fois présenter au pharmacien un bon de réquisition représentant une valeur de 500 fr. de musc qui ne fut point livré.

Mais ils avaient à compter avec le maître *apothe-*

1° Bois fourni par la commune aux postes du château.	20	120 stères.
Aux services administratifs. intendances et autres	25	
Au poste de la salle de danse et du port .	25	
A divers nécessiteux	50	
2° Bois d'industrie, charronage et charpente		60
3° Charniers pris dans les vignes.		190
4° Bois pris dans les ventes		100
5° Bois vert coupé en forêt et brûlé . . .		300
6° Approvisionnement des habitants . . .		3432
Total		4202 stères.

ker du village, celui-ci ne pouvant renouveler ses provisions facilement et préférant garder ses médicaments pour les gens du pays, déchargeant en même temps la commune de nouveaux frais, n'avait rien ou fort peu de chose pour les Prussiens ; il parvint à ne leur fournir que pour la somme totale de 25 fr. 90 pendant six mois. Plus d'une fois ils purent voir que leur colère et leurs menaces étaient vaines.

Enfin nous aurons à mettre en compte la contribution en argent payée à l'autorité prussienne.

État des réquisitions faites par la mairie pour le compte de la commune

INDICATION	NOMBRE	PRIX	TOTAL	TOTAL par SÉRIE
1° Nourriture des troupes :				
Vaches	24	200 »»	4.800 »»	
Vin en pièces	17	50 »»	850 »»	
— en bouteilles	80		80 »»	
Pain	6.028	0 42	2.531 76	11.000
Epicerie	329		329 »»	
Viande	1.570	1 40	2.198 »»	
Divers objets	127.24		127 24	
Hôtel	84		84 »»	
2° Nourriture des chevaux :				
Paille	1.790	0 08	143 20	
Foin	3.370	0 24	808 80	1.750
Avoine	57	14 »»	798 »»	
3° Divers : Voitures	1		200 »»	
Bois à brûler	74	8 »»	592 »»	
Marchandises diverses : Drap, Cuir, Mercerie	290		290 »»	
Fer, Clous, Quincaillerie	75		75 »»	
Divers	25		25 »»	2.090
Instruments de travail	8		8 »»	
Journées d'ouvriers	50	2 00	100 »»	
Voyages avec cheval et voitures	100	8 »»	800 »»	
Contribution argent			10.000 »»	10.000
Total				24.840

Etat du pillages et des vols (avec ou sans bons de réquisitions) supportés par la ville de Châteauneuf

INDICATION	NOMBRE	PRIX	TOTAL	TOTAL par série
1° Nourriture de troupes :			fr.	fr.
Vaches	25	200 »	5.000	
Veaux	1	50 »	50	
Moutons	32	15 »	480	
Porcs	17	60 »	1.020	
Vin en pièces	200	50 »	10.000	
Vin en bouteilles	8.000 fr.	»	8.000	
Froment	85	25 »	2.125	
Méteil	30	20 »	600	
Farine	3.800	» 45	1.710	
Pain	550 k.	» 42	231	39.700
Epicerie	2.500 fr.	»	2.500	
Viande abattue	500	1 40	700	
Volailles	242	»	484	
Lapins	80	»	120	
Pommes de terre	500	6 »	3.000	
Porc salé	900	1 60	1.350	
Ruches	30	15 »	450	
Fromage	200	0 40	80	
Objets de consommation	1.800	»	1.800	
2° Nourriture des chevaux :				
Paille	125.000	» 08	10.000	
Foin	70.000	» 24	16.800	35.500
Avoine	600	14 »	8.400	
Seigle	20	15 »	300	
3° Divers :				
Chevaux	49	350 »	17.150	
Voitures	10	»	1.500	
Bois à brûler. { Pillage	600 st.	8 »	4.800	
Bois à brûler. { Chauffage	»	»	31.360	
— d'industrie	60 st.	60 »	3.600	
Echalas	120.000	» 025	3.000	
Marchandises diverses : drap, mercerie, cuirs	1.200	»	1.200	137.510
— Fer, clous, quincaillerie.	4.300	»	4.300	
Divers sans désignation	4.800	»	4.800	
Instruments de travail	8.000	»	8.000	
Linge, literie, vêtements	35.000	»	35 000	
Transport de soldats et officiers	100	8 »	800	
Perte et détérioration de mobilier	12.000	»	12.000	
Détérioration d'immeubles	10.000	»	10.000	
4° Contribution de guerre ou argent volé	»	»	980	980
TOTAL				213.690

État du pillage et des vols (avec ou sans bons de réquisitions) supportés par la campagne de Châteauneuf

INDICATION	NOMBRE	PRIX	TOTAL	TOTAL par série
1° Nourriture des troupes :			fr.	fr.
Vaches	95	200 »	19.000	
Veaux	9	50 »	450	
Moutons	120	15 »	1.800	
Porcs	22	60 »	1.320	
Vin en pièces	10	50 »	500	
Vin en bouteilles	»	»	1.500	
Froment	100	25 »	2.500	
Méteil	65	20 »	1.300	
Farine	270	» 45	121 50	
Pain	500	» 42	210	36.900
Epicerie	»	»	»	
Viande abattue	20	1 40	28	
Volailles	2.492	»	4.984	
Lapins	100	1 50	150	
Pommes de terre	200	6 »	1.200	
Porc salé	250	1 60	400	
Ruches	40	15 »	600	
Fromage	1.000	» 40	400	
Objets de consommation	436 50	»	436 50	
2° Nourriture des chevaux :				
Paille	45.000	» 08	3.600	
Foin	20.000	» 24	4.800	12.950
Avoine	250	14 »	3.500	
Seigle	70	15 »	1.050	
3° Divers :				
Chevaux	12	»	5.600	
Voitures	6	»	3.000	
Bois à brûler. Pillage	50	8 »	400	
Bois à brûler. Chauffage	»	»	»	
— d'industrie	»	»	2.156	
Echalas	7.280	0 025	180	
Marchandises diverses : drap, mercerie, cuir	»	»	»	
— fer, clous, quincaillerie	»	»	»	24.020
Divers sans désignation	»	»	»	
Instruments de travail	2.800	»	2.800	
Linge, literie, vêtements	5.484	»	5.484	
Perte et détérioration de mobilier	2.000	»	2.000	
Détérioration d'immeubles	1.500	»	1.500	
Transport de soldats et officiers	100	8 »	800	
4° Contribution de guerre ou argent volé	»	»	3.800	3.800
TOTAL				77.670

RÉSUMÉ

Nous terminerons en résumant les dépenses de diverses natures supportées par la commune, en ayant soin toutefois d'éviter que certaines provisions ne se trouvent comptées deux fois, dans les réquisitions d'abord et ensuite dans la dépense de nourriture et d'entretien des troupes.

Cette manière de procéder nous amène à donner des sommes que nous croyons plutôt faibles qu'exagérées.

Récapitulation générale des dépenses occasionnées par l'occupation, les passages et le pillage des soldats allemands à Châteauneuf-sur-Loire.

	A la commune.	Aux habitants de la ville.	Aux habitants de la campagne.
1° *Nourriture des troupes :* Bestiaux, vins, grains, farine, pain, volailles, pommes et autres objets de consommation..........	11.000	39.700	36.900
2° *Nourriture des chevaux :* Paille, foin, avoine, etc.	1.750	35.500	12.950
3° *Divers :* Chevaux et voitures, bois, draperie, quincaillerie et autres marchandises. Instruments de travail. Linge, vêtements, mobilier et immeubles. Transports, etc.........	2.090	137.510	24.020
4° *Nourriture partielle* ou totale des troupes logées chez les habitants.......	»	115.616	7.380
5° *Contribution de guerre* ou argent volé.............	10.000	980	3.800
Pour mémoire : pont suspendu 20.000 f.	»	»	»
Id. id. dépenses d'ambulances, environ...... 7.000 f.	»	»	»
Totaux	24.840	329.306	85.050
		414.356 fr.	
Total général..		439.196 fr.	

Soit 135 fr. par habitant.

Cette somme représente en argent la perte totale approximative faite par les habitants au moment de l'occupation prussienne. Mais si l'on voulait remplacer les choses perdues, il faudrait compter sur une somme de plus de 500,000 fr.

Nous ne reviendrons pas sur ce que nous avons déjà dit sur toutes les communes du canton de Châteauneuf, nous enregistrerons, suivant leur nature, les réquisitions fournies par chacune d'elles et celles exigées des habitants par les troupes allemandes, en y ajoutant les frais de nourriture qui ont pu être supportés par les populations, outre les fournitures de vivres emportées au dehors.

Saint-Denis-de-l'Hôtel

Cette commune doit à sa situation sur la route de Gien à Orléans d'avoir été fort souvent traversée et occupée par des troupes prussiennes. La commune leur a, sauf de très-rares exceptions, toujours fourni des vivres et malgré cela le pillage des soldats venant des autres communes n'est pas sans importance.

C'est ici le lieu de faire remarquer que M. Bobée, dont le château de Chenailles et la plus grande partie des propriétés se trouvent sur la commune de Saint-Denis, a supporté à lui seul une grande partie des pertes de la commune. Nous avons vu que pendant l'occupation de Châteauneuf, il avait chez lui deux compagnies d'infanterie et maintes fois il dut recevoir un escadron de cavalerie et une batterie d'artillerie. Son château seulement a reçu environ 5,000 soldats, 185 officiers et 1,800 chevaux, il lui a été pris 20 vaches, 500 moutons, 8 chevaux, etc., etc.; faute de pouvoir faire autrement, ses greniers étaient ouverts à tous venants.

Les pertes de Chenailles s'élèvent à près de 60,000 francs.

DÉPENSES	Commune et habitants
1° *Nourriture des troupes :* Bestiaux, vins, grains, farine, pain, volailles, pommes de terre et autres objets de consommation	152.211
2° *Nourriture des chevaux :* Paille, foin, avoine, etc........	55.400
3° *Divers :* Chevaux et voitures, bois, draperie, quincaillerie et autres marchandises. Instruments de travail. Linge, vêtements, mobilier et immeubles. Transports, etc........	44.550
4° *Nourriture partielle* ou totale et chauffage des troupes logées chez les habitants........	9.046
5° *Contribution de guerre* ou argent volé.	3.000
Total..........	264.212

Soit 253 fr. par habitant.

Fay-aux-Loges

La commune de Fay fut presque continuellement occupée du 18 octobre au 8 novembre 1870 et du 6 décembre suivant au 18 mars 1871. Il y a séjourné, logés chez les habitants et nourris en grande partie par la commune, 850 officiers, 31,430 soldats et 11,718 chevaux.

Les habitants fournissaient le chauffage et les menues provisions, quelquefois aussi le vin. Le pillage des fermes et autres maisons de la campagne a été fait surtout par des détachements venant des communes voisines qui ne donnaient pas de vivres à leur garnison.

DÉPENSES	Commune.	Habitants.
1° *Nourriture des troupes* : Bestiaux, vins, grains, farine, pain, volailles, pommes de terre et autres objets de consommation................................	10.450	22.650
2° *Nourriture des chevaux* : Paille, foin, avoine, etc..........................	2.940	15.790
3° *Divers* : Chevaux et voitures. Bois, draperie, quincaillerie et autres marchandises. Instruments de travail. Linge, vêtements, mobilier et immeubles. Transports, etc..................	550	7.000
4° *Nourriture partielle* ou totale et chauffage des troupes logées chez les habitants................................	»	27.820
5° *Contribution de guerre* ou argent volé.	3.500	»
Totaux..........	17.440	73.260
Ensemble.......	90.700 fr.	

Soit 51 fr. par habitant.

Vitry-aux-Loges

Cette commune, située au milieu de la forêt, n'a jamais été occupée d'une façon permanente par une garnison prussienne ; pendant l'occupation bavaroise, elle n'eut à loger et à nourrir que 2,500 hommes et 60 chevaux, mais pendant la seconde occupation, bien qu'aucun détachement de troupes n'y fît séjour jusqu'à l'évacuation, Vitry était journellement fréquenté par de nombreuses patrouilles, des réquisitionnaires et des pillards venant des environs.

M. le maire, pour empêcher le pillage autant qu'il était en lui, fournissait les réquisitions qu'il ne pouvait absolument refuser. Pendant les deux occupations, Vitry logea et dut nourrir au moins en grande partie 12,050 hommes, 360 officiers et 3,900 chevaux.

DÉPENSES	Commune.	Habitants
1° *Nourriture des troupes :* Bestiaux, vins, grains, farine, pain, volailles, pommes de terre et autres objets de consommation..	15.400	11.500
2° *Nourriture des chevaux :* Paille, foin, avoine, etc...........................	2.400	2.000
3° *Divers :* Chevaux et voitures. Bois, draperie, quincaillerie et autres marchandises. Instruments de travail. Linge, vêtements, mobilier et immeubles. Transports, etc................	200	4.300
4° *Nourriture partielle* ou totale et chauffage des troupes logées chez les habitants............................	»	10.800
5° *Contribution de guerre* ou argent volé.	3.000	400
Totaux.........	21.000	29.000
Ensemble	50.000 fr.	

Soit 35 fr. par habitant.

Seichebrières

La petite commune de Seichebrières, au milieu des bois, ne vit l'ennemi que deux fois, la première pendant l'armistice lorsque 80 soldats allèrent chercher la contribution, et la seconde pendant l'évacuation; 250 hommes y passèrent deux jours.

DÉPENSES	Commune.	Habitants
1° *Nourriture des troupes :* Bestiaux, vins, grains, farine, pain, volailles, pommes de terre et autres objets de consommation..............................	100	500
2° *Nourriture des chevaux :* Paille, foin, avoine, etc.........................	»	100
3° *Divers :* Chevaux et voitures. Bois, draperie, quincaillerie et autres marchandises. Instruments de travail. Linge, vêtements et immeubles. Transports, etc.	»	150
4° *Nourriture partielle* ou totale et chauffage des troupes logées chez les habitants..................................	»	450
5° *Contribution de guerre* ou argent volé..	300	»
Totaux.........	400	1.200
Ensemble.......	1.600 fr.	

Soit 10 fr. par habitant.

Combreux

Combreux a été rarement visité par l'ennemi, une ou deux fois seulement, puis lors du payement de la contribution et de l'évacuation des troupes allemandes.

La commune eut à loger et à nourrir environ 50 officiers, 1,900 soldats et 1,500 chevaux.

La plus grande part des dommages qu'elle eut à subir vient des réquisitions et des vols faits dans les fermes par les patrouilles et les soldats dans les passages du mois de mars.

DÉPENSES	Commune.	Habitants.
1° *Nourriture des troupes :* Bestiaux, vins, grains, farine, pain, volailles, pommes de terre et autres objets de consommation	1.490	3.915
2° *Nourriture des chevaux :* Paille, foin, avoine, etc	110	325
3° *Divers :* Chevaux et voitures. Bois, draperie, quincaillerie et autres marchandises. Instruments de travail. Linge, vêtements, mobilier et immeubles. Transports, etc	»	1.350
4° *Nourriture partielle* ou totale et chauffage des troupes logées chez les habitants	»	1.800
5° *Contribution de guerre* ou argent volé.	1.000	»
Totaux	2.600	7.400
Ensemble	10.000 fr.	

Soit 27 fr. par habitant.

Sury-aux-Bois

Comme toutes les communes situées au milieu des bois, celle-ci ne vit pas beaucoup de Prussiens, les passages les plus importants eurent lieu pendant l'évacuation du 6 au 18 mars. Ils s'élèvent néanmoins pour le bourg seulement à 60 officiers, 2,000 soldats et 1,000 chevaux.

La commune leur fournit une petite partie de la nourriture, mais le reste fut donné par les habitants qui, en outre, à cause de l'étendue de la commune, subirent d'assez nombreuses réquisitions et le pillage.

DÉPENSES	Commune.	Habitants.
1° *Nourriture des troupes :* Bestiaux, vins, grains, farine, pain, volailles, pommes de terre et autres objets de consommation	600	3.000
2° *Nourriture des chevaux :* Paille, foin, avoine	480	1.100
3° *Divers :* Chevaux et voitures. Bois, draperie, quincaillerie et autres marchandises. Instruments de travail. Linge, vêtements, mobilier et immeubles. Transports, etc	20	450
4° *Nourriture partielle* ou totale et chauffage des troupes logées chez les habitants	20	4.200
5° *Contribution de guerre* ou argent volé.	»	130
Totaux	1.120	8.880
Ensemble	10.000 fr.	

Soit 10 fr. par habitant.

Châtenoy

Les pertes faites par cette commune se composent seulement de quelques hectolitres de vin et de la contribution en argent payée à l'ennemi. Les habitants ont souffert davantage dans le bourg du pillage de quelques magasins et dans la campagne de l'enlèvement d'animaux de boucherie et de provisions pour la nourriture des chevaux.

Le nombre des soldats qui ont séjourné dans le bourg est très-petit.

DÉPENSES	Commune.	Habitants.
1° *Nourriture des troupes :* Bestiaux, vins, grains, farine, pain, volailles, pommes de terre et autres objets de consommation..................................	100	5.194
2° *Nourriture des chevaux :* Paille, foin, avoine, etc..........................	»	468
3° *Divers :* Chevaux et voitures. Bois, draperie, quincaillerie et autres marchandises. Instruments de travail. Linge, vêtements, mobilier et immeubles. Transports, etc................	»	1.070
4° *Nourriture partielle* ou totale et chauffage des troupes logées chez les habitants..................................	»	626
5° *Contribution de guerre* ou argent volé.	1.400	150
Totaux.........	1.500	7.500
Ensemble......	9.000 fr.	

Soit 17 fr. par habitant.

Bouzy

La proximité de la route et des communes de Saint-Martin et de Germigny fait que le pillage des fermes est important. Les patrouilles et les réquisitionnaires faisaient de fréquentes visites dans le pays, mais la commune fournit rarement des réquisitions.

Le nombre des soldats ayant traversé le bourg est fort peu important.

DÉPENSES	Commune.	Habitants.
1° *Nourriture des troupes :* Bestiaux, vins, grains, farine, pain, volailles, pommes de terre et autres objets de consommation	2.450	13.460
2° *Nourriture des chevaux :* Paille, foin, avoine, etc	450	9.450
3° *Divers :* Chevaux et voitures. Bois, draperie, quincaillerie et autres marchandises. Instruments de travail. Linge, vêtements, mobilier et immeubles. Transports, etc	»	9.340
4° *Nourriture partielle* ou totale et chauffage des troupes logées chez les habitants	»	2.000
5° *Contribution de guerre* ou argent volé.	700	150
Totaux	3.600	34.400
Ensemble	38.000 fr.	

Soit 48 fr. par habitant.

Saint-Aignan-des-Gués

La commune de Saint-Aignan, située près de la route de Gien, a souffert des passages des détachements de troupes et des réquisitionnaires venant de Saint-Martin et de Germigny.

Elle eut, relativement au petit nombre de ses habitants, beaucoup à souffrir.

La population logea et nourrit, en un grand nombre de fois, 380 officiers, 12,720 soldats et beaucoup de chevaux.

DÉPENSES	Commune.	Habitants.
1° *Nourriture des troupes :* Bestiaux, vins, grains, farine, pain, volailles, pommes de terre et autres objets de consommation	2.600	8.000
2° *Nourriture des chevaux :* Paille, foin, avoine, etc.........................	50	7.500
3° *Divers :* Chevaux et voitures. Bois, draperie, quincaillerie et autres marchandises. Instruments de travail. Linge, vêtements. mobilier et immeubles. Transports, etc.................	250	6.300
4° *Nourriture partielle* ou totale et chauffage des troupes logées chez les habitants..............................	»	13.000
5° *Contribution de guerre* ou argent volé..	300	»
Totaux.........	3.200	34.800
Ensemble......	37.000 fr.	

Soit 248 fr. par habitant.

Saint-Martin-d'Abbat

Cette commune, pendant les grands passages du 3e corps prussien, fut bien maltraitée; elle fut en outre occupée du 20 décembre au 3 janvier par le 9e chasseur. La mairie ne fournit que peu de réquisitions et jamais ou à peu près de nourriture aux soldats en logement chez les habitants ; il en résulte nécessairement que la commune ne s'est pas beaucoup endettée, mais que les réquisitions, le pillage et les frais de nourriture laissés ainsi à la charge des habitants sont considérables.

Si nos renseignements sont exacts, comme nous le pensons, la population a eu à nourrir et à loger 600 officiers, 21,800 soldats et 3,800 chevaux.

DÉPENSES	Commune.	Habitants.
1° *Nourriture des troupes :* Bestiaux, vins, grains, farine, pain, volailles, pommes de terre et autres objets de consommation......	3.900	43.800
2° *Nourriture des chevaux :* Paille, foin, avoine, etc......	800	37.900
3° *Divers :* Chevaux et voitures. Bois, draperie, quincaillerie et autres marchandises. Instruments de travail. Linge, vêtements, mobilier et immeubles. Transports, etc......	300	24.250
4° *Nourriture partielle* ou totale et chauffage des troupes logées chez les habitants......	»	19.050
5° *Contribution de guerre* ou argent volé.	2.000	»
Totaux.........	7.000	125.000
Ensemble......	132.000 fr.	

Soit 129 fr. par habitant.

Germigny-des-Prés

La commune de Germigny se trouve, sous le rapport des dépenses, exactement dans les mêmes conditions que Saint-Martin ; sa position, à quelque distance de la route, ne l'a guère favorisée, car dans tous les grands passages et pendant l'évacuation elle avait à recevoir autant de troupes. La commune n'a pris à sa charge que les dépenses qu'elle n'a pu éviter et pour satisfaire les réquisitions imposées à M. le maire ; les habitants ont eu à supporter les frais de nourriture des soldats, puis les réquisitions et le pillage des troupes du pays voisin. La dépense est moindre qu'à Saint-Martin parce que la commune est beaucoup moins étendue et qu'elle s'éloigne davantage de Châteauneuf.

La population reçut 450 officiers, 16,000 soldats et 2,200 chevaux.

DÉPENSES	commune.	habitants.
1° *Nourriture des troupes :* Bestiaux, vins, grains, farine, pain, volailles, Pommes de terre et autres objets de consommation............................	5.440	25.000
2° *Nourriture des chevaux :* Paille, foin, avoine, etc........................	360	29.000
3° *Divers :* Chevaux et voitures. Bois, draperie, quincaillerie et autres marchandises. Instruments de travail. Linge, vêtements, mobilier et immeubles. Transports, etc.................	»	2.250
4° *Nourriture partielle* ou totale et chauffage des troupes logées chez les habitants................................	»	14.500
5° *Contribution de guerre* ou argent volé.	1.200	»
Totaux.........	7.000	70.750
Ensemble.......	77.750 fr.	

Soit 125 fr. par habitant.

Récapitulation générale des pertes subies par les communes et les habitants du canton de Châteauneuf-sur-Loire

INDICATION.	COMMUNES	HABITANTS	TOTAL	Perte moy. par habit.
Châteauneuf-sur-Loire.....	24.840	414.356	439.196	135
Saint-Denis-de-l'Hôtel.....	»	»	264.212	254
Fay-aux-Loges...........	17.440	73.260	90.700	51
Vitry-aux-Loges...........	21.000	29.000	50.000	35
Seichebrières..............	400	1.200	1.600	10
Combreux..................	2.600	7.400	10.000	27
Sury-aux-Bois.............	1.120	8.880	10,000	10
Châtenoy,.................	1.500	7.500	9.000	17
Bouzy.....................	3.600	34.400	38.000	48
Saint-Aignan-des-Gués.....	3.200	34.800	37.000	248
Saint-Martin..............	7 000	125.000	132.000	129
Germigny-des-Prés.........	7.000	70.750	77.750	125
	Total........		1.159.458	

Ce tableau fait ressortir l'infortune matérielle, de nos populations. Il est profondément triste pour tous ceux qui ont subi le joug de l'ennemi de voir, qu'en présence d'une telle détresse, le gouvernement se laisse faire violence pour ne secourir que dans une bien petite proportion les plus atteints par le fléau de la guerre ; la Chambre des députés, bien qu'animée du souffle des populations, dut se borner à voter la somme de 100 millions insuffisants pour soulager tant de misères.

Le gouvernement ignore-t-il donc que pendant qu'un tiers de la France était ruiné, les deux autres faisaient fortune dans les approvisionnements et les fournitures de l'armée, ou tout au moins ne souffraient pas de l'invasion; aussi ne demandaient-ils pas mieux que de voir continuer la guerre, et l'on n'ose rien demander à ceux-là !....

Si le régime de l'égoïsme qui a régné vingt ans sur la France a engourdi toute la nation, c'est à la Chambre à faire comprendre au gouvernement et au peuple leur devoir.

Terminons par quelques mots ce journal déjà trop long. Durant six mois nous avons eu la douleur de voir chez nous, d'étudier nos ennemis et de réfléchir à nos propres infortunes. Nous avons acquis la certitude que la France même au moment de l'investissement de Paris n'était pas entièrement perdue, elle eût pu être sauvée par la capitale s'il s'y fût trouvé un homme ayant la capacité, l'énergie, la volonté et surtout l'amour de sa patrie : cet homme ne s'y est point trouvé.

La province à elle seule aurait pu faire de grandes choses, si la délégation envoyée à Tours par le gouvernement de la défense nationale n'avait pas été inepte. Quoi ! au moment où Lyon se réveillait chaque jour au bruit de l'émeute triomphante, deux membres de la délégation tenant en échec le seul de leur collègue qui fut responsable de l'ordre, l'amiral Fourrichon, ministre de la guerre et de la marine, retirent à l'autorité militaire ses pouvoirs pour donner au préfet un mandat illimité! Le résultat immédiat de cette faute fut l'emprisonnement du général de division commandant l'état de siége, l'honorable amiral fut ainsi forcé d'abandonner le portefeuille de la guerre qui tombe.... où? grand Dieu!! dans les mains de M. Crémieux, qui s'occupe de satisfaire tous ses partisans et confrères: nous le constatons en voyant chaque jour au *Moniteur* une nouvelle fournée de procureurs de la République et de sous-préfets, et c'est ainsi que cette délégation incapable porte le désordre dans le pays au lieu d'y entretenir l'union si nécessaire à ce moment; pendant un mois, le ministre de la guerre, M. Crémieux, n'a réuni qu'une trentaine de mille hommes mal armés et 24 canons, à Orléans. Ce mois perdu fut en partie la cause de la perte de la France; M. Gambetta fit bien, dès son arrivée, des prodiges d'activité, mais il était trop tard; car sans compter les fautes innombrables dont on l'accuse d'être l'auteur, la capitulation de Metz donnait à l'armée prussienne la force qu'elle n'avait pas jusque-là, ses meilleures divisions venaient se joindre à des détachements de l'armée d'investissement, que laissaient dans la tranquillité les défenseurs de la capitale, pour écraser l'armée de la Loire formée en partie de gardes mobiles peu instruits et d'officiers nommés à l'élection qui consacraient toutes les incapacités; enfin les uns et les autres n'étaient point habitués au service que la France exigeait d'eux et que la rigueur de la saison rendait plus pénible encore.

Si la valeur individuelle de chacun de nos jeunes soldats et de leurs officiers eût pu remplacer l'instruction militaire, la cohésion qui fait la force des armées et le matériel qui fit si longtemps défaut, l'armée allemande n'aurait pas obtenu de si rapides avantages, bien que nous ayons pu constater la bonne tenue de ses soldats, le bon ordre de ses bataillons et l'obéissance passive et absolue obtenue, il est vrai, par des châtiments corporels. Le soldat allemand n'est plus un homme, c'est une chose; la valeur individuelle, l'initiative est nulle chez lui, avec cela il est lourd; cependant il est juste de dire que le 3e corps d'armée formé dans la province du Brandebourg nous a semblé supérieur de beaucoup à tous les autres.

Le sentiment qui nous reste de la comparaison entre les soldats français et les soldats allemands est que, à armes et à nombre égal, les Français battront les Allemands.

La France a subi les châtiments qu'elle avait sans doute mérités et que sa désorganisation militaire, administrative et sociale ont aidé à précipiter; l'humiliation qui en résulte peut seule lui faire recouvrer son rang et la prépondérance qu'elle avait en Europe en lui ouvrant les yeux; elle est aujourd'hui atteinte dans sa fortune et dans son honneur. Sa fortune se refera et elle reconquerra son honneur si elle sait se réorganiser militairement. La France retrouvera son rang, si au milieu de l'Europe en armes, elle a l'armée la plus nombreuse et la mieux disciplinée. Notre avenir est donc en grande partie dans la future loi militaire. Nous pensons qu'on trouvera en elle les éléments d'une meilleure organisation sociale par une application moins étendue du suffrage universel qui fait notre force et notre malheur, car appliqué tel qu'il est aujourd'hui dès l'âge de vingt et un ans, il est une arme dangereuse dans les mains de jeunes gens sans la moindre expérience de la vie et des affaires publiques.

Nous parlons volontiers de revanche ! Dieu seul sait quand elle pourra avoir lieu. Nous ne la voyons possible plus tard que si le service militaire devient pour tout Français obligatoire et personnel; le vote supprimé dans l'armée; les grades donnés aux plus capables et à la suite d'examens.

FIN

TABLE

F. AUREAU — IMPRIMERIE DE LAGNY

F. AUREAU. — IMPRIMERIE DE LAGNY

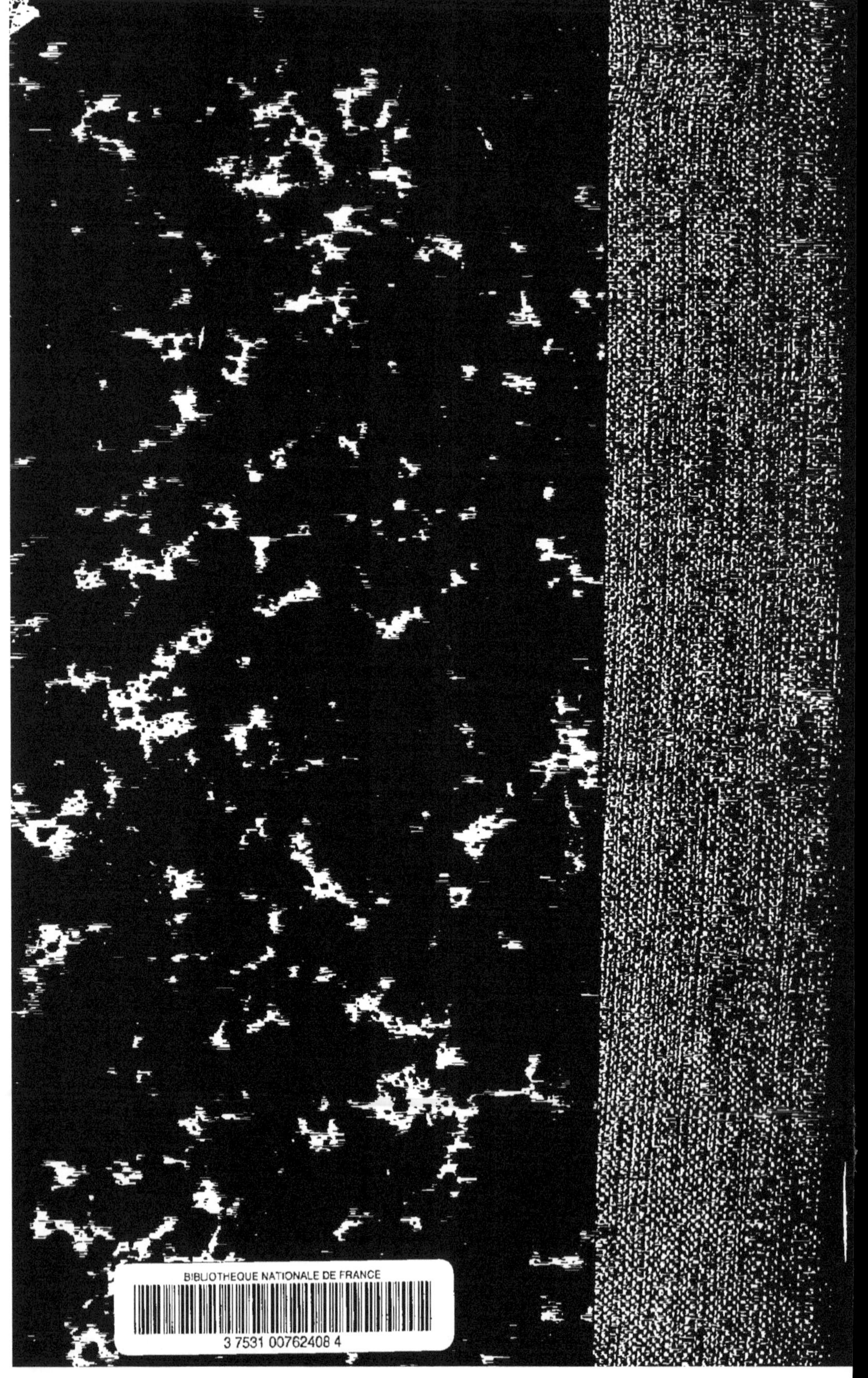
BIBLIOTHEQUE NATIONALE DE FRANCE
3 7531 00762408 4

www.ingramcontent.com/pod-product-compliance
Ingram Content Group UK Ltd.
Pitfield, Milton Keynes, MK11 3LW, UK
UKHW012159240726
13966UKWH00002B/459

9 782011 616920